처음 읽는

미국사

I'm Proud... my husban
vants me to do my par

처음 읽는

미국사

인종과 문화의 샐러드, 미국

전국역사교사모임 지음

Humanist

처음 읽는 세계사 시리즈를 펴내며

—

2018년, 전국역사교사모임은 창립 서른 돌을 맞았다. 2,000여 명의 선생님이 함께하는 전국역사교사모임은 그동안 학생들과 호흡할 수 있는 더 좋은 수업, 새로운 교재를 만들기 위해 노력해왔다. 그리고 분야별로 전문성 있는 분들이 함께 공부하고 경험을 나누면서, 《살아있는 한국사 교과서》, 《살아있는 세계사 교과서》 등 여러 권의 책을 펴냈다.

'처음 읽는 세계사 시리즈'는 《살아있는 세계사 교과서》의 연장선에서 기획되었다. 이 책을 읽은 많은 독자가, 그리고 학교에서 만나는 많은 학생이 세계사의 큰 흐름을 놓치지 않으면서도 각 나라의 역사를 좀 더 구체적으로 알고 싶어 했기 때문이다. 우리는 2010년 터키사를 시작으로 미국사, 인도사, 일본사, 중국사를 차례로 펴냈다. 많은 독자가 과분한 사랑을 주신 데 대해 깊이 감사드리며, 미진했던 부분을 보완해 개정판을 선보이게 되었다.

낯설고 익숙하지 않은 다른 나라의 역사를 배운다는 건 분명 쉽지 않다. 그래서 세계사의 관점에서 각 나라의 역사를 서술하되, 중요한 역사적 사건과 그 의미를 놓치지 않기 위해 노력했다. 또한 각 나라를 직접 탐방하는 느낌이 들도록 생생하게 서술했으며, 나아가 우리와의 거리감을 좁히고 세계 각 문명과 나라의 참모습을 이해하도록 내용을 다양하게 구성했다.

우리는 학생들과 함께 세계사를 배우고 가르치면서 몸으로 배운 나름의 노하우를 바탕으로 이 책을 기획하고 썼다. 독자들이 이 시리즈를 통해 여러 나라의 역사를 흥미진진하게 체험하면서 오늘을 살아가는 크고 작은 지혜를 얻을 수 있길 바란다.

2018년 12월
전국역사교사모임

머리말

참 많은 우리 아이들이 미국으로 떠난다. 대부분 초등학교나 중학교 시절 잠깐 영어를 배우기 위해서라지만, 개중에 더러는 거기서 대학을 졸업한 뒤 터를 잡고 살 생각이라고 한다.

올해 여름 내 아이들도 그 대열에 합류했다. 아빠가 사정상 1년 기한으로 미국에 가게 되자, 아이들이 엄마와 떨어져 지내는 것도 기꺼이 감수하겠다고 나선 것이다.

"학교 건물 위에서 내려다보면 정말 애들 머리 색깔이 가지각색이야. 우리 반만 해도 헝가리, 체코, 이탈리아, 중국, 타이완, 일본, 러시아, 멕시코, 별별 애들이 다 섞여 있다니까. 여기가 아니면 내가 이 애들을 다 만나겠어? 우리 교실이 꼭, 또 하나의 작은 세계 같아."

화상 통화에서 만난 딸이 신이 나서 말했다.

이민자의 나라답다. 지금도 미국에서 살고 있는 인구의 10퍼센트 정도는 외국에서 태어나 미국으로 이주한 이들이다. 미국행을 택하는 우리 아이들 수도 점점 늘어나 2008년에는 미국 전체 유학생의 15퍼센트 이상을 차지했다.

미국행을 준비 중인 지인들이 아이에게 읽힐 만한 미국사 책을 소개해 달라고 하는 경우가 많았다. 미국을 이야기하는 책은 수없이 많다. 하지만 미국 역사의 맥락을 놓치지 않으면서도 역사의 현장을 생생하게 들려주고 나아가 현재의 미국을 제대로 보여 주는 책은 흔치 않았다.

역사 수업을 할 때마다 아이들과 함께 역사의 현장에 가고 싶은 충동을 느긴다. 고구려 고분벽화 속의 서커스 현장으로, 농민들의 함성이 천지를 울리고 있을 그 백산으로. 아이들이 조금이라도 더 생생하게 역사를 체험할 수 있었으면 했다.

이 책을 쓰면서도 그랬다. 수만 년을 살아온 자신들의 땅과 사랑하는 형제자매를 지키기 위해 메타콤이 고뇌하던 현장으로, 해리엇 터브먼이 흑인 노예들을 탈출시키기 위해 목숨을 걸었던 위기의 순간으로, 킹 목사가 감동적인 연설을 했던 워싱턴의 시위 대열 속으로 아이들과 함께 들어가고 싶었다.

역사교사모임에서 우리 아이들을 위한 각국사를 써보자고 했을 때, 나는 큰 고민 없이 덥석 그러마고 했다. 늘 전국역사교사모임이 잘 차려준 밥상만 받은 것에 대한 미안함 때문이다. 하지만 모임을 가진 첫날부터 이 작업이 얼마나 벅찬 일인가를 알아차릴 수 있었다. 그럼에도 내가 포기하지 않았던 건 순전히 동료들 덕분이다. 끙끙거리다가도 공부를 해 가면서 우리의 숙제를 묵묵히 해 나가는 그들과 함께였기에 지금 이 글을 쓸 수 있었다.

모자란 글을 멋진 편집으로 채워 주신 김은영 씨를 비롯한 휴머니스트 편집진에도 고맙다는 인사를 전한다. 부끄럽지만 미국사 공부가 힘들다고 한참 투덜거리고 있는 딸 윤하와 유래 앞에, 그리고 내가 가르치는 아이들 앞에 이 책을 내놓는다. 아이들이 단숨에 읽어 내릴 수 있었으면 좋겠다.

2010년 11월
책임 집필자 권오경

차례

프롤로그 | # 다양성 속에 보편성을 가진 나라, 미국을 만나다

　세계인이 즐겨 먹는 미국 대중 음식의 대명사, 햄버거. 함부르크라는 항구 도시에서 따온 이름에서 드러나듯 원래는 독일인이 즐기는 저렴한 스테이크 요리였다. 뉴욕 항구를 드나들던 함부르크 출신의 독일 선원이나 점점 늘어나고 있던 독일 출신 이민자에 의해, 1800년대부터 미국에 알려지기 시작했다. 햄버거 스테이크는 구운 고기를 빵 사이에 끼워 손으로 들고 먹을 수 있게끔 미국에서 다시 태어났다. 그래서 오늘날에는 햄버거 하면 누구나 미국을 떠올린다.

　청바지, 콜라, 할리우드 영화와 뮤지컬, 힙합과 재즈 등 우리는 일상에서 미국의 대중문화를 만난다. 하지만 햄버거의 경우처럼, 그 뿌리가 온전히 미국에 있는 것만은 아니다. 세계 각지의 문화가 이민자의 물결과 함께 미국으로 모여들었고, 다양한 사람들이 어울려 사는 미국 사회에 수용되는 과정에서 재창조된 것이다. 이렇게 미국화된 문화가 다시 세계로 퍼져 나간다.

　미국을 만든 이들은 토착 원주민을 제외하고는 모두 이민자와 그 후손들이다. 뉴욕 엘리스 섬에는 1892년부터 1954년까지 세계 여러 나라

의 이민자가 미국으로 입국하기 위해 거쳐야 하는 첫 번째 관문, 이민국이 있었다. 이곳은 이민 박물관으로 남아 지난 이야기를 들려준다. 저마다 생김새가 다른 사람들의 사진과 그들이 들고 온 짐 보따리에는 미국의 역사가 고스란히 담겨 있다. 색과 맛과 향이 제각각인 채소와 과일이 버무려진 샐러드처럼, 인종과 민족과 언어가 다른 사람들이 미국에서 함께 살아가고 있다. '인종의 샐러드 접시', 사람들은 미국을 이렇게 부르기도 한다.

미국은 '문화의 샐러드 접시'이기도 하다. 미국인이 된 이민자들이 자신의 출발지에서 가져온 문화가 여전히 미국 속에 숨 쉬고 있다. 이질적인 문화들은 서로 영향을 주고받으며 미국에 녹아들었고 또 미국을 만들었다. 미국의 문화가 세계로 뻗어나갈 수 있는 힘을 가진 이유가 여기에 있다. 피부색이 다른 사람들이 다른 시간대에서 다른 풍습에 따라 살고 있는 미국에서 통했다면 세계에서도 통할 수 있었다. 독일의 햄버거도 이탈리아의 피자도 미국을 통해 세계에 대중화되었다. 미국 대중문화가 가진 보편성의 힘이다.

　엄격한 신분과 계급이 존재했던 유럽 등의 다른 지역과 다르게 미국은 출발부터 신분이나 계급이 존재하지 않았다. 하층문화, 상층문화라는 구분이 있었던 것도 아니기에, 모두가 누릴 수 있는 평등한 대중문화의 형태로 만들어지고 향유되고 전파되었다. 그래서 미국의 대중문화는 때로 다른 나라의 상류층으로부터 저급하다는 눈총을 받기도 했지만 그 보편성으로 인해 곧 큰 설득력과 영향력을 가질 수 있었다.

　물론 미국 대중문화가 지니는 파급력은 미국이 세계 최강국이라는데서 기인한 바도 크다. 제조업의 경쟁력이 예전 같지는 않지만 여전히 세계를 움직이는 달러의 경제력과 월가로 상징되는 세계 금융 시스템, 그 상대가 없을 정도의 가공할 만한 군사력을 갖추고 있다. 또 인간의 이기심을 자극해 최고의 생산력을 이끌어 내는 자본주의는 영국에서 시작되었지만 미국에서 절정에 달했고 최강국 미국을 만들어냈다. 강하기 때문에 세계인의 동경을 받고, 세계의 표준이 되기도 했을 것이다.

　하지만 다양한 인종과 문화가 미국 속에서 늘 조화를 이룬 것은 아니

다. 우리는 미국의 역사 속에서 자신의 이익을 위해서라면 냉혹했던 백인의 모습도 만날 수 있다. 그들은 원주민의 땅과 흑인 노예의 노동력이 필요했다. 덕분에 수만 년 동안 아메리카의 주인이었던 원주민은 자신의 터전에서 쫓겨나거나 학살당해 지금은 그 종적조차 찾기 어렵게 되었다. 또한 흑인은 자신들의 보금자리에서 짐승처럼 사냥당해 짐짝처럼 노예선에 실려 와 뙤약볕 아래서 모진 채찍질을 견뎌야 했다. 미국은 풍요로워졌으나 가난한 나라 이민자들은 도시의 빈민가에서 저임금을 받으며 장시간 동안 허드렛일에 시달려야 했다. 지금도 이질적인 사람들의 문화 갈등은 계속되고 있다.

　다양성 속에 보편성을 가진 나라, 미국이 갈등과 조화 사이에서 수용과 배타를 통해 성립되고 성장해 나가는 과정을 함께 만나러 가자.

슈피리어 호

미네소타

미시간 호

휴런 호

온타리오 호

메인

버몬트

뉴햄프셔

위스콘신

미시간

뉴욕

보스턴 매사추세츠

북동부

코네티컷 로드아일랜드

디트로이트

이리 호

뉴욕

서부

아이오와

시카고

펜실베이니아

필라델피아 뉴저지

일리노이

인디애나

오하이오

워싱턴

델라웨어

메릴랜드

미주리

웨스트
버지니아

버지니아

켄터키

노스캐롤라이나

테네시

아칸소

사우스캐롤라이나

대 서 양

남부

조지아

앨라배마

미시시피

루이지애나

뉴올리언스

플로리다

알래스카

미국

하와이

미국의 기초 정보

● 국명: 미국(美國, United States of America)
● 면적: 983만km²(한반도의 약 45배)
● 인구: 약 3억 2,662만 명(2017년 현재)
● 수도: 워싱턴 D. C.(Washington D. C.)
● 언어: 영어
● 인구 구성: 백인(73.1%), 중남미계(17.6%), 흑인(12.7%),
  아시아계(5.4%), 인디언과 알래스카인(1.0%),
  기타(7.8%) (2015년 현재)
● 종교: 개신교(46.5%), 로마가톨릭교(20.8%), 몰몬교
  (1.6%), 유대교(1.9%), 불교(0.7%), 이슬람(0.9%),
  기타(4.8%), 무교(22.8%) 등(2014년 현재)

1장

아메리카의 원래 주인

아메리카 땅에 처음 살기 시작한 사람들은 유럽인들이 '인디언'이라고 불렀던 아시아계 원주민들이었다. 그들은 유럽인이 도착하기 훨씬 전인 수만 년 전부터 아메리카 땅에 살고 있었다. 일부는 남아메리카로 발길을 돌려 마야, 아스텍, 잉카 등의 문명을 꽃피우기도 했다. 반면 북아메리카의 원주민들은 강력한 통일 왕국이나 정치 체계를 갖춘 것은 아니었다. 그들은 드넓은 땅, 다양한 자연조건만큼이나 다양한 생활 양식으로 이 땅에 뿌리를 내렸다. 원주민들의 흔적은 북아메리카 곳곳에서 발견되는 유적과 유물로 남아 있다. 그들의 삶은 자연과 조화를 이루는 생활, 그 자체였다.

기원전 3만~1만 3000년경 **최초의 아메리카인들 아메리카 땅에 도착**

기원전 1만 1000년경 **클로비스 석기 사용**

기원전 7000년~1세기 **코치스 유물 사용**

기원전 200~1200년경 **질그릇, 바구니 문화(모고욘 문화)**

500~1100년경 **동굴 마을 건설**

700~1400년경 **카호키아 마운드 건설**

1300년경 **푸에블로 건설**

기원전 3000년경 메소포타미아 문명과
이집트 문명 성립

기원전 2500년경 황허 문명 성립

589년 수나라, 중국 통일

기원전 250년경 일본, 야요이 문화 서

기원전 8000년경 신석기 시대 시작

기원전 2333년 고조선 건국

기원전 2000~1500년경 청동기 시대 시존

300~900년 중앙아메리카, 마야 문명

481년 프랑크족의 클로비스, 프랑크 왕국 건설

1 | 아메리카 땅에 사람이 살기 시작하다

매머드 떼를 쫓아 아메리카 땅에 도착하다

지금부터 수만 년이나 오래전 옛날, 우리가 사는 지구는 아주 추워져 꽁꽁 언 땅이 많은 빙하기였다. 너무 추워서 남극과 북극, 산 위 그리고 넓은 대륙이 얼음으로 덮였고, 해수면은 지금보다 훨씬 낮았다. 덕분에 지금의 바다도 땅인 곳이 많았으며, 대륙과 대륙은 물론 많은 섬이 서로 연결된 땅이었다. 아시아와 북아메리카의 알래스카 사이에 있는 바다, 베링 해도 그때는 두 지역을 잇는 다리처럼 생긴 육지여서 걸어서 건널 수 있었다.

빙하기였던 약 3만 년~1만 5000년 전에 시베리아에 살고 있던 아시아인 사냥꾼들이 털북숭이 코끼리 매머드 떼를 쫓아 얼어붙은 베링 해 땅을 건너 알래스카로 넘어갔다.

"이 길로 계속 가면 정말 매머드 떼를 만날 수 있을까? 사방을 둘러봐도 꽁꽁 언 얼음 덩어리 땅밖에 없는데……. 눈보라가 쳐서 눈도 제대로 뜰 수 없지, 발은 꽁꽁 얼어 감각도 없다구. 이러다 얼어 죽는 거 아닌지 몰라. 매머드는 고사하고 우리가 사냥할 만한 동물이라곤 눈을 씻고 찾아봐도 없구만."

"그렇다고 그냥 살 수도 없었잖아. 우리가 살던 땅을 떠나는 게 추장이라고 좋았겠어? 거기도 점점 추워져서 옛날 같지 않잖아? 사냥 나갔다가 사냥감 구경도 못하고 허탕 친 게 어디 한두 번인가? 요즘에는 아예 굶는 날이 먹는 날보다 더 많았잖나. 다른 수가 없어 떠난 건데, 그렇게 툴툴거리기만 하면 어떻게 하나."

알래스카에 도착한 그들은 좀 더 따뜻한 땅을 찾아 남쪽으로 남쪽으로 이동했다.

아시아에서 온 이 사냥꾼들이 최초로 아메리카에 도착한 사람들이었다. 뒷날 아메리카 원주민 또는 인디언이라고 불리던, 아메리카를 처음 발견하고 정착한 원래 주인이 누구였느냐를 따지자면, 바로 이들인 셈이다.

그렇다면 이들은 누구이며, 어디서 왔을까? 이 질문에 대한 대답은 아직까지도 학자들마다 다양하다. '몽골계 종족이 북태평양을 건너서 왔다' 또는 '유럽에서 살던 이들이 빙하기에 대서양을 건너서 왔다', '남태평양의 어느 지역에 살던 아시아계 종족이 바다를 건너 남아메리카에 처음 도착했다'는 등의 주장이 있다. 아시아로부터 베링육교를 건너왔다는 주장이 가장 일반적으로 받아들여졌으나, 요즈음에는 원주민 또한 그 출발 지역이 다양하며, 어느 한 경로가 아니라 다양한 경로를 따라 아메리카에 도착했다는 주장이 설득력을 얻고 있다.

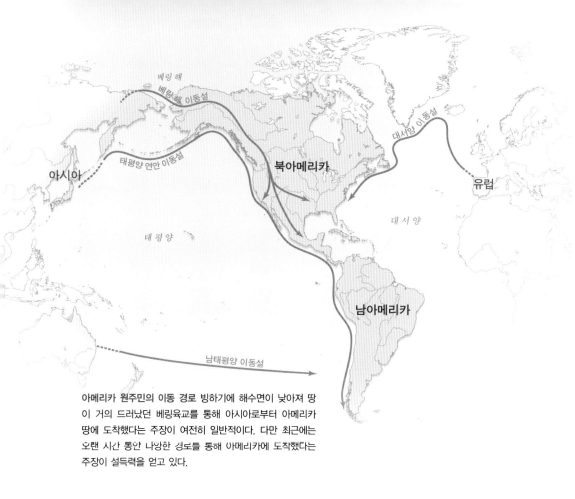

아메리카 원주민의 이동 경로 빙하기에 해수면이 낮아져 땅이 거의 드러났던 베링육교를 통해 아시아로부터 아메리카 땅에 도착했다는 주장이 여전히 일반적이다. 다만 최근에는 오랜 시간 동안 나양한 경로를 통해 아메리카에 도착했다는 주장이 설득력을 얻고 있다.

    분명한 것은 먼 훗날 유럽인들이 아메리카 땅에 도착했을 때 이미 아시아 계통의 원주민들이 주인으로 살고 있었다는 사실이다. 이들 아시아인들은 오랜 세월을 거치면서 알래스카에서부터 남아메리카에 이르기까지, 아메리카 대륙 전체에 퍼져 나갔다. 물론 이들이 모두 같은 종족은 아니었을 것이다. 출발했던 지역도, 아메리카에 도착한 시기도 조금씩 달랐을 것이다. 같은 부족이라도 정착 지역이 달랐던 이들은 세월이 지나면서 생김새나 문화에서도 조금씩 차이를 보였다.

아메리카 땅에 정착하다

약 1만 년 전부터 지구는 다시 따뜻해지기 시작했고, 거대한 얼음 덩어리들도 조금씩 녹아내렸다. 이후로 아메리카 대륙은 점차 지금과 같은 모양을 갖추게 되었다. 사냥감이나 나무 열매를 찾아 떠돌아다니던 생활에도 조금씩 변화가 생겼다. 기름진 땅에 자리를 잡고 농사를 짓거나 짐승들을 기르며 생활하는 사람들이 늘어났다. 해바라기와 옥수수 등을 재배하기 시작했고, 또 추수 감사절이면 꼭 식탁에 오르는 칠면조도 이 시기부터 키우기 시작했다.

하지만 북아메리카에 사는 모든 이들이 농사를 짓고 가축을 키웠던 것은 아니다. 아메리카 대륙은 매우 넓다. 따라서 땅이 기름지고 기후도 따뜻해 사람들이 살기 적당한 지역도 있지만, 너무 추워서 꽁꽁 얼어붙은 북쪽 지방이나 비가 아주 적게 내리는 황량한 서부의 사막 등 사람이 살기에 적당하지 않은 땅도 있다. 넓은 아메리카 땅 곳곳에 자리 잡은 아메리카인들은 오랜 세월을 지내면서 저마다 자신들을 둘러싼 환경에 지혜롭게 적응하며, 그 지역에 맞는 생활 방식으로 살아가기 시작했다.

자연과 조화를 이루며 지혜롭게 살아가다

북아메리카 지역에는 라틴아메리카처럼 넓은 땅을 차지하고 강력한 권력을 행사하던 통일 왕국이 없었다. 수많은 부족들이 제각각 자신들의 땅에서 독립적으로 살아갔다. 살아가는 방식은 부족마다, 지역

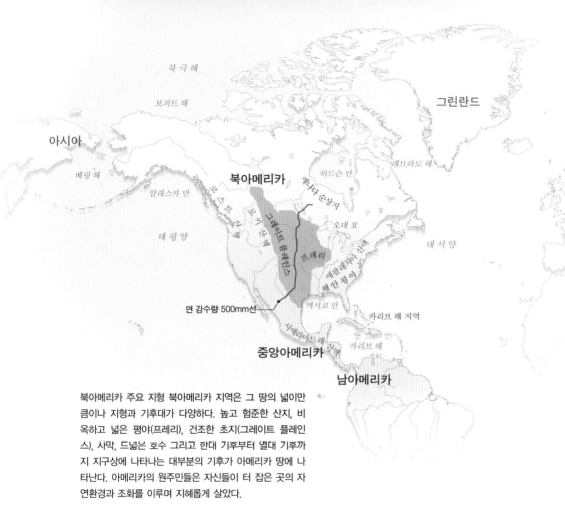

북극해

보퍼트 해

그린란드

아시아

래브라도 해

베링 해

북아메리카

허드슨 만

알래스카 만

캐나다 순상지

오대호

태평양

그레이트플레인스

프레리

애팔래치아 산맥

대서양

연 강수량 500mm선

해안 평야

메시코 만

카리브 해 지역

시애라마드레 산맥

중앙아메리카

카리브 해

남아메리카

북아메리카 주요 지형 북아메리카 지역은 그 땅의 넓이만큼이나 지형과 기후대가 다양하다. 높고 험준한 산지, 비옥하고 넓은 평야(프레리), 건조한 초지(그레이트 플레인스), 사막, 드넓은 호수 그리고 한대 기후부터 열대 기후까지 지구상에 나타나는 대부분의 기후가 아메리카 땅에 나타난다. 아메리카의 원주민들은 자신들이 터 잡은 곳의 자연환경과 조화를 이루며 지혜롭게 살았다.

마다 다 달랐으며, 지역에 따라 음식이나 집도 차이를 보였다. 언어 또한 너무나 다양해서, 150여 년 전까지 쓰였던 북아메리카 원주민의 언어는 무려 170여 가지나 되었다.

부족들은 다른 부족과 때론 동맹하고 때로는 경쟁하며 지냈다. 하지만 부족들 간의 영역이 대부분 정해져 있어 서로 침범하는 일이 자주 일어나지는 않았다. 계급이 나타났던 일부 지역을 제외한 북아메리카 대부분의 지역에서는 씨족 제도를 바탕으로 부족 공동체를 이루고 살았다. 자유롭고 평등했으며, 추장이나 족장도 지배자가 아니라 좀 더 지혜롭고 경험이 많아 존경받는 지도자였다. 부족민끼리 분쟁이 생기더라도 이런 지도자들이 양쪽을 화해시킴으로써 대부분 평화롭게 해결되었다.

그들은 자연의 일부로서 자연과 더불어 조화를 이루며 살았다. 또한 자신들이 터 잡고 사는 자연에 '위대한 강(미시시피)', '위대한 호수(미시간)', '아름다운 땅(아이오와)'이라는 이름을 붙여 경외심을 표했다.

사람들은 무척 독립적이고 자존심이 강했다. 할아버지는 어린 손자에게 조상들이 물려준, 그리고 자연에서 배운 지혜를 전해 주었다.

"누구나 자기가 필요한 만큼만 가져야 한다. 사슴을 잡을 때도 제일 좋은 놈을 잡으려고 하면 안 돼. 작고 느린 놈을 골라야 남은 사슴들이 더 강해지고, 그렇게 해야 우리도 두고두고 사슴 고기를 먹을 수 있는 거야. 흑표범들은 이 사실을 잘 알고 있지. 너도 꼭 알아 두어야 한다."

—《내 영혼이 따뜻했던 날들》 중에서

이러한 생활은 유럽인들이 아메리카 땅에 발을 딛기 전까지 아주 오래 계속되었다. 콜럼버스가 처음 아메리카에 도착할 무렵 북아메리카 지역에는 대략 200만 명 정도의 원주민이 평화롭게 살아가고 있었다.

인구 밀도는 지역에 따라 차이가 컸다. 북극에 가까운 추운 지방이나 비가 적게 오는 대분지 등의 내륙 지방은 인구 밀도가 아주 낮았다. 반면에 바다를 끼고 있어 해산물도 풍부하고 기후도 온화했던 북서부 해안 지대나 캘리포니아 해안을 따라서는 꽤 큰 마을이 곳곳에 만들어졌다.

16세기까지도 북아메리카 원주민들은 대략 철기 시대 초기쯤에 해당하는 문명 단계에서 반농, 반수렵 생활을 하며 살았다. 이처럼 유럽인들이 도착하기 전까지 아메리카 사회에서의 변화는 대부분 아주 천천히 이루어졌다.

2 자연과 더불어 살아가다

추운 북쪽 지방에 살던 사람들

지금의 알래스카, 캐나다, 그린란드
등 북극에 가까운 지역은 사람들이 터
를 잡고 살기에는 날씨가 너무 추웠
다. 그러나 그곳에도 추위와 싸우면서
정착한 사람들이 있다. 이누이트, 유
피크˙ 같은 이들이다. 하지만 인구 밀도는 아메리카 대륙에서 가장
낮았다. 사람들은 넓은 지역에 퍼져 살지만 사용하는 언어가 거의 비
슷한 것을 보면, 아메리카 대륙에서 가장 늦게 사람들이 정착한 지역

● **유피크** | 흔히 에스키모라고 불린다. 에스키모는 '날고기를 먹는 사람'이라는 뜻으로, 에스
  키모인들은 자신들을 사람이라는 뜻의 '이누이트' 또는 '유피크'라고 부른다.

카약을 타고 있는 이누이트와 바다표범 텐트 추운 지방에 살던 이누이트(유피크)는 황색 피부, 검고 곧은 머리, 넓고 평평한 얼굴 등으로 보아 몽골 인종으로 분류된다. 그들은 여름에는 가죽으로 만든 카약을 타고 바다에서 사냥을 했고, 바다표범 등의 짐승 가죽으로 만든 텐트 같은 집에서 살았다.

임이 분명하다.

그들의 땅 남쪽, 캐나다와 미국의 접경지대는 침엽수림이 넓게 펼쳐진 곳이다. 날씨도 춥고 땅도 척박한 편이라 농사가 잘되지는 않았다. 호수와 강은 많았지만 어류가 풍부한 것도 아니었다. 사람들은 덫을 놓거나 활과 화살, 창 등을 이용해 순록이나 큰 사슴을 사냥해서 먹고살았다. 그러나 계절에 따라 사냥감들이 멀리 이동하기 때문에 바다나 강이 녹는 여름에는 카약 같은 배를 타고, 겨울에는 개가 끄는 썰매를 이용해서 눈과 얼음으로 뒤덮인 땅 이곳저곳을 재빨리 옮겨 다니며 사냥을 했다.

식물이 자라기 힘든 추운 땅, 그래서 그들은 어디서나 구할 수 있는 얼음으로 집을 지었다. 눈 덩어리를 일정한 크기로 잘라 둥그런 돔 모양의 지붕을 만들고, 역시 얼음으로 쌓은 벽의 안쪽에 가죽을 대어 만든 집에서 혹독한 겨울바람을 피했다. 때로는 고래 뼈나 나무로 뼈대를 세우고 뗏장으로 지붕을 덮은 반지하 집을 지어 살기도 했다. 여름에는 바다표범이나 짐승의 가죽을 잇대어 꿰매서 막대 기둥 위에 덮어씌운 텐트 같은 곳에서 지냈다.

사냥감이 많았던 알래스카에는 큰 규모의 마을이 만들어졌다. 사람들은 여러 가정이 모여 이룬 씨족을 단위로 생활했다. 이들은 많은 고래 떼를 만나기를, 바다표범 사냥에 성공하기를 기원하며 제사를 올렸다. 씨족마다 자신의 씨족을 상징하는 동물이 있었고, 그 동물을 수호신으로 숭배했다.

북서태평양 부근에 살던 사람들

알래스카 남부에서 컬럼비아 강 북부에 이르는 태평양 연안 지방은 식량 자원이 풍부해 사람들이 많이 모여 살던 지역이다. 무엇보다 강이나 바다에서 나는 물고기가 많아서 어업을 통해

안정적으로 먹을 것을 얻을 수 있었기 때문이다. 특히 알을 낳을 시기가 되면 바다에서 컬럼비아 강으로 거슬러 올라오는 연어가 많아 강 주위에는 일찌감치 마을이 들어섰다. 마을의 규모도 꽤 큰 편이었다. 내륙 지방에서는 식물의 뿌리를 캐거나 열매를 따고 작은 짐승들을 사냥해서 생활을 꾸리기도 했다. 사람들이 많이 모여 살다 보니 더 좋은 환경을 차지하기 위한 경쟁과 다툼이 치열했으며, 부족 간의 전쟁도 자주 일어났다. 그러자 사람들은 축제를 통해 부족의 단결력을 높이고

힘을 과시했다. 자연스럽게 재산의 많고 적음의 차이가 뚜렷해졌고, 계급이 생겨났다.

경제적으로 풍요로운 환경 덕분에 문화적인 면 또한 다른 지역에 비해 풍요로웠다. 꽃을 꿴 줄이나 다양한 장식물을 달아 한껏 꾸민 기둥을 만들어서 죽은 사람의 무덤가에 세워 명복을 빌기도 하고, 특별한 날을 기념하기도 했다. 또 때로는 집 앞에 세워서 집주인이 누구인지 알리기도 했다. 나무를 다듬어서 멋진 조각품을 만들거나 조개껍데기를 이용해 정교한 공예품을 만들기도 하고, 구리 등의 금속을 두드리거나 돌을 다듬어서 장신구를 만드는 등 다양하고 멋진 예술품들을 만들어 사용했다.

서쪽 땅에 살던 사람들

지금의 워싱턴, 오리건 주, 캘리포니아 해안 지방, 네바다 주와 유타 주 대분지 등의 서쪽 지방은 기후는 온화하나 비교적 건조한 지역이다. 이 지역에 살던 사람들 역시 처음에는 대부분

수렵과 채집으로 생활을 이어 갔기에, 먹을거리를 찾아 자주 이동했다. 그러나 시간이 지나면서 이들 또한 차츰 한곳에 머무는 시간이 길어졌다. 특히 바다를 끼고 있어 해산물을 통해 먹을거리를 마련하기가 쉬웠던 캘리포니아 해안 지방은 점점 사람들의 정착촌이 늘어나면서 인구가 크게 증가했다.

내륙 지방에서는 주로 사슴 같은 짐승을 사냥하고, 도토리 등의 나무 열매를 따 먹으며 생계를 이어 갔다. 마을은 점점 커져서 계급이 나타나기 시작했다. 종교적인 책임을 지는 제사장이나 공예품을 만드는 특별한 기술이 있는 사람들은 상층 계급을 형성했고, 노예도 있었다.

컬럼비아 강 유역에 살던 사람들은 계절에 따라 주거지를 옮겨 다니며 생활했다. 여름에는 강가로 옮겨 와 물고기를 잡고, 겨울에는 다시 자신들의 주거지로 돌아가서 사냥이나 채취를 통해 생활을 꾸려 나갔다.

대평원에 살던 사람들

키 작은 나무들이 드문드문 눈에 띌 뿐, 끝없이 이어지는 평원은 풀로 뒤덮여 있다. 구름 한 점 보이지 않는 청명한 하늘, 그 아래 펼쳐진 푸른 초원에서는 수천 마리의 들소가 한가로이

풀을 뜯고 있다. 들소 떼는 벌써 며칠째 이곳에 머물렀지만, 이제 곧 이동을 시작할 것이다. 우두머리 암컷의 지휘 아래 먹을 물과 풀이 충분한 땅을 찾아 질서 있게 행진할 것이다. 큰 뿔과 무려 500킬로그램이 넘는(덩치 큰 놈은 900킬로그램이 다 된다) 몸무게, 둔해 보이지만 재빠른 동작이 특기인지라, 아주 어린 새끼나 병들어 시름시름 앓는 녀석이 아니면 좀처럼 다른 동물의 먹잇감이 되지는 않는다. 2킬로미터가 넘는 먼 거리에서 움직이는 물체도 금방 알아볼 수 있고, '긴급 상

황 발생!', '무조건 뛰어!'라는 신호라도 떨어지면 그 무거운 몸으로 어떻게 저런 속력이 나올까 싶게 시속 60킬로로 달릴 수도 있기 때문이다. 수천 마리의 들소가 한꺼번에 달리기 시작하면 그 앞을 가로막는 어떤 장애물도 소용없다. 땅이 울리고 먼지가 구름처럼 피어난다.

대평원에 살던 사람들은 아주 오랫동안 들소 떼를 쫓아다니며 살았다. 그들은 삶을 온통 들소에게 의지했다. 그들에게 들소는 주요 식량이었고, 그 가죽은 천막으로 쓰였다. 그래서 언제라도 들소 떼를 쫓아 이동할 수 있도록 막대 기둥에다 가죽을 덮어씌워 만든 '티피'라는 이동식 집을 짓고 살았다. 더운 여름에는 바람이 잘 통하도록 벽면을 말아 올렸고, 겨울이면 이끼와 흙으로 주변을 둘러싸 추운 바람을 막았다. 그들에게 필요한 최고의 기술 또한 들소 사냥과 관련된 것이었다. 더러 흙 오두막집을 짓고 정착해서 옥수수 같은 것을 기르며 살기도 했지만, 대평원의 사람들은 유럽인들이 몰려오기까지 수천 년 동안 들소 떼와 더불어 생활을 이어 왔다.

대평원의 들소 떼 대평원에 살던 이들에게는 들소가 가장 중요한 삶의 수단이었다. 들소 떼를 쫓아 이동하면서 들소를 사냥해서 식량을 얻고, 집을 짓는 천막으로 이용할 가죽을 얻었다. 19세기 초까지만 하더라도 북아메리카 땅에 수천만 마리의 들소가 살았으나 무자비한 살육으로 멸종 위기를 맞았다. 지금은 보호구역 내에서 겨우 명맥을 유지하고 있다.

티피 대평원의 원주민들은 들소 떼를 따라 언제든지 이동할 수 있도록 막대 기둥에 들소 가죽을 덮어씌워 만든 원추형의 이동식 가옥 '티피'를 짓고 살았다. 정면의 나무 핀으로 닫아 둔 틈이 출입구다.

티피 앞 인디언 소녀

남서부 지역에 살던 사람들

오늘날의 애리조나, 유타, 콜로라도, 뉴멕시코 등 대평원 서쪽 지역 역시 비교적 건조한 땅이었다. 그러나 높은 산악 지대나 비가 아주 적게 오는 몇 몇 지역을 제외하고는 농사를 지을 수

있는 땅이었다. 기원전 6000년 무렵부터 이 지역에도 사람들이 정착해서 농사를 짓고 살았다. 멕시코에서 옥수수를 비롯한 농작물이 들어오면서 인구도 점차 늘어났다. 사람들은 구덩이를 파서 튼튼한 움집(pit house)을 만들고, 마을을 이루어 모여 살았다. 베틀로 옷감을 짜고 도자기도 만들었다. 마을은 산지와 좁은 골짜기에도 생겨났다. 집은 점점 구덩이를 벗어나 땅 위에 돌이나 흙벽돌을 쌓아 올려서 지었다. 작은 마을과 집단들이 합쳐지면서 마을의 규모도 점점 커졌고, 마을과 마을, 집단과 집단 사이의 상거래도 활발하게 이루어졌다. 무역의 중심지였던 차코 캐니언을 중심으로 도로망도 잘 갖추어졌다.

　그러나 13세기 후반부터 사람들은 점점 남쪽으로 내려왔다. 인구가 많아져 먹고살기가 어려워졌기 때문이다. 해마다 쉬지 않고 씨를 뿌리고 농사를 짓는 바람에 땅 또한 점점 기운을 잃었다. 늘어나는 인구에 비해 수확량은 예전 같지 않았으며, 가뭄마저 자주 찾아왔다. 결국 사람들은 점점 남쪽으로 내려와 물을 구하기 쉬운 리오그란데 강 주변으로 모여들었다. 강 유역은 농사짓기에 훨씬 좋은 땅이었다. 이 지역 마을과 씨족의 단결력은 아주 강한 편이었다. 마을 사람들은 정기

적으로 마을의 중심부에 있는 신전에 모여 종교 의례를 치렀고, 이를 통해 더욱 단단하게 하나가 되었다.

동부 지역에 살던 사람들

오대호 연안에서 미주리 주, 그리고 대서양 연안에 이르는 동부 지역은 식량 자원이 가장 풍부한 곳이었다. 기름진 땅과 강, 따뜻하고 비가 많은 기후 덕분에 다양한 동식물이 자라, 충분한 먹을거리를 구할 수 있었다.

특히 남쪽 지방은 대표적인 농사 지대였다. 5000여 년 전 북아메리카 땅에서 처음 농사를 시작한 곳도 이곳으로 여겨진다. 옥수수나 담배, 감자 등을 재배하면서 더 많은 사람이 먹고살 수 있게 되자, 인구는 조금씩 늘어났다. 나무로 기둥을 만든 다음 떡갈나무 등의 작은 나뭇가지로 엮고 진흙을 발라 튼튼하게 만든 벽에 풀이나 나무껍질로 지붕을 얹은 집들이 옹기종기 들어선 마을이 늘어 갔다. 이에 따라 사회의 규모도 점차 커져 다양하고 발전된 정치·사회 조직이 생겨났다. 멀리 떨어진 지역과 조개껍데기로 만든 공예품이나 천연 구리, 보석 등을 거래하기도 했다. 옥수수가 재배되면서 인구는 좀 더 늘어났고, 더 큰 규모의 마을이 생겨났다. 대략 700~1400년 사이에 형성된 일리노이 남서부 카호키아 같은 경우는 1만 명(4만 명 규모였다는 주장도 있다)에 이르는 사람이 모여 살던 도시였다.

마을에서는 제사장이나 족장 같은 계층의 힘이 커졌고, 신분으로 굳어졌다. 마을과 마을 사이의 전투도 심심치 않게 벌어졌다. 이 틈을 타 북쪽에 있던 부족들이 조금씩 남쪽으로 밀고 내려왔다. 유럽인들이 북아메리카 땅에 첫발을 내디딜 무렵이었다.

만단족 인디언 추장

만단족 인디언 마을 미주리 강 유역에 살던 만단족은 12~100여 채에 이르는 오두막들로 이루어진 마을에서 둥근 지붕의 흙집을 짓고 살았다. 옥수수·콩·호박·해바라기 등을 재배하고 계절에 따라 들소를 사냥했으며, 도기와 바구니도 만들었다. 또한 오랜 기간 동안 준비해야만 하는 4일간의 축제 '오키파' 같은 정교한 의식을 행하기도 했다.

3 북아메리카에 인디언 문화가 꽃피다

클로비스 석기

2009년 초, 흥미로운 기사가 시선을 끌었다.

미국의 한 가정집 마당에서 희귀한 1만 3000년 전 클로비스 석기들이 무더기로 발굴됐으며 분석 결과 이 도구들은 지금은 멸종된 토종 낙타와 말 등을 도살하는 데 사용된 것으로 밝혀졌다고 라이브사이언스 닷컴이 보도했다.

콜로라도 주립대 고고학 연구진은 지난해 볼더시의 한 가정집 앞마당에서 연못을 파던 중 발견된 83개의 석기가 빙하 시대 수렵 채취로 살아가던, 수수께끼의 클로비스인들의 것이라고 밝혔다. ……

땅속 45센티미터 깊이에서 발견된 석기들은 샐러드 접시 크기의 것으로부터 우아하게 조각된 양날 칼, 양날 도끼, 작은 날들과 부싯돌 긁개 등 다양

클로비스 석기 끝이 뾰족한 나뭇잎같이 날카로운 모양이어서, 나무 막대기에 달아 창으로 만들거나 화살촉으로 사용하여 동물을 사냥하였을 것으로 추정된다.

한 종류였으며 한 구덩이 속에 차곡차곡 포개진 채 땅을 파던 인부의 삽 끝에서 발견됐다.

연구진은 "이처럼 정교하고 쓸모 있는 석기들을 묻은 사람은 나중에 돌아와 파낼 생각으로 한 구덩에 모두 몰아넣은 것 같다"면서 당시 사람들은 작은 집단을 이루고 넓은 지역에서 관계를 형성하며 살았던 것으로 보인다고 말했다. ……

－연합뉴스, 2009년 2월 27일

클로비스 석기는 1932년 뉴멕시코 클로비스 근처에서 발견된 유물이다. 대략 기원전 1만 년도 더 된 시기부터 만들어진 유물로 추정되며, 발견된 지명을 따서 클로비스 석기라고 부른다. 오늘날 애리조나, 뉴멕시코, 콜로라도 남부, 유타 등의 남서부 지역은 아주 오래된 유물이 많이 출토되어 사람들의 주목을 받던 곳이다. 비교적 건조한 기후를 지녔으나 일찍부터 농사를 짓고 정착 생활을 이어 왔기 때문에, 오래전 이곳에 살던 사람들의 자취가 많이 남아 있다.

클로비스 석기는 대부분 창촉이나 화살촉 등으로 이루어진 대표적인 수렵 유물로, 주로 매머드 같은 덩치가 큰 동물들을 사냥하는 데 썼을 것으로 여겨진다. 애리조나에서 발견된 창촉은 아예 매머드 뼈로 만들어졌다. 꼭 나뭇잎같이 끝이 아주 뾰족하고 날렵하게 생겼다. 사람들은 이 무기를 나무 막대기 끝에 달아 창으로도 쓰고, 화살촉으로도 썼다. 급소를 정확히 찌르면 덩치가 아주 큰 짐승도 치명상을 입을 정도로 매우 날카롭다. 처음에는 돌을 깨뜨려서 만들었지만, 세월이 지나면서 돌을 갈아 끝 부분을 더욱 날카롭게 만들었다. 길이에 비해 폭을 좀 더 좁게, 더 날카롭게 만든 것도 있다. 길이는 대략 4~13센티미터 정도이며, 나무 손잡이에 매달기 위해 홈을 파 놓았다. 사람들은 이 창촉을 나무 끝에 묶어 창을 만들었다.

이 외에도 돌로 만든 긁개, 망치, 짐승의 뼈로 만든 다양한 연장이 사용되었다. 클로비스 석기를 이용해서 사냥을 하며 생활하던 시대는 꽤 오랫동안 계속되었다.

기원전 3500년경에는 멕시코로부터 옥수수 경작법을 배웠다. 하지만 그 후로도 오랫동안 사냥이나 채집이 주된 생계 수단이었고, 사냥을 위한 도구들은 당시 사람들에게 여전히 귀한 물건이었다.

코치스 문화와 모고욘 문화

사냥에 성공하면 모두 배불리 먹을 수 있었지만, 며칠이 걸려도 사냥에 성공하지 못하는 경우가 많았다. 그때 나무 뿌리나 껍질, 나무 열매, 식물의 씨앗 등은 아주 소중한 먹을거리였다. 약 7000여 년 전, 애리조나와 뉴멕시코 서쪽 지역에 살던 사람들은 클로비스인들이 주로 사냥에 의존했던 것과는 달리 채집에 의존하는 생활을 이어 갔다. 이곳은 지금은 사막 분지로 변했지만 그 옛날에는 주변에 호수도 있어, 동식물이 자라기에 어려움이 없는 환경이었다. 그들은 긁개로 나무껍질을 벗기고 칼로 잘랐으며, 도끼로는 나무뿌리를 캤다. 또 나무 열매를 따고 식물의 씨앗을 모아, 그것들을 갈돌에 갈아서 씨앗의 껍질을 벗기고 절구와 절굿공이로 빻아 음식을 만들어 먹었다.

따라서 그들이 남긴 유물은 주로 식물의 열매나 씨앗을 모아서 먹기 위해 만든 도구들이 대부분이다. 발견되는 유물도 돌로 만들어진 절구와 절굿공이, 나무껍질을 벗기는 긁개, 도끼, 망치, 갈돌 등 그 종류가 다양하다. 이들이 남긴 문화를 '코치스 문화'라고 부르는데, 미국 남서부 지역 원주민 문화의 기초가 되었다. 그들의 시대는 주로 사냥을 통해 먹을 것을 얻던 이전 시기에서 농사를 짓고 토기를 만들며 살던 후기로 옮겨 가던 때였다. 물론 사냥을 했음을 짐작하게 해 주는 창촉 같은 것이 더러 발견되기도 하지만, 사냥보다는 채집을 해서 먹고살았을 것으로 생각된다.

변화는 천천히, 느리게 진행되었다. 세월이 흐른 뒤 그들이 남긴 유적지에서 원시적인 농경이 시작되었음을 짐작하게 해 주는 옥수수 찌꺼기도 발견되었다.

사냥감과 먹을거리를 찾아 떠돌아다니던 사람들은 농사를 짓기 시작하면서 한곳에 정착해 마을을 이루었다. 처음 사람들은 지하를 1미터 정도 깊이로 파서 만든 움구덩이 위에 기둥을 세우고 지붕을 덮은 원형으로 된 움집을 짓고 살았다. 겨울은 따뜻하게, 여름은 시원하게 지내기 위해서였다. 이런 원형의 움집은 점차 직사각형으로 지은, 보다 튼튼한 형태로 바뀌기 시작했다.

이즈음 새로이 쓰였던 물건으로 눈에 띄는 것은 도기였다. 진흙을 빚어 말려서 만든 도기는 음식물을 담아 둘 때 매우 유용하게 쓰였다.

모고욘 질그릇 모고욘 문화는 코치스 문화에 다양한 문화의 영향이 더해져서 탄생했다. 모고욘인들은 도기를 만들어 썼는데, 남쪽의 멕시코로부터 그 기술을 전해 받은 것으로 보인다. 진흙을 빚어 햇볕에 말린 다음 불에 구워서 만들었다.

점차 햇볕에 말린 다음 불에 구워서 만든 더 단단한 도기가 만들어졌다. 또 시간이 시남에 따라 더욱 다양하고 정교한 도기도 만들어졌다.

그로부터 몇백 년이 지난 뒤에는 바구니도 사용하게 되었다. 용도에 따라 크기와 모양이 다양했으며, 나무 뿌리나 잎에서 얻은 물감으로 여러 무늬를 넣어 아름답고 멋진 작품을 만들기도 했다.

이처럼 앞선 코치스 문화에 여러 문화의 영향이 더해져서 만들어진 문화를 '모고욘 문화'라고 부른다. 그 시기는 대략 기원전 200여 년부터 기원후 13세기까지로, 긴 시간 동안 다양한 발전 단계를 보인다.

카호키아 인디언 유적지

대부분의 고대 문명이 강에 의지해 일어났듯이 북아메리카 원주민들도 미시시피 강에 의지해서 살았다. 미시시피 강은 이들의 젖줄이었다. 강에서 물을 얻고, 강 근처의 기름진 땅에서 농사를 지었으며, 강을 통해 교류했다.

일리노이 주 남서부 미시시피 강변에는 유네스코 세계 문화유산으로 지정된 북아메리카 최대의 원주민 문화유산, 카호키아 유적이 있다. 카호키아는 대략 700~1400년 사이에 형성되었을 것으로 추측되며, 17세기까지 1만 명에 이르는 사람이 모여 살던 도시다. 이곳에는 지금도 주거나 묘소로 사용하던 터인 흙으로 만든 마운드 120여 개가 남아 있다. 마운드는 보통 흙이나 돌, 콘크리트 등으로 쌓은 무덤같이 생긴 둔덕을 말하는데, 카호키아 마운드는 흙으로 쌓아 올렸다. 이것은 흔히 적의 침입을 막기 위해 쌓는데, 그 형태는 원뿔 모양, 위쪽이 평평한 사다리꼴 모양 등 다양하다. 가장 큰 것은 멍크스 마운드로, 대략 길이는 300미터, 폭은 250미터, 높이는 30미터 정도나 된다. 꼭대기에는 태양신을 모시는 신전과 신관의 저택이 남쪽을 향해 있었다. 마운드 꼭대기에 서면 카호키아 유적지 전 지역이 내려다보이는 것은 물론, 미시시피 강도 바라볼 수 있다. 사람들은 남쪽으로 난 계단을 통해 이곳에 오를 수 있었다.

마을은 경계를 분명히 해서 주거 지역과 작업장, 공공 지역 등 각각의 구역으로 나뉘었다. 집은 나무와 흙으로 지어졌고, 집집마다 작은 뜰이 딸린 독립된 공간이었다. 마을의 중심부에는 울타리를 높이 둘러친 공간이 있었는데, 마을에서 공동으로 쓰는 공간이었을 것으로 짐작된다. 울타리는 둘레가 30센티미터, 높이는 7미터나 되는 참나무

카호키아 도시 상상도 카호키아는 대략 700~1400년 사이에 건설되었을 것으로 추정되며, 17세기까지 사람들이 모여 살던 도시였다. 신전과 신관의 저택, 주거 지역, 작업장, 공공 지역 등 각각의 구역으로 나누어져 경계가 분명했다.

카호키아 목책 멍크스 마운드

로 둘러쌓고, 나무의 바깥은 진흙으로 발랐다. 나무가 썩는 것을 막고, 외부에서 불로 공격할 때 타지 않도록 하기 위한 목적이었을 것으로 추정하고 있다.

바위 아래 절벽에 세워진 마을

외부의 공격으로부터 스스로를 보호하기 위해 나무를 둘러쌓고 성벽을 두르기도 하지만, 안전한 곳을 찾아 마을을 만드는 경우도 적지 않았다.

　1888년 겨울, 잃어버린 소를 찾아 헤매던 두 명의 카우보이가 로키 산맥 협곡, 깎아지른 듯한 낭떠러지 앞에 섰다. 눈발이 휘날리고 있었

카호키아 인디언 조각판

다. 눈앞에 펼쳐진 장관에 할 말을 잊고 바라보던 그들은 그 반대편 협곡에서, 허물어져 가는 담벼락들이 서 있는 황폐한 마을을 발견했다. 평평한 탁자 모양의 땅 가장자리 밑, 아슬아슬한 암벽 위에 세워진 마을이었다. 600년 동안 잊혀졌던 절벽 궁전(Cliff Palace)이 세상에 모습을 드러내는 순간이었다.

에스파냐인들이 이곳에 들어온 지 300여 년이나 되었건만, 이 협곡 끝자락에 오래전에 폐허가 되어 버린 마을이 숨어 있었다는 사실은 전혀 몰랐던 것이다. 이 마을은 대략 6세기에서 12세기경에 만들어졌다.

마을은 절벽 끝 바위가 움푹 들어간 곳에 자리 잡고 있었다. 사람들은 아슬아슬한 절벽을 이용해 공동 주택인 여러 개의 암굴 집을 지어 마을을 이루고 살았다. 절벽에 기대어 그곳을 한쪽 벽으로 삼고, 그 앞에 통나무로 기둥을 세웠다. 기둥 사이는 나뭇가지와 돌과 흙을 섞어 만든 벽돌이나 돌을 깎은 것들로 채워 두꺼운 벽을 둘러서 상자 모양의 집을 만들었다. 여러 층으로 이루어진 건물 1층에는 따로 창문이 없고, 천장에 나 있는 구멍을 통해 사다리를 이용해서 들어갈 수 있었다. 절벽은 자연적인 요새가 되어 다른 부족의 침입으로부터 마을 사람들을 보호해 주었다. 설사 마을로 들어왔다 하더라도 사다리만 치우면 건물 안으로 들어올 수가 없기 때문에 공격을 피할 수 있었다.

마을마다 조상을 향해 제사를 드리는 '키바'라는 방이 두세 개씩 있었다. 마을 행사를 열 때면 사람들은 키바에 모여 연기를 피워서 몸을 깨끗하게 했다. 때문에 키바에는 불을 피우는 화덕과 연기를 빼기 위한 환풍 장치가 갖추어져 있었다. 또한 키바는 마을의 남자들이 모여 중요한 일을 의논하거나 함께 시간을 보내는 마을 사랑방 구실도 했다.

키바

메사베르데 국립공원 절벽 궁전과 키바 암벽 위에 세워진 마을. 200여 개의 방이 있으며, 약 250명이 살았을 것으로 짐작된다. 제사를 드리는 공간인 키바는 마을 사람들이 모여 중요한 일을 의논하거나 함께 시간을 보내는 사랑방 구실도 했다.

1300년경 마을 사람들은 절벽 마을을 버리고 새로운 터전을 찾아 길을 나섰다. 늘어난 인구를 감당하기에는 농사지을 땅이 부족해서 식량 문제가 생기고, 자주 찾아오는 가뭄을 견디기에는 물이 풍족하지 않았기 때문이라는 설이 있다. 남쪽으로 길을 나선 사람들은 리오그란데 강 근처에 자리를 잡았다.

푸에블로인들의 아파트

절벽 마을 주인공들이 새로운 보금자리를 찾아 떠날 무렵인 1300년
경, 미국 남서부 지역에 푸에블로인들의 마을이 만들어지기 시작했
다. 푸에블로는 에스파냐어로 '마을' 또는 '집'이라는 뜻이며, 요즘으
로 치면 아파트 같은 건물이다.

푸에블로인들은 진흙과 물을 반죽해서 햇볕에 말린 벽돌을 차곡차
곡 쌓고 사이사이에 다시 반죽을 발라서 집을 지었다. 벽돌은 가로 20
센티미터, 세로 40센티미터, 두께는 10~15센티미터 정도의 크기였
다. 거대한 건물에는 수많은 방과 창고가 있었다. 높은 건물은 5층에

1200년경에 지은 푸에블로인의 아파트 푸에블로인의 아파트는 창
이나 출입문을 작게 만들어 외부의 침입에 대비했다. 계단을 만드
는 대신 위층을 오르내릴 때도 천장에 뚫린 구멍을 통해 사다리를
이용해서 오르내렸다.

이르렀고, 무려 800여 개의 방이 있는 푸에블로도 있었다. 위층은 아래 바닥보다 조금 안쪽으로 들어가서 지었기 때문에 1층의 지붕 일부는 2층의 테라스가 되고, 2층의 지붕 일부는 3층의 테라스가 되어, 전체적으로는 피라미드 같은 형태를 띠었다. 1층은 주로 곡식을 저장하는 창고로 사용되었다. 아래층과 위층을 오르내릴 때는 계단 대신 천장에 뚫은 구멍을 통해 나무 사다리를 타고 오갔다. 대부분 아래층에는 주로 노인들이 살고, 위층에는 젊은이들이 살았다. 모든 푸에블로에는 당연히 예배와 의식을 치르는 장소인 키바가 있었다.

지금도 미국 뉴멕시코 주 북부 타오스에는 푸에블로인들이 모여 사는 마을이 있다. 마을에는 500년 전에 세워진 푸에블로 전통 가옥이 남아 있고, 사람들은 여전히 푸에블로 방식으로 집을 짓는다. 에스파냐의 영향으로 대부분 가톨릭교도가 되었지만, 푸에블로인들은 아직도 자신들의 종교적인 제사 의식을 거르지 않고 치른다.

멕시코 이남 땅에 꽃핀 고대 문명

북아메리카 지역은 통일된 왕국 없이 넓은 지역에 다양한 부족이 흩어져 저마다 다른 생활 방식으로 살아갔지만, 멕시코 이남 지역은 달랐다. 이 지역에는 발달된 도시를 만들고 이웃 부족들을 정복해서 강력한 왕국을 세운 이들도 있었다. 대략 기원 전후에 생겨나 10세기경까지 중앙아메리카와 멕시코 유카탄 반도의 넓은 지역에는 마야인들이 자리를 잡고 문명을 발달시켰다. 마야인들은 문자와 숫자를 썼으며, 농사를 짓기 위해 정확한 달력을 사용했다. 특히 천문 관측 기술이 뛰어나 태양, 달, 금성의 운행 주기도 정확히 알고 있었으며, 일식 날짜까지 예측할 정도였다. 그들은 넓은 광장과 멋진 건물들, 그리고 벽화와 조각으로 장식된 웅장하고 화려한 신전을 갖춘 도시를 건설했다.

13세기에 멕시코 중남부 지역을 차지했던 아스텍 왕국은 살아 있는 사람들을 제물로 바치는 끔찍한 종교 의식을 한 것으로 유명하다. 그들은 태양이 사라지고 우주가 멸망하는 것을 막기 위해서는 인간의 피와 심장을 바쳐야 한다고 생각했다. 제물로 바칠 포로를 잡기 위해 강력한 군대를 만들고, 정복지로부터 많은 세금을 거두어들였다. 그 덕분에 그들의 행정 조직은 잘 갖추어져 있었고, 교육과 의학 체계도 매우 우수했다. 이들의 도시에는 수십만의 인구가 살았으며, 아스텍 상인들은 아메리카 대륙 전체를 누비며 상업 활동을 폈다. 또한 천문학과 수학도 발달해 1년을 365일로, 윤년까지 두는 정확한 달력을 사용했으며, 20진법을 썼다.

15~16세기 페루 안데스 산지에는 잉카 제국이 건설되었다. 그들은 안데스의 높은 산지를 깎아 계단식 경작지를 만들고 논밭에 물을 대는 관개 시설을 갖추어 농사를 지었다. 또한 적의 침입을 막아 내기 위해 높은 산에 요새를 만들고 도시를 건설했다. 전쟁에서 패해 항복한 지역이라도 반항할 낌새가 조금이라도 남아 있다고 의심되면 모두 다른 곳으로 이

마야 · 아스텍 · 잉카 문명의 유물

아스텍
마야
잉카

마야 유물

아스텍 유물

잉카 유물

주시켜 반란의 싹을 잘라 버렸다. 넓은 제국을 연결하기 위해 잘 발달된 도로망과 파발꾼을 이용한 빠른 통신망도 갖추었다. 특히 돌을 이용한 건축술이 뛰어나 마추픽추 같은 신비하고도 훌륭한 도시를 만들었다. 잉카인들이 만들었던 아름답고 화려한 직물과 여러 종류의 장식물은 지금도 많은 사람들의 감탄을 자아낸다.

마추픽추 페루 쿠스코 시 북서쪽, 안데스의 높은 산지에 있는 잉카 유적지로 해발 약 2400미터에 위치한다. 마추픽추는 '나이 든 봉우리' 라는 뜻으로, 산자락에서는 보이지 않는 공중 도시다. 깎아지른 듯한 절벽과 높이 솟은 봉우리로 둘러싸인 우루밤바 계곡 지대, 잉카인들은 산지를 깎아 계단식 경지를 만들고 우루밤바 계곡 물을 끌어들여 논밭에 물을 댔다. 서쪽 시가지에는 신전과 주거지가 있으며, 주위는 성벽으로 둘러싸여 있다. 1911년 미국의 고고학자였던 하이럼 빙엄이 발견했다.

2장

아메리카에 도착한 유럽인

유럽인들이 북아메리카 땅에 도착했다. 콜럼버스보다 500여 년 전에 북부 해안 지대에 도착했던 바이킹부터 콜럼버스의 탐험 이후 아메리카 땅에 건설되었던 사라진 식민지 로어노크 섬 사람들, 제임스타운을 건설했던 초기 이민자들 그리고 미국인들이 자신들의 조상으로 여기며 필그림 파더스(Pilgrim Fathers)라고 부르는 메이플라워호를 타고 건너온 청교도들까지……. 유럽인들은 다양한 사연을 안고 아메리카 땅에 발을 디뎠고, 자신들의 이상에 따라 마을과 도시, 그리고 나라를 만들었다. 그러나 유럽인들의 이주는 원주민들에게는 재앙의 시작을 의미했다. 유럽인이 원주민을 내쫓고 자신들의 터전을 마련했던 것이다. 유럽인들은 동부 해안 지대를 따라 13개의 나라를 세웠다.

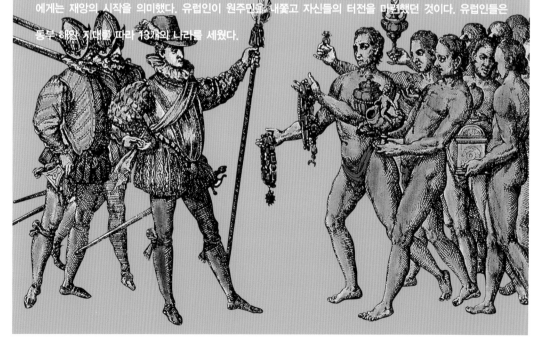

1000년경 노르웨이인, 북부 해안 지대 도착

1492년 콜럼버스, 아메리카 땅 도착

1587년 영국, 로어노크 섬에 식민지 건설

1607년 최초의 영국인 마을, 제임스타운 건설

1620년 메이플라워호의 필그림 파더스, 플리머스 도착

1630년 청교도, 매사추세츠 식민지 건설

1675년 필립 왕 전쟁

1676년 베이컨의 반란

1681년 펜실베이니아 식민지 건설

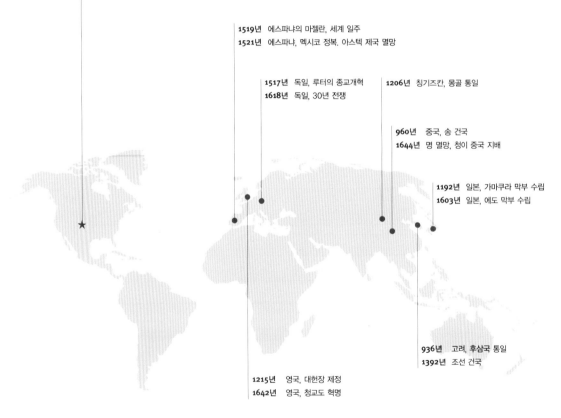

1519년 에스파냐의 마젤란, 세계 일주
1521년 에스파냐, 멕시코 정복. 아스텍 제국 멸망

1517년 독일, 루터의 종교개혁
1618년 독일, 30년 전쟁

1206년 칭기즈칸, 몽골 통일

960년 중국, 송 건국
1644년 명 멸망, 청이 중국 지배

1192년 일본, 가마쿠라 막부 수립
1603년 일본, 에도 막부 수립

936년 고려, 후삼국 통일
1392년 조선 건국

1215년 영국, 대헌장 제정
1642년 영국, 청교도 혁명

1 제임스타운에 최초의 식민지를 세우다

탐험의 선구자들

지금으로부터 약 1000여 년 전, 노르웨이인 '붉은 머리 에리크'가 아메리카 북동부 해안을 탐험했다. 그는 바다를 거침없이 누비며 주름 잡던 바이킹이었다. 그가 도착한 곳은 거칠고 메마른 얼음 땅이었지만 그는 그곳에 '그린란드(초록의 땅)'라는 이름을 붙여 주었다. ˚ 가장 먼저 아메리카 땅에 도착한 유럽인이었던 셈이다. 콜럼버스가 아메리카에 도착한 것보다 무려 500여 년이나 앞서 일어난 일이다.

그로부터 몇 년이 지난 뒤, 그의 아들 라이프 에릭슨이 조금 더 서쪽으로 이동해서 지금의 뉴펀들랜드 땅에 '빈란드'라는 이름의 정착촌을 새로 만들었다.

● 나중에 그곳에 데려갈 사람들을 모집하기 위한 광고 전략이었다.

이들의 이야기는 아이슬란드의 서사시 〈사가〉에 담겨 있었다. 하지만 고고학적인 증거가 뒷받침되지 않아 사실이 아닌 전설이나 신화처럼 여겨지다가, 란세오메도스 유적지가 발견되면서 거의 역사적인 사실로 인정되고 있다. 그런데 그 뒤 어떤 이유에서인지 노르웨이인들은 아메리카의 무대에서 자취를 감추었다.

바스크족을 비롯한 유럽의 어부들도 북아메리카 연안에 자주 들락거렸다. 그러나 새로운 대륙이 있다는 사실이 유럽 전체에 알려진 것은 그로부터 꽤 오랜 세월이 지나서였다. 어부들은 대구가 잘 잡히는 황금 어장을 다른 사람들이 알게 될까 봐 쉬쉬했던 것이다.

아메리카가 유럽 세계에 널리 알려진 것은 콜럼버스의 항해 이후부터였다. 콜럼버스의 항해는 그 이전의 노르웨이인들이나 어부들의 항해와는 비교할 수 없을 정도로 큰 규모였고, 목적도 전혀 달랐다. 그들은 인도로 가는 길을 찾아 서쪽으로 떠났다. 1492년 8월, 에스파냐 팔로스 항을 출발한 콜럼버스 일행은 거의 두 달이 지나서야 바하마 제도의 한 섬에 상륙했다. 그들은 그곳을 인도라고 생각했다. 밝은 햇살, 상쾌한 기온과 바람, 바다와 어우러진 섬이 빚어내는 아름다운 풍경 등 그들이 처음 만난 '인도'는 너무나 아름다운 곳이었다.

그곳에 살고 있던 원주민들은 놀란 얼굴로, 경계의 눈빛을 보내며 콜럼버스 일행을 살폈다. 그러나 그들은 곧 자신들을 방문한 이 이방인들을 관습에 따라 따뜻하게 맞이했다. 이들 중 일부는 콜럼버스 일

● 콜럼버스는 유럽에서 아프리카를 거쳐 동쪽으로 가는 것보다 서쪽으로 가면 더 빨리 인도에 이를 수 있을 것이라고 믿었다.

행을 하늘에서 내려온 사람들로 생각해 손발에 입을 맞추고 몸을 만져 보기도 했다. 또 좋은 집에 편안한 잠자리로 정성을 다해 대접했다. 원주민들은 그들이 자신들을 엄청난 재앙에 빠뜨릴 줄은 꿈에도 생각지 못했다. 콜럼버스의 도착은 원주민들에게는 대재앙의 시작을 의미했다. 콜럼버스는 죽을 때까지 자신이 발견한 곳을 인도라고 굳게 믿었기에, 원주민들은 당연히 인도인이라고 생각했다. 덕분에 이들은 수백 년 동안 인디언으로 불렸다.

란세오메도스 국립역사공원 캐나다 뉴펀들랜드 섬 북쪽에 위치한다. 11세기 바이킹족이 정착했다는 증거가 되는 곳이다. 1977년에 국립역사공원으로 지정되었고, 다음 해에는 고고학적 가치를 인정받아 유네스코 세계 문화유산으로 등록되었다. 국립공원의 이름은 프랑스계 어부들이 근처 하구를 '해파리의 하구'라고 부른 데에서 유래했다.

바이킹 오두막 내부

빨간 머리 에리크

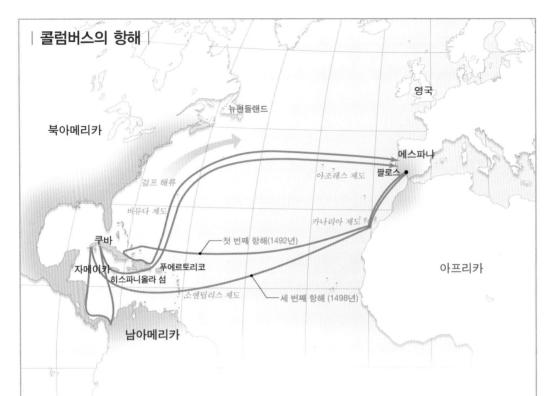

| 콜럼버스의 항해 |

영국

북아메리카

뉴펀들랜드

에스파냐

아조레스 제도 · 팔로스

걸프 해류

버뮤다 제도

카나리아 제도

쿠바

첫 번째 항해(1492년)

자메이카 · 푸에르토리코

히스파니올라 섬

소앤틸리스 제도

세 번째 항해 (1498년)

아프리카

남아메리카

콜럼버스의 항해 경로 탐험가들은 엄청난 이익을 가져다줄 향료 무역을 위해 향료가 나는 인도로 가는 바닷길을 찾고자 했다. 콜럼버스는 서쪽으로 가면 더 빨리 인도에 도착할 것이라고 생각하고 에스파냐를 출발해 서쪽으로 뱃머리를 돌렸다. 첫 번째 항해를 출발한 지 두 달여 만에 지금의 바하마 제도의 한 섬(산살바도르 섬으로 추정)에 도착한 콜럼버스는 그곳이 인도라고 생각하고, 그곳에 살던 이들을 인도 사람 즉 '인디언'이라고 불렀다. 세 번째 항해에서는 아메리카 대륙에 도달했다.

1490년경에 제작된 콜럼버스가 사용한 지도

콜럼버스의 초상

그곳이 인도가 아니라 새로운 대륙이라는 사실은 나중에야 알려졌다. 피렌체 출신의 상인인 아메리고 베스푸치는 남아메리카 해안 여기저기를 몇 차례나 탐험했다. 그 뒤 그는 이곳이 인도가 아닌 새로운 대륙이라고 주장했고, 이 말을 들은 한 지도 제작자가 그의 이름을 따서 '아메리카'라고 부르기 시작했다. 이후 마젤란 일행이 대서양을 지나 남아메리카 남쪽 바다를 돈 다음, 태평양을 건너 다시 유럽으로 돌아가서 지구가 둥글다는 것을 실제로 증명했다. 이것이 세계 최초의 세계 일주였다.

이 탐험가들의 이야기는 새로이 발전하고 있던 인쇄 기술에 힘입어 유럽 전 지역으로 퍼져 나갔다. 15세기 이후의 유럽은 군사 기술도 발달해 대포를 배에 싣고 앞다투어 다른 나라를 정복하려 했다. 이들은 다른 야만인을 개종시키는 것은 신의 은총을 널리 전하는 방법이고, 많은 돈을 버는 것은 신이 은총을 내리는 것이라는 그럴듯한 종교적인 구실까지 가지고 있었다. 그러나 그들을 미지의 세계로 이끈 가장 큰 힘은 새로운 땅에 널려 있을 것이라고 믿은 많은 재물이었다. 그들은 콜럼버스가 발견한 새로운 대륙으로 몰려들기 시작했다.

사라진 식민지 로어노크

아메리카 대륙으로 처음 눈을 돌린 나라는 에스파냐였다. 에스파냐인들이 주로 이주한 땅은 오늘날 라틴아메리카라고 불리는 멕시코 이남 지역이었다. 그들은 금을 찾기 위해 몰려들었고, 이를 위해 원주민들을 강제로 부렸다. 심지어 욕심만큼 금을 발견하지 못했을 때는 원주

사라진 식민지 로어노크 섬 1585년 로어노크 섬 정착에 실패했던 탐험대의 일원이었던 한 영국인이 그린 데생을 바탕으로 테오도르 드브리가 1590년에 영국에서 발표한 판화이다. 이주민들을 태운 작은 유럽배들이 다가가고 있는 곳이 로어노크 섬이다. 난파된 채 바다 멀리 밀려난 큰 배들을 통해 항해의 어려움을 짐작할 수 있다. 오른쪽은 당시 로어노크 섬 인디언 마을의 구체적인 모습이다.

민들을 '사냥'해서 유럽에 노예로 팔기까지 했다.

에스파냐인들이 이처럼 라틴아메리카에서 엄청난 이익을 거두고 있을 때쯤 영국인들도 서서히 새로운 아메리카 대륙에 눈길을 돌렸다. 선구자는 이복형제였던 험프리 길버트와 월터 롤리였다. 1583년, 길버트는 엘리자베스 여왕으로부터 새로 발견할 땅에 대한 완전한 권리를 지원받고 식민지를 건설할 적당한 장소를 찾아 탐험대를 이끌고 나섰다. 그의 탐험대는 뉴펀들랜드를 향해 항해를 시작했으나 폭풍우를 만나 실패하고, 길버트는 바다에서 실종되고 말았다. 이듬해에 다시 탐험대를 보내 북아메리카 해안 지역을 탐사하게 했는데, 이때 그들이 도착한 지역에는 엘리자베스 여왕의 별명(처녀 여왕)을 따서 '버지니아'라는 이름을 붙였다.

그 뒤 1587년, 롤리 경은 노스캐롤라이나 해안에 있는 로어노크 섬으로 어린이를 포함한 117명의 이주민을 보냈다. 총책임을 맡은 존 화이트는 보급품을 조달받고 이주민을 충원하기 위해 다시 영국으로 돌아갔다. 그러나 영국과 에스파냐 사이에 전쟁이 일어나서 보급선을 보내는 시기가 늦어져, 3년이 지난 뒤 로어노크 섬에 도착했을 때는 이미 이주민들의 흔적조차 남아 있지 않았다. 그 이유는 알 수 없다. '원주민에게 살해되었을 것이다' 또는 '본토로 건너가서 원주민들과 어울려 잘 살았을 것이다' 등 다양한 추측을 하지만, 확인할 수 없는 이야기일 뿐이다. 후세 사람들은 로어노크 식민지를 '사라진 식민지'라고 부른다. 이처럼 영국의 첫 번째 식민지 건설은 완전하게 실패했다. 이후 영국의 아메리카 식민지 건설은 17세기 초에 이르러 다시 시도되었다.

힘겨운 출발

1610년, 초라한 배 한 척이 제임스 강의 물결을 따라 흘러 내려가고 있었다. 배 위에 탄 사람들은 모두들 착잡한 표정으로 생각에 잠겨 있을 뿐 아무 말이 없었다. 사람들은 마치 뼈와 가죽만 남은 듯 비쩍 마른 상태였다.

뱃전에 앉아 물끄러미 강물만 바라보던 사내가 입을 열었다.

"영국을 떠나올 때만 해도 꿈에 부풀어 있었는데……. 에스파냐인 들이 새로운 땅에서 그랬듯이, 우리도 금은보화가 쌓여 있는 땅에 도착하면 단박에 부자가 될 거라고 생각했지요. 그런데 이렇게 진저리 쳐지는 재앙이 우릴 기다릴 줄이야……."

곁에 있던 나이 든 사내가 심드렁하게 대꾸했다.

"이제 부자가 될 꿈은 사라졌어요. 영국으로 돌아가더라도 별 희망이 없어요."

"그래도 이곳에 비하면 영국은 천국이에요. 처음 이 땅에 도착한 이들 가운데는 살아남은 사람이 거의 없어요. 우리 일행도 작년에 이곳에 도착하자마자 열병에 걸려서 반 이상이 목숨을 잃었지요. 겨울의 굶주림은 또 어떻구요? 양식은 진작 다 떨어지고, 숲 속에 있는 짐승이란 짐승은 다 잡아먹었지요. 심지어 살기 위해 쥐까지 잡아먹어야 했으니까요. 작년과 재작년에 몇백 명이 이 땅에 도착했는데, 지금 보세요. 한 60명 남짓 살아남았나? 이곳은 저주받은 땅이에요."

"그래요, 나도 이 낯선 땅에서 비참하게 죽기보다는 고향에서 편히 눈을 감고 싶어요."

영국도 새로운 땅에 고개를 돌리기 시작했다. 에스파냐가 국가의 대대적인 지원을 받아 식민지를 건설했다면, 영국은 정부가 직접 나서지 않고 회사나 개인에게 식민지 건설에 관한 특허장을 주어 개척하는 방식으로 식민지를 건설했다. 특허장이란 식민지를 건설할 수 있다는 왕의 특별한 허가를 담은 증서를 말한다. 대신 특허장을 받은 개인이나 회사는 식민지에서 거두어들인 이익의 1/5을 왕에게 바쳐야 했다. 식민지 개발은 잘만 하면 개인이나 회사, 왕실까지 큰 힘 들이지 않고 막대한 이익을 얻을 수 있는 일이었다.

1607년에는 영국 왕 제임스 1세에게서 신대륙의 식민지 건설에 관한 특허장을 받은 런던 회사가 104명의 영국인 남성을 아메리카 대륙으로 이주시켰다. 일찍이 탐험가 월터 롤리가 도착해서 버지니아라고 이름 붙였던 플로리다 북쪽의 체서피크 만 근처였다.

이주민들은 에스파냐 사람들이 남미에서 그랬던 것처럼, 금은보배가 쌓여 있는 땅을 발견해서 단번에 부자가 되어 영국으로 돌아가리라는 꿈에 부풀어 있었다. 그곳에 정착해서 살 생각은 전혀 없었다. 대부분이 밑바닥 생활을 해본 적도 없고, 고된 노동에 시달려 본 적도 없는 도회지 출신들이었다. 그러니 당연히 그 척박한 땅에서 끈질기게 살아남아야겠다는 생각도 없었다. 그들은 자신들이 섬기는 왕의 이름을 따서 그들의 마을을 '제임스타운'이라고 부르며 새로운 땅에서의 생활을 시작했다. 하지만 그토록 꿈꾸어 왔던 금은 새 땅 어디에서도 발견되지 않았다. 식량이 부족해 굶주림에 시달렸고, 새로운 전염병에 걸려 목숨마저 위태로웠다. 결국 많은 사람들이 죽어 갔다.

제임스 강을 건너는 배에 타고 있던 비쩍 마른 이들은, 온갖 어려움과 굶주림 속에서도 운 좋게 살아남은 사람들이었다. 이들은 몇 해 동안 수많은 위험과 어려움, 굶주림에 시달리다 큰돈을 벌겠다는 꿈도, 새 땅에서의 생활도 포기한 채 영국으로 되돌아가려고 길을 나섰던 것이다.

제임스타운의 실험

잔잔한 강물 위로 미끄러지듯이 내려가고 있던 배는 맞은편에서 강을 거슬러 오던 한 척의 배와 마주쳤다. 구호품을 잔뜩 실은 그 배에는 런던 회사가 파견한 첫 번째 총독 들라와 경이 타고 있었다. 총독은 이들에게 뱃머리를 돌리라고 간곡히 설득했다.

제임스타운 이주민들은 먼 바다를 항해할 수 있는 큰 배와 총 등의 뛰어난 무기를 가지고 있었다. 그들은 원주민들을 업신여기며 우월감을 드러내기도 했다. 그러나 그들이 새 땅에서 살아남기 위해서는 이웃 원주민의 도움을 받을 수밖에 없었다. 이들이 유럽에서 그나마 알고 있던 농사 기술은 기후와 토양이 다른 버지니아 주에서는 별 소용이 없었다. 반면에 버지니아 주의 원주민들은 자신들의 땅에서 콩, 호박, 옥수수 등의 다양한 농작물을 재배하는 뛰어난 농부들이었다.

원주민들은 이주민들에게 기꺼이 좋은 씨앗을 골라 적당한 시기에 씨를 뿌리고 김매기를 한 다음 거름을 주고 추수하는 방법을 가르쳐 주었다. 옥수수는 곧 이주민들의 가장 중요한 식량이 되었는데, 이는 재배하기 쉽고 수확량도 많았기 때문이다. 또 원주민들이 사용하던 카누는 큰 바다가 아닌 샛강을 운항하기에 딱 좋아 꽤 쓸모가 있었다.

이처럼 새로운 환경에 적응하려고 발버둥치는 사이에도 사람들의 이주는 조금씩 늘어났다. 비교적 경제적인 여유가 있던 처음 이주민들과는 달리, 새로운 이주자들은 주로 영국에서 지긋지긋한 가난에 시달리던 사람들이었다.

여성과 아이들이 포함된 가족 단위의 이주도 생기기 시작했다. 이제 새 땅으로 온 영국인들의 목적은 금을 발견해서 부자가 되어 돌아가는 것이 아니라, 새 땅에 정착해서 새로운 삶터를 가꾸는 것이었다. 그러나 새 땅에서의 생활은 여전히 만만치 않았다.

새 땅에서 살아남기 위해 이들이 발견한 새로운 일은 담배 재배였

제임스타운 영국인 이주민이 아메리카 땅에 건설한 최초의 식민지였다. 이들은 남아메리카에 자리 잡은 에스파냐와의 충돌을 피하기 위해 제임스 강 하구로부터 약 50킬로미터를 거슬러 올라가 집을 짓고 마을을 만들었다.

다. 에스파냐가 남아메리카 식민지에서 들여온 담배는 17세기 들어 유럽인들도 즐기는 기호품이 되어 있었다. 그들은 담배를 재배해서 유럽으로 수출하면 큰돈을 벌어 부자가 될 수 있을지도 모른다고 생각하며 열심히 일했다. 땅도, 일손도 점점 더 많이 필요해졌다. 그러자 유럽인들이 만든 농장이 원주민들이 살고 있는 땅으로까지 확대되었다. 결국 새로운 농장을 만들려는 유럽인들과 자신들의 땅을 지키고자 하는 원주민들 사이에 충돌이 일어날 수밖에 없었다.

　에스파냐인들이 남아메리카를 식민지로 삼아 원주민들에게 강제로 일을 하게 했던 것과는 달리, 영국인들은 원주민들을 몰아내고 마련

담배 상표 17세기 말 영국에서 판매된 버지니아 식민지에서 생산된 담배의 상표이다. 큰 배를 타고 바다를 건너 도착한 아메리카가 마치 뜨거운 태양의 나라처럼 표현되어 있다. 노예가 활기차게 일하는 것처럼 그리기는 했지만, 부유한 차림새로 막대기를 들고 담배를 피우는 농장주의 모습에서 흑인 노예와의 신분과 계급 차이를 느낄 수 있다.

한 새 땅에 자신들의 터전을 만들어 자신들의 문화를 옮겨 심을 목적이었다. 원주민들은 자신들의 땅에서 쫓겨나야만 했다.

특허장을 가진 런던 회사는 새로운 이민을 끌어들이기 위해 아메리카로 오는 모든 사람에게 1인당 50에이커의 땅을 주겠다고 발표했다. 영국에서 자기 땅을 한 평도 갖지 못했던 가난한 사람들에게는 꿈 같은 이야기였다. 자신의 땅을 가질 수 있다는 희망과 기대에 부풀어 이주민은 점점 늘어났다.

● 본국에서 옮겨 간 사람들이 만든 땅이라는 의미에서 식민지(植民地)라고 한다. 수탈과 억압, 예속 관계로 성립되는 제국주의 시대의 식민지와는 다르다.

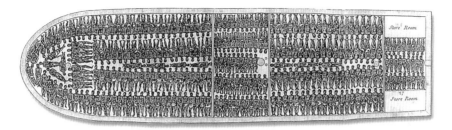

흑인 노예선 1619년 처음으로 제임스타운에 도착한 아프리카인들은 노예가 아니라 계약 하인으로 일하다 정해진 기간이 지나면 자유민이 될 수 있었다. 그러나 17세기 말부터는 아프리카에서 끌려 오는 흑인 노예의 수가 폭발적으로 늘어났고 자유민이 되리라는 희망도 품을 수 없어졌다. 그림은 1788년 영국 노예선 브룩스호의 흑인 노예 적재계획을 담은 도면으로 흑인 노예의 참상을 보여 준다.

또한 담배 농사의 규모가 커질수록 농장의 일손도 더 많이 필요해 졌다. 그러자 나중에는 영국 정부가 모른 체해 주는 가운데 온갖 범죄 를 저지른 사람들까지 반강제로 배에 태워져 실려 왔다. 1619년, 네덜 란드 국적을 가진 배 한 척이 20여 명의 아프리카인을 싣고 제임스타 운에 도착했다. 아프리카인들이 아메리카 땅에 첫발을 디딘 것이다. 점점 더 많은 흑인이 아프리카에서 '사냥'당해 강제로 아메리카 땅으 로 끌려왔다. 양심적으로 이를 비판하는 이들도 있었으나, 흑인 노예 의 수는 점점 많아졌다.

그러나 또다시 어려움이 찾아왔다. 영국에서 금연 운동이 일자 담 배 수출도 위기를 맞았던 것이다. 버지니아 식민지 초기 무려 8500명 이 넘는 백인이 부푼 꿈을 안고 새로운 땅에 도착했지만, 열에 여덟 명은 추위와 굶주림, 질병으로, 그리고 원주민과 충돌하는 과정에서 죽고 말았다.

특허장을 가진 런던 회사는 손을 들었고, 결국 영국은 직접 총독을 파견해서 식민지를 다스리기 시작했다. 회사에게 특허장을 주어 식민지를 건설하고 운영하는 것이 아니라, 정부가 직접 식민지를 세우고 통제하는 방식으로 바뀐 것이다. 그러는 사이에도 사람들의 이주는 계속되어, 식민지는 이웃 메릴랜드 지역으로 확대되었다. 메릴랜드는 가톨릭교도들의 피난처로 건설되어 가톨릭교도의 숫자가 다른 어떤 주보다 많았다.

이주민들, 저마다의 도시를 만들다

필그림 파더스, 메이플라워호에 몸을 싣고

1620년 9월, 메이플라워호가 영국 플리머스 항에서 희망의 닻을 올리고 출발한 지 50여 일, 여전히 망망대해만 펼쳐질 뿐 그들이 그토록 기다리는 새로운 땅은 사방 어디에서도 보이지 않았다. 새 땅 버지니아에 정착한 사람들이 담배 농사를 지어 짭짤한 수익을 올리고 있고, 담배 농장에 일손이 많이 부족하다는 이야기는 알 만한 사람은 다 알고 있는 터였다. 그들은 저마다 꿈에 부풀어 배를 탔다.

배에는 영국 정부의 종교 박해를 피해 자신들의 신앙을 지키면서 방해받지 않는 자유를 누릴 새 땅을 찾아 길을 나선 필그림 파더스 (Pilgrim Fathers: 순례자들)도 타고 있었다. 그들은 잉글랜드 지방의 칼뱅주의자들인 청교도(Puritan) 였다. 칼뱅 주장의 핵심은 신에 의한 예정설이었다. 즉, 개인의 구원은 개인의 자유의사와는 상관없이 신

필그림 파더스의 출항 영국 플리머스 항을 출발해 아메리카 땅으로 향하는 메이플라워호에는 신앙의 자유를 찾아 영국을 떠난 청교도 급진 분파에 속했던 이들도 타고 있었다. 그들은 새로운 땅에서 자신들의 신앙 공동체를 건설하겠다는 꿈을 안고 배에 올랐다. 미국인들은 이 필그림 파더스를 자랑스러운 선조로 여기고 있다.

에 의해 이미 오래전에 예정되어 있다는 것이다. 그의 주장에 따르면 구원이 예정되어 있는 선택된 존재, 즉 신의 부름을 받은 성도들은 신의 뜻을 땅 위에서 실현시킬 사명을 가지고 있고, 속세에서 성공하는 것은 신의 은총을 받은 존재임을 증명하는 것이다. 그래서 성도들은 자신의 직업에 근면 성실하게 최선을 다하고, 근검절약하는 생활을

● **청교도** │ 가톨릭과 비슷한 영국 국교회에 반항해서 생긴 개신교의 한 교파. 이들은 진정한 프로테스탄트가 되기 위해서는 칼뱅주의의 교리로 정화시켜야 한다고 주장했다.

해야 한다.

이러한 칼뱅의 주장은 새로이 등장하던 상인이나 수공업자 등의 성공한 부르주아지들에게는 크게 환영을 받았지만, 영국 국교회를 받들던 영국 왕실로부터는 박해를 받았다. 그러자 신앙의 자유를 찾아 네덜란드로 떠났던 청교도 중 일부가 자신들의 신앙 공동체를 만들겠다는 꿈을 실현하기 위해 메이플라워호에 올랐던 것이다. 새로운 땅에서 그들이 과연 희망을 이룰 수 있을까? 그들은 오랜 항해에 점점 지쳐 갔다. 하지만 신이 자신들을 보호하고 있다는 굳은 신앙심만은 여전했다.

11월 20일, 아침이 밝았다. 누군가가 "육지다!"라고 외치는 소리에 모두들 갑판 모서리로 모여들었다. 그토록 소망하던 새로운 땅이 저편에 아스라이 펼쳐지고 있었다. 순간, 필그림 파더스는 누가 먼저랄 것도 없이 신께 감사의 기도를 올렸다.

최초의 추수 감사절

그들이 도착한 곳은 맨 처음 목적지인 버지니아가 아닌 훨씬 북쪽의 매사추세츠 지방이었다. 그들은 자신들이 떠나온 항구의 이름을 따서 그곳을 '플리머스'라고 불렀다. 배에서 내려 육지에 발을 딛기 전, 성인 남자들은 선실에 모여 새로운 땅에서 지킬 몇 가지 약속을 서로 확인했다.

우리들은 더 나은 질서를 수립하고 보존하기 위해서, 신에 대한 믿음과 국가와 왕실에 대한 명예를 드높이기 위해서 버지니아 북부 지방에 최초의

메이플라워 서약 메이플라워호에 타고 있던 성인 남자들은 배에서 내리기 전, 새로운 땅에서 자치 공동체를 건설하기 위한 협약인 '메이플라워 서약'에 서명했다. 메이플라워 서약은 아메리카 최초의 자치 헌법으로 여겨진다. 오른쪽은 메이플라워 서약서다.

식민지를 건설하고자 항해를 계획하였다. 이에 신과 서로 앞에서 엄숙하고 진지하게 정치 결사체를 결성하기로 서약하는 바이다. 이와 관련하여 수시로 식민지 보편 선을 실현하기에 가장 적합하다고 여겨지는 정의롭고 공평한 법을 제정하고 법체제를 수립하기로 한다. 또한 이 모든 사항을 우리 모두 복종하고 준수할 것을 맹세한다.

― '메이플라워 서약' 중에서

이 서약에는 41명의 성인 남자가 서명했다. 사회 계약을 통한 정부의 수립을 선언한 이 '메이플라워 서약'은 아메리카 최초의 자치 헌법으로 여겨진다. 이후 다른 식민지들의 모범이 되었음은 물론이다.

아메리카 땅에 도착한 이들이 곧바로 해야 할 일은 바로 찾아온 추

첫 추수 감사절 아메리카로 건너온 필그림 파더스는 고생 끝에 한 해 농작물을 수확한다. 그동안 친절을 베풀어 준 원주민을 초대해 새로운 땅에서 얻은 결실을 함께 나눴다. 추수 감사절은 여기서 유래했다.

운 겨울을 무사히 보내는 것이었다. 그들은 폭풍우, 굶주림 등과 싸워 가며 살 집을 짓고, 농사지을 땅을 마련하기 위해 나무를 베어 낸 뒤 곡괭이로 뿌리를 캐내어 땅을 일구어야 했다. 하지만 그들이 황무지에서 그 일을 시작한 것은 아니었다. 새 땅 매사추세츠는 원래 원주민들의 마을과 농장이 있던 곳이었다. 메이플라워호가 도착하기 몇 년 전, 이 땅에 살던 원주민들 사이에 무서운 역병이 번졌다. 유럽인들이 옮긴 게 분명해 보이는, 원주민들에게는 낯선 이 역병으로 뉴잉글랜드 지방의 원주민 중 90퍼센트가 쓰러져 죽어 갔다. 이 때문에 원주민들이 살던 농장과 집은 텅 빈 상태였다. 덕분에 버지니아 지방과는 다르게 매사추세츠 지역의 이주민들은 원주민의 아무런 저항도 받지 않고 정착할 수 있었다.

하지만 새로운 땅에서의 생활은 그렇게 만만하지 않았다. 많은 이주민들이 영국의 날씨와는 다른 추위와 질병, 굶주림 등으로 쓰러졌다.

그렇게 힘든 첫 겨울을 보내고 겨우 살아남은 사람들은 이듬해에 원주민들의 도움으로 새로운 희망을 가질 수 있었다. 원주민들에게서 얻은 옥수수 씨앗을 땅에 뿌렸으며, 새 땅에 맞는 농사법도 배웠다. 또 물고기 잡는 법, 칠면조 기르는 법도 배웠다. 가을이 되어 첫 가을 걷이를 한 그들은 칠면조와 수확한 옥수수, 호박 등으로 음식을 만들어 친절을 베풀어 준 원주민들을 초대해서 함께 수확의 기쁨을 나누고 감사의 기도를 올렸다. 이것이 추수 감사절의 기원이다. 해마다 11월 넷째 주 목요일의 추수 감사절이면, 미국에서는 저마다 흩어져 살고 있던 가족들이 모두 모여 함께 시간을 보낸다. 이날 미국인들의 식탁에는 지금도 변함없이 칠면조 요리가 오른다.

청교도들의 매사추세츠 식민지 건설

필그림 파더스들이 플리머스에 정착한 지 얼마 지나지 않아 매사추세츠 식민지가 본격적으로 만들어지기 시작했다. 플리머스 북쪽 보스턴이 그 중심지였다. 주인공들은 역시 종교적인 탄압을 피해 이주해 온 청교도들이었다. 그들은 부패하고 낡은 잉글랜드가 아닌, 희망과 꿈이 있는 신앙 공동체를 건설하겠다는 열망을 담아 자신들의 땅에 '뉴잉글랜드'라는 이름을 붙였다.

1630년 매사추세츠 식민지 수립 기념 실과 300주년 기념 우표 매사추세츠는 미국 역사에서 가장 중요한 비중을 차지하는 곳이다. 메이플라워호를 타고 온 청교도들이 내린 곳도 이곳 플리머스 항구였고, 미국 독립 혁명의 깃발을 처음 올린 곳도 이곳이었다. 보스턴 차 사건으로 유명한 보스턴이 매사추세츠 주의 주도(州都)다.

비록 청교도 성인 남성만 참가할 수 있었지만, 그들은 총회에서 법률을 만들었고 식민지에서의 중요한 일 대부분을 결정했다. 해마다 정해진 날짜에 주민 모두가 참여하는 투표를 통해 관리를 선출했다. 또 종교 공동체를 이끌어 가기 위한 목사나 주민을 가르칠 교사 등의 지도자를 길러 내기 위해 하버드대학을 세웠다. 이 대학의 교과 과정은 그들이 떠나온 영국 케임브리지대학의 양식을 본떴다.

매사추세츠에서는 일단 60명의 주민이 모이면 새로운 마을을 만들 수 있게 하고, 농사지을 땅을 주었다. 마을 주민과 관계된 일은 모두 읍민 회의에서 스스로 결정했다. 마을에는 교회와 공공건물이 들어섰다. 또한 교육에도 열성을 보여 50명 이상이 사는 마을에는 한 명의 교사를 두고, 100명이 넘게 사는 마을에는 학교를 세우도록 규정했다.

이렇게 마을이 점차 늘어나면서 질서가 잡히고 체계도 잡혀 갔다.

필그림 파더스가 메이플라워호를 타고 처음 새로운 땅에 도착한 지 20여 년 만에 매사추세츠는 행정을 책임지는 지사와 의회를 갖춘 자치 정부의 모습을 갖추었다.

뉴잉글랜드 지방에서는 이 외에도 로드아일랜드, 코네티컷 등의 식민지가 역시 종교적인 이유로 이주한 청교도들에 의해 건설되었다. 따라서 이들 식민지에서는 종교가 아주 중요했다. 자신들의 종교에 대한 신념이 너무나 확고해 다른 종교를 가진 사람들을 차별하고 예배마저 금지했다. 뉴잉글랜드 식민지는 종교의 자유를 찾아 떠나온 청교도들이 다른 사람의 종교적 자유는 인정하지 않는 모순을 보이기도 했던 철저한 청교도 사회였다.

우애와 평화의 도시, 필라델피아

펜실베이니아 식민지는 윌리엄 펜에 의해 건설되었다. 그는 퀘이커교도였다. 퀘이커교도들은 모든 사람은 신을 직접 대할 수 있으며, 그리스도가 직접 가르치고 인도하므로 따로 교회 조직이나 성직자는 필요 없다고 생각했다. 철저한 평화주의자로 전쟁은 하느님의 뜻과 반대되는 것이라고 생각해 모든 전쟁에 참여하지 않았다. 계급도 구분하지 않았고, 교회에 바치는 십일조도 모두 부정했다. 이런 이유로 크리스트교의 한 종파였지만 성직자도, 교회 조직도, 국왕도, 귀족들도 퀘이커교도를 싫어했고, 영국에서는 박해를 받아 수많은 퀘이커교도가 희생되기도 했다.

마침 영국 왕 찰스 2세가 윌리엄 펜의 아버지에게 진 빚의 대가로

펜에게 메릴랜드와 뉴욕 사이에 있는 넓은 땅과 식민지 건설에 관한 특허장을 주었다. 자유로운 신앙의 터전을 마련하고 싶었던 펜은 많은 이주민과 함께 펜실베이니아로 건너왔다. 그들은 더 나아가 자신들뿐만 아니라 모든 사람에게 신앙의 자유와 정치적 권리가 주어지는 평화의 땅을 건설하고 싶어 했다. 윌리엄 펜은 이 같은 자신의 노력을 '거룩한 실험'이라고 불렀다.

펜은 가족을 거느린 정직하고 가난한 성인 남자가 이주해 오면 대가나 보상을 바라지 않고 토지를 나누어 주거나 아주 싼 가격에 조건 없이 빌려 주었다. 지도자들을 뽑아 세 그룹으로 나누어서 법률을 만들고, 만든 법률을 선포할 것인지를 투표하며, 그 법을 지키는지를 감시하는 등의 역할을 나누어 맡겨 어느 한 그룹이 권력을 독차지하지

펜실베이니아 모든 사람에게 신앙의 자유와 정치적 권리가 주어지는 평화의 땅, 펜실베이니아는 윌리엄 펜의 '거룩한 실험'으로 건설되었다.

윌리엄 펜과 인디언의 조약
펜은 원주민 추장과 협상을 벌여 원주민들로부터 남자 한 명이 사흘 동안 걸을 수 있는 크기의 땅을 넘겨받기로 조약을 맺었다.

못하도록 했다. 총독도 투표로 뽑았다. 죄를 지은 사람도 너그럽게 처벌하고, 병원과 고아원도 세웠다. 또한 어린아이들에게는 교육받을 기회를 주었고, 노예제에 반대했으며, 종교의 자유를 보장해 주었다. 그러자 많은 사람들이 펜실베이니아로 이주해 왔다. 아버지 펜의 이름을 딴 '펜의 숲이 있는 지방'이라는 뜻을 지닌 펜실베이니아는 이후 점차 번성했다. 온화한 기후, 비옥한 토양에다 지리적으로도 초기 아메리카 식민지의 중심지였다.

펜은 자신이 꿈꾸는 새 땅에서는 원주민들도 똑같이 모든 권리를 자유롭게 누려야 한다고 생각했다. 그리고 그 믿음대로 원주민의 땅을 강제로 빼앗는 것이 아니라, 그들의 이야기에 귀를 기울여 보상을 해 주고 사들였다. 당연히 상거래도 사이좋게 이루어졌다. 덕분에 펜실베이니아에는 온갖 이주민이 모여들었다. 중심 도시인 필라델피아('우애의 도시'라는 뜻)는 다양한 종교를 가진 여러 민족의 사람들이 모여 사는 평화의 도시, 국제적인 도시였다.

뉴암스테르담에서 뉴욕으로

오늘날 뉴욕의 맨해튼과 허드슨 강 유역에 처음 정착한 사람들은 네덜란드인이었다. 1609년 헨리 허드슨이 이곳에 도착한 이래 강은 그의 이름을 따서 '허드슨 강'이라고 불렀고, 이곳의 소유권은 네덜란드에 있음을 선언했다. 맨해튼은 원주민들의 말로 '언덕으로 이루어진 섬'이라는 뜻이다. 이후 네덜란드인들은 이 지역을 '뉴네덜란드'라고 했다.

1626년에는 맨해튼을 두고 원주민들과 흥정을 벌여 거래가 성사되었다. 맨해튼의 가격은 60길더(네덜란드 화폐 단위)였다. 당시 네덜란

1650년 무렵의 뉴암스테르담 17세기 중반의 인쇄물에 실린 모습이다. 당시 식민지 중에서 가장 번화하고 풍요로운 도시였다.

드의 시내 도로를 포장하기 위해 쓰던 돌멩이 하나 값이 1길더였으니, 맨해튼의 가격은 돌멩이 60개 값이었다. 이것은 실질적인 사기였다. 네덜란드의 서인도 회사는 원주민들과 모피 무역을 하기 위해 이 지역에 교역 기지를 세우고, 맨해튼 일대를 '뉴암스테르담'이라고 불렀다. 회사는 원주민들에게서 산 토지를 이주민에게 분배했다. 이주민들이 늘어나면서 네덜란드풍의 튼튼하고 멋진 건물이 들어찬 도시가 세워졌다.

뉴잉글랜드의 인구가 늘어나자 새로운 토지를 찾아 남쪽으로 내려오기 시작하던 영국인들은 이 풍요로운 도시에 눈길을 돌렸다. 두 나라 사이에 짧은 전쟁이 일어난 뒤 뉴암스테르담은 영국이 차지하게 되었다. 영국 왕 찰스 2세는 이 식민지를 동생인 요크공에게 선물로 주었다. 이후 뉴암스테르담은 요크공의 이름을 따서 '뉴욕'이라고 불렸다.

3 원주민과 이주민이 충돌하다

필립 왕의 전쟁

영국인들이 아메리카 지역으로 몰려와서 건설한 식민지가 원래부터 주인 없는 땅은 아니었다. 인디언이라고 불렀던 원래 그 땅에 살고 있던 원주민이 주인이었다. 영국인들은 때로 원주민들에게 대가를 지불하고 땅을 사들이기도 했고, 또 때로는 원주민들이 우정의 뜻으로 자신들의 땅을 나누어 주기도 했다. 그러나 이 땅에 만들어진 유럽인의 농장과 마을, 도시 대부분은 원주민의 땅을 빼앗고 그들을 몰아낸 뒤에 건설된 것이다. 원주민들이 땅을 지키기 위해 거세게 저항하는 것은 당연한 일이었다. 유럽인들의 정착지는 이처럼 원주민들을 쫓아내고 죽이는 등 그들과의 전쟁을 통해 확대되어 갔다.

야트막한 언덕 아래 집들이 옹기종기 모여 있는 뉴잉글랜드 플리머스 지역에 자리한 원주민 왐파노아그족의 마을, 한가운데 있는 제법

필립 왕의 전쟁 17세기 뉴잉글랜드 지방의 영국계 이주민과 원주민 사이에 벌어졌던 가장 치열한 싸움이었다. 필립 왕(메타콤)의 전쟁을 끝으로 자신들의 땅을 지키기 위한 원주민들의 대규모 저항은 사실상 끝이 났다.

넓은 집 안에 남자 대여섯이 모여 심하게 다툼을 벌이고 있었다.

"백인들과 우리 부족은 오랫동안 평화롭게 함께 살아왔소. 이제 와서 평화를 깰 순 없습니다."

"평화를 먼저 깬 건 우리가 아니라 저들이오!"

"맞아요. 우리 땅과 마을을 노리고 몰래 이리저리 살피는 놈을 벌 준 건 우리 부족의 마땅한 권리예요. 그런데 그걸 구실로 우리 전사 셋을 보란 듯이 처형하다니, 이건 저들의 선전 포고입니다."

"처음 저들이 왔을 때, 우리는 그들을 단번에 몰아낼 수도 있었소. 기껏해야 몇 명 되지도 않았고, 당장 겨울을 날 양식도 변변히 없었지요. 우리 조상들이 농사짓고 집 지을 땅을 주지 않았다면, 저들은 살아남지도 못했을 거요. 돌아가신 대추장님˙의 은혜는 저들도 결코 잊지 못할 겁니다. 이번 일은 욕심에 눈이 먼 몇몇 사람이 저지른 짓이라고 믿습니다. 대부분은 여전히 우리의 친구입니다."

"저들이 우리의 땅과 마을을 넘보는 건 어제오늘 일이 아니에요. 점점 더 우리 땅으로 몰려와서 야금야금 경계선을 넘어오고 있지 않습니까? 새 추장님은 더는 백인이 우리 땅을 침범하도록 내버려 두지 않겠다고 하셨습니다. 그동안 다른 부족과 단결력을 높여 온 것도 모두 이때를 위한 것 아닙니까?"

"우리 땅을 지키기 위해 싸워야 해요. 그러지 않으면 우리의 사냥터와 기름진 밭을 빼앗기고, 결국 그들의 종이 되고 말 거예요."

"저들의 욕심과 못된 짓을 보고 화내지 않는 형제가 어디 있겠소? 하지만 전쟁이라니, 난 우리가 치러야 할 대가가 너무 두렵소. 피쿼트족의 이야기를 벌써 잊었소? 저들은 야밤에 마을을 습격해서 불을 지르고, 사람들을 총으로 쏘아 죽였소. 살아남은 자들은 모두 노예가 되었고 이제 피쿼트족은 완전히 사라졌소. 저들은 피도 눈물도 없이 잔인하단 말이오."

"그 대가가 아무리 크다고 하더라도 우리 왐파노아그족이 명예와 자존심을 버리고 저들의 종으로 살 수는 없습니다."

많은 이야기가 오가는 동안 아무 말 없이 듣고만 있던 추장 메타콤이 드디어 입을 열었다.

● **대추장님** | 마사소이트 추장. 메이플라워호를 타고 왔던 필그림 파더스를 도와주었던 인물이다.

"우리가 결정하지 않더라도 젊은 전사들이 가만히 있지 않을 겁니다. 아주 강하게 맞서 싸우는 것 말고 그들의 분노를 잠재울 수 있는 방법은 없어요. 우리도 그동안 많은 준비를 해왔습니다. 총과 갑옷을 사들여 무장했고, 이젠 우리도 강해졌습니다. 게다가 이번 전쟁은 우리 부족만이 저들과 맞서는 것이 아닙니다. 그동안 위기감을 느껴 왔던 우리 지역 모든 원주민 부족들이 함께할 것입니다."

17세기 뉴잉글랜드 지방의 영국계 이주민들과 원주민 사이에 벌어졌던 가장 치열한 싸움인 '필립 왕의 전쟁'은 이렇게 시작되었다. 추장 메타콤이 유럽식 복장과 관습을 받아들였다고 해서 영국인들은 그를 '필립 왕'이라고 불렀다. 전쟁이 일어나자 원주민들은 변경 지방의 영국인 정착촌을 습격했고, 백인 민병대(일반인으로 조직한 부대)가 원주민 마을에 잔인하게 보복하는 공격을 여러 차례 주고받았다. 그러나 왐파노아그족과 사이가 좋지 않았던 모호크족 전사 수백 명이 영국인 측에 합세한데다, 일반인마저 잔인하게 죽이는 백인들의 전술은 원주민들의 사기를 점점 더 떨어뜨렸다.

격렬했던 전쟁은 결국 백인들의 승리로 끝났다. 파괴 속에서 살아남은 원주민 마을은 없었고, 부족의 인구는 1/10로 줄어들었다. 필립 왕은 살해되어 머리가 기다란 막대기에 꽂힌 채 전시되었고, 그의 아내와 아들은 노예로 팔려 갔다. 원주민들은 저항할 힘을 잃고

필립 왕 메타콤

뿔뿔이 흩어져 서쪽으로, 북쪽으로 도망쳤다.

베이컨의 반란

그즈음 버지니아에서도 원주민을 몰아내려는 영국인들의 움직임이 또 다른 사태를 불러일으켰다. 당시 새로운 이주민들로 버지니아 인구는 폭발적으로 늘어났는데, 대부분 이주 비용을 대기 위해 빚을 져야 했던 가난한 농민들이거나, 영국에서 보낸 죄수들이었다. 그들은 자신의 땅을 갖고 싶어 했다. 그들이 땅을 가질 수 있는 방법은 원주민들을 몰아내고 그 땅을 차지하는 것뿐이었다. 그러나 총독은 원주민들과의 충돌을 피하기 위해 그들과 맺은 조약대로 더 이상 서쪽으로 가는 것을 막고자 했다.

당시 버지니아의 농장주였던 나다니엘 베이컨˚은 패기 넘치는 젊은이였다. 그는 좀 더 과감히 밀어붙이지 못하고 지나치게 원주민의 눈치를 보는 버지니아 총독의 정책에 불만을 품고 있었다.

어느 날 베이컨은 500명이나 되는 장정을 모아 민병대를 조직했다. 총독의 허락도 받지 않았지만, 땅이 필요했던 사람들은 베이컨을 영웅으로 떠받들었다. 그들은 베이컨이 원주민들을 서쪽으로 더 멀리멀리 내쫓아 버리기를 원했다. 총독은 원주민들이 반발해서 큰 전쟁이 벌어질 수도 있다고 염려했으며, 베이컨을 반역자라고 선언했다. 이에 분노한 베이컨은 소규모 농장주와 하인들, 흑인 노예들을 이끌고

⦿ **나다니엘 베이컨** | 과학자이자 철학자인 프랜시스 베이컨의 사촌.

반란을 일으켰다. 버지니아의 수도 제임스타운은 잿더미가 되었고, 반란군은 버지니아 전 지역을 차지했다. 그러자 버클리 총독도 줄행랑을 치고 말았다. 그러나 베이컨이 병으로 세상을 떠나자 반란군은 뿔뿔이 흩어졌고, 새로운 총독이 부임하면서 버지니아는 다시 안정을 되찾았다.

베이컨의 반란이 일어난 뒤 새로운 땅을 차지하기 위해 원주민들을 내쫓는 정책은 더 적극적으로 펼쳐졌다.

13개의 영국 식민지

경제적인 부를 찾아, 종교적인 자유를 찾아 또는 자신의 꿈을 이루기 위해 영국을 떠나온 이들에 의해 북아메리카 지역에는 13개의 영국 식민지가 건설되었다. 그곳은 뉴잉글랜드의 뉴햄프셔·매사추세츠·로드아일랜드·코네티컷, 중부 지역의 뉴욕·뉴저지·펜실베이니아·델라웨어, 남부 체서피크 만 지역의 버지니아·메릴랜드, 그리고 남부 지역의 노스캐롤라이나·사우스캐롤라이나·조지아였다.

이들 정착 지역의 환경에 따라 생활 모습은 저마다 조금씩 달랐다. 매사추세츠 등의 뉴잉글랜드 식민지는 주로 가족 단위의 이주가 이루어졌기 때문에 사람들은 마을을 이루거나 가족이 힘을 합쳐 이룬 작은 농장에서 살았다. 대서양 연안에 있어서 물고기 등도 풍부했고, 가까운 곳에 침엽수림과 활엽수림이 울창해 질 좋은 목재가 많이 생산되었다. 그러나 날씨가 추워 농사짓기에는 적당하지 않은 땅이어서 바다와 관련된 무역, 조선업, 어업이 발달했다. 보스턴이나 세일럼 등

메인
(메사추세츠 지역)

뉴햄프셔

뉴욕   매사추세츠
코네티컷   로드아일랜드

펜실베이니아   뉴저지

델라웨어
메릴랜드

버지니아

노스캐롤라이나

사우스캐롤라이나

조지아   대 서 양

서플로리다

동플로리다

13개의 영국 식민지
1763년까지 프랑스가 주장한 영토
에스파냐 영토

영국의 13개 식민지 초기 영국인 이주민들에 의해 건설된 대서양 연안의 13개 식민지는 정착지의 환경이나 정착민들의 부류에 따라 생활 모습이 조금씩 달랐다.

의 항구를 중심으로 무역이 활발하게 이루어져 생활은 넉넉한 편이었다. 또한 청교도적인 종교 색채가 강했다.

뉴욕이나 펜실베이니아 등의 중부 식민지는 위치상 식민지의 중앙에 있어서 교통이 편리했다. 주로 자신이 일군 농장에서 밀이나 호밀, 귀리 등의 농사를 짓는 소규모 자영농이 많았다. 또 유리나 그릇 등을 만들거나 총이나 도끼 등의 연장을 만드는 제조업의 중심지이기도 했다. 필라델피아, 뉴욕이 대표적인 무역항이었다.

조지아, 사우스캐롤라이나 등의 남부 식민지는 농업에 알맞은 자연 조건 때문에 담배, 인디고, 쌀 등의 농사를 짓는 큰 농장이 많았다. 부유한 사람들은 노예를 써서 농장을 경영하기도 했다. 담배, 인디고 등의 작물은 영국에서 주로 소비되어 영국 정부에서 생산을 북돋워 줄 정도였다. 그 덕분에 남부 지역은 본국과의 관계가 다른 어떤 지역보다 밀접했다.

이 13개 식민지의 인구는 점차 늘어 1763년쯤에는 약 200만 명이나 되었다. 이에 따라 도시도 성장해 갔다. 뉴욕, 보스턴, 필라델피아는 교역의 중심지로 영국으로부터 수많은 상품이 수입되었고, 담배와 밀, 목재, 모피 등이 이곳을 통해 주로 영국으로 수출되었다.

백인과 원주민의
비극적인 역사의 상징, 포카혼타스

"……그들은 긴 회의 끝에 커다란 돌덩이 두 개를 포우하탄 추장 앞에 대령하라고 명했다. 수많은 손이 돌덩이 앞으로 나를 끌고 갔다. 나의 머리를 돌덩이 위에 얹어 놓고 몽둥이로 내리치려는 순간, 추장의 귀여운 딸이 나의 머리를 가슴에 안고 자신의 머리로 감싸서 나를 죽음에서 구해 주었다. 그녀의 이름은 포카혼타스였다. ……."

존 스미스를 새긴 미국 우표

월트 디즈니의 만화 영화로도 유명한 포카혼타스. 영화의 또 다른 주인공인 존 스미스가 자신의 자서전에 쓴 글이다. 그러나 그의 이야기가 진짜인지 가짜인지는 정확히 알 수 없다.

존 스미스는 제임스타운이 건설되던 초기에 제임스타운의 실질적인 지도자였다. 그는 뛰어난 지도력과 협상력을 발휘해 어려움에 빠진 제임스타운을 위기에서 구했다. 하지만 때

존 스미스를 구하는 포카혼타스 포우하탄 인디언 추장의 딸인 포카혼타스는 존 스미스 등 백인에게 호의를 베풀었던, '착한 원주민'의 표상으로 오늘날까지 전해지고 있다.

버지니아 상세 지도 1608년 여름 존 스미스가 측량하고 제작한 지도이다. 1642년에 출간된 그의 자서전 《버지니아, 뉴잉글랜드 그리고 서머 제도의 통사》에 수록되어 있다.

로는 가혹하게 지배하기도 했다. 포우하탄 원주민들은 제임스타운의 영국인들에게 식량을 나누어 주고 옥수수와 고구마 재배법을 가르쳐 주었다. 또 자신들의 터전을 자세하게 안내해 주기도 했다. 이 같은 원주민들의 도움이 없었다면 제임스타운은 일찌감치 사라져 버렸을 것이다. 이런 점에서 보면 제임스타운을 위기에서 구한 것은 포우하탄 인디언이고, 존 스미스의 증언으로 미루어 짐작할 수 있는 것은 어린 포카혼타스 또한 이주민들에게 적지 않은 도움을 주었을 것이라는 사실이다.

이주민과 포우하탄 인디언 사이의 평화는 오래가지 않았다. 이주민들이 인디언들을 배신하면서 심심찮게 충돌이 일어났기 때문이다. 1612년 겨울, 포카혼타스는 이주민 선장에게 인질로 잡혀 제임스타운에 갇혀 있었다. 불리할 때 써먹을 수 있는 인질로 추장의 딸만큼 확실한 것도 없을 터였다.

1년이 넘도록 석방 협상이 제대로 이루어지지 않는 가운데 포카혼타스는 점점 이주민의 생활 방식에 익숙해졌다. 영어도 배웠고, 기독교로 종교를 바꿔 세례까지 받았다. 1614년 에는 제임스타운에 살던 이주민 존 롤프와 결혼까지 하기에 이르렀다. 두 사람의 결혼으로 이주민들과 인디언들 사이에는 오랫동안 휴전이 이루어졌다.

이처럼 제임스타운에도 평화가 찾아왔지만, 사정이 나아진 것은 아니었다. 여전히 질병 이 끊이지 않았고, 식량이 부족해서 굶주려야 했다. 당시 포카혼타스의 남편 존 롤프는 상 품성이 높은 새로운 품종의 담배를 재배하는 데 성공해서 버지니아 지방에 보급시켰다.

1616년, 포카혼타스는 남편을 따라 영국을 방문하게 되었다. 그녀는 런던에서 큰 환영을 받았고, 직접 왕을 만나기까지 했다. 그러나 이듬해, 버지니아의 회사는 롤프 부부를 다시 제임스타운으로 보내기로 결정했다. 그런데 항해를 준비하던 중 포카혼타스는 천연두에 걸려 죽고 말았다.

그녀는 초기 유럽 이주민에게 호의를 베풀었던 원주민의 상징처럼 여겨져 오늘날까지 기억되고 있다. 하지만 유럽인들이 그녀를 환영한 이유는, 그녀가 기독교를 믿고 영어를 배우고 유럽인의 생활 양식을 몸에 익힌 '착한 원주민'이자 '길들여진 야만인'이었기 때문 이다. 백인들이 가져온 재앙인 천연두에 걸려 죽은 그녀의 짧은 생애는 뒤이어 찾아올 백 인들에 의한 원주민 말살이라는 비극적인 역사를 예고하는 듯하다.

3장

독립 혁명과 미국의 탄생

식민지인들은 드디어 식민지 독립의 깃발을 들고 전쟁을 시작했다. 세계 최강 영국을 상대로 한 절대적으로 불리한, 이길 가능성이 거의 없는 전쟁이었다. 하지만 그들은 승리했다. 미국이 탄생한 것이다. 역사상 최초로 근대적인 의미의 민주 공화국이 등장하는 순간이었다. 아메리카인들은 선구자들의 머릿속 이상으로만 있던 민주주의 국가의 모습을 실제 법과 제도로 하나하나 구체화시켰다. 국민이 주인인 공화국, 견제와 균형의 원리에 의해 만들어진 정부, 주와 연방의 조화……, 그것은 단순한 독립이 아니라 혁명이었다.

1754년	프랑스–인디언 동맹과 영국의 전쟁
1763년	파리 강화 회담
1765년	인지세법 제정
1770년	보스턴 학살 사건
1773년	보스턴 차 사건
1774년	제1차 대륙회의 소집
1775년	콩코드 전투, 제2차 대륙회의
1776년	독립선언서 채택
1778년	프랑스, 미국 독립 혁명에 개입
1781년	연합 헌장 채택, 요크타운 전투
1783년	파리 조약 체결
1787년	제헌의회 소집, 헌법 제정
1789년	미국 탄생, 초대 대통령에 조지 워싱턴 취임

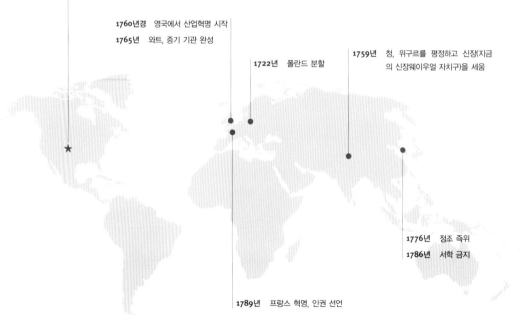

1760년경 영국에서 산업혁명 시작

1765년 와트, 증기 기관 완성

1722년 폴란드 분할

1759년 청, 위구르를 평정하고 신장(지금의 신장웨이우얼 자치구)을 세움

1776년 정조 즉위

1786년 서학 금지

1789년 프랑스 혁명, 인권 선언

1 아메리카인으로서의 정체성이 싹트다

교역에 더 큰 관심을 기울였던 프랑스인

아메리카 노다지를 차지하려는 경쟁에서 프랑스도 빠질 수 없었다. 1534년 자크 카르티에가 이끄는 탐험대가 뉴펀들랜드에 닿은 후 퀘백 지방과 몬트리올까지 거슬러 올라갔다. 그 후 대구잡이를 하던 프랑스 어부들은 뉴펀들랜드 일대에 임시 정착촌을 만들었고, 원주민들과 모피 교역도 시작했다.

프랑스가 북아메리카에 진출하는 데 가장 큰 공을 세운 사람은 사뮈엘 드샹플랭이었다. 그는 1608년 퀘백을 건설한 뒤 가까이에 살고 있던 휴런족, 알콘킨족과 모피 교역을 시작했다. 두 원주민 부족은 이로쿼이족과 적대 관계에 있었는데, 교역 상대인 프랑스 친구들이 자기들 편이 되어 주기를 바랐다. 이로쿼이족은 뉴욕의 다섯 원주민 부족이 만든 동맹으로, 당시 북아메리카에서 가장 강한 세력이었다. 샹

샤뮈엘 드샹플랭 17세기 프랑스 탐험가로 캐나다 식민지를 개척했다. 이후 뉴프랑스의 아버지로 불리기도 했다.

플랭은 휴런족과 알콘킨족을 도와 전투에서 이로쿼이족을 물리쳤다. 덕분에 프랑스는 꽤 오랫동안 이로쿼이족과 크고 작은 전투를 치르느라 다른 데 신경 쓸 겨를이 없을 정도였다

　프랑스에서 오는 이주민들은 그 수가 적을 뿐 아니라, 농장과 마을을 만들어 아예 아메리카에 정착하려는 영국 이주민들과는 달리 원주민들과의 교역에 더 큰 관심을 두었기 때문에 영국인들처럼 대대적인 이민 행렬이 이어진 것은 아니었다. 대신 프랑스 탐험대의 활약이 눈부셨다. 특히 1673년 자크 마르케트 신부가 이끄는 탐험대는 미시시피 강을 따라 미국 남부에까지 이르렀다. 이 탐험을 근거로 프랑스는 미시시피 강과 그 일대의 소유권을 주장했다. 프랑스인들은 자신들의 국왕 루이 14세의 이름을 따서 이 지역을 '루이지애나'라고 불렀다. 서쪽으로는 로키 산맥, 남쪽으로는 리오그란데 강에 이르는 북아메리

카 서쪽 내륙 지역 전체에 대한 소유권을 주장한 셈이다.

또한 프랑스는 곳곳에 요새를 만들고 교역지를 널리 분산시켰다. 미시시피 강 하류에는 크고 넓은 농장을 만들어 운영했다. 이들이 건설한 뉴올리언스는 다른 대서양 연안의 도시 못지않은 대도시로 성장했다.

이처럼 프랑스가 미국 서부에 대해 소유권을 주장하는 것을 동쪽 대서양 해안에서부터 점점 정착지를 확대해 가고 있던 영국이 달가워할 리가 없었다. 수백 년 동안 서로 으르렁거리며 수시로 전쟁을 치러왔던 전통적인 라이벌, 영국과 프랑스. 북아메리카를 둘러싼 두 나라의 대결이 시시각각 다가오고 있었다.

영국과 프랑스의 대결

17세기 말 아메리카에서는 영국, 프랑스, 네덜란드, 에스파냐가 저마다 소유권을 주장하는 통에 크고 작은 다툼이 끊이지 않았다. 그러나 점차 영국과 프랑스의 싸움으로 좁혀져, 미국 땅에 있던 두 나라 군대는 여기저기서 기습 공격을 주고받았다.

원주민의 입장에서는 둘 다 침략자이기는 마찬가지였다. 하지만 땅과 마을을 빼앗고 자신들을 몰아내려는 영국인보다, 숫자도 훨씬 적고 자신들과의 모피 거래에 관심이 많았던 프랑스가 덜 위험하다고 생각했다. 프랑스인들은 모피 교역의 파트너인 원주민들의 생활 방식을 익히고 그들의 사회적인 관습을 받아들였으며, 선교사들은 원주민들과의 교류에 힘써 많은 원주민을 가톨릭으로 개종시켰다. 따라서

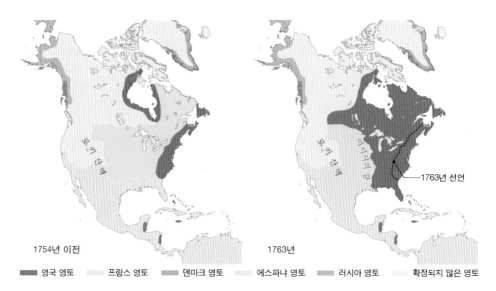

1754년 이전

1763년

━━━ 영국 영토   프랑스 영토   덴마크 영토   에스파냐 영토   러시아 영토   확정되지 않은 영토

프랑스와 영국의 전쟁 전후 영토 파리 강화 회담에서 프랑스는 북아메리카 땅에 있던 대부분의 영토를 잃었다. 캐나다에 있는 대부분의 식민지와 미시시피 강 동쪽은 영국에, 뉴올리언스와 미시시피 강 서쪽은 에스파냐에 넘겨주었다. 프랑스 편에 가담했던 에스파냐는 플로리다를 영국에 넘겨주었다.

원주민들과는 프랑스인들이 훨씬 좋은 관계를 맺고 있었다.

군대 숫자에서는 영국이 월등한 우위에 있었다. 그러나 숫자는 적었지만 조직과 경험 면에서는 프랑스군이 영국군을 크게 앞섰고, 무엇보다 대부분의 원주민 부족들이 프랑스 편에 섰기 때문에 크고 작은 전투에서 영국군은 어려움을 면치 못했다.

1756년, 프랑스-인디언 동맹군과 영국군 사이의 대규모 충돌이 다시 시작되었다. 처음 몇 년 동안은 전쟁의 흐름이 영국에 아주 불리하게 돌아갔다. 그러나 윌리엄 피트가 영국 군대의 지휘권을 잡기 시작하면서 수적으로 우세한 영국군이 상황을 뒤바꿀 기회를 잡았다. 영국군은 해전에 병력을 집중시키고, 식민지인들의 협조를 구했다. 그러자 프랑스의 중심 요새들이 하나둘 영국군의 차지가 되었고, 퀘백이 함락되었다. 이후 1760년, 몬트리올에서 프랑스 군대가 영국군에게 공식적으로 항복하면서 전쟁은 영국의 승리로 끝났다.

1763년에는 파리 강화 회담이 열려 프랑스는 전쟁에서 패한 대가로 서인도 제도의 섬들, 인도 및 캐나다에 있는 대부분의 식민지, 미시시피 강 동쪽의 프랑스 영토 대부분을 영국에 넘겨주어야 했다.

아메리카도 대영 제국의 일부

아메리카에 식민지가 만들어진 이래 영국 정부는 이들 식민지에 별다른 간섭을 하지 않았다. 청교도 혁명과 명예혁명을 비롯해 국내의 정치 상황이 급변하던 시기라 식민지에 신경 쓸 겨를이 거의 없었기 때문이다. 덕분에 아메리카 식민지는 본국의 간섭도 별로 받지 않고 마음껏 자유와 권리를 누리며, 점차 경제적인 안정도 찾아갔다. 이때 각 지역마다 성격도 다르고 경제적인 여건도 달랐던 아메리카 식민지를 하나로 묶어 주었던 것은 영국 왕에 대한 충성심이었다.

그러나 세월이 흐르면서 상황은 조금씩 변해 갔다. 영국은 명예혁명을 거친 후 국내의 정치 상황이 안정기에 접어들면서 눈길을 식민지로 돌렸다. 이에 따라 영국의 식민지 정책도 하나의 대영 제국으로, 중앙 집권적인 체제로 변화하기 시작했다. 왕이 직접 총독을 파견하는 왕령 식민지가 늘어나, 13개의 식민지 가운데 8개가 이에 해당했다. 식민지인의 입장에서는 영국의 간섭이 커지는 것을 의미했다.

프랑스와 전쟁을 치르면서 본국의 영국인과 아메리카 땅의 이주민들 사이에 갈등이 깊어졌다. 전쟁에서 이긴 영국이 북아메리카 땅에 대한 소유권을 강화할 수는 있었지만, 전쟁을 치르느라 영국 정부가 빚더미에 올라앉았기 때문이다. 본국인들은 전쟁이 식민지인의 이익을 위해 치러졌건만 식민지인들은 전투에 참여해서 적극적으로 싸우지도 않았고, 경제적으로도 별로 도움이 되지 않았다는 점에 분노했다. 혜택은 다 누리면서 대가는 치르지 않으려는 얌체같이 느껴져서였다. 식민지인들도 그들대로 불만이 커졌다. 전쟁으로 지친 영국 정부가 원주민들과의 충돌을 피하고자 식민지인들이 더 이상 서쪽으로 진출하지 못하도록 막았기 때문이다.

영국 정부는 깊은 고민에 빠졌다. 전쟁을 치르느라 짊어진 엄청난 빚을 갚으려면 세금을 올려야 하지만, 영국 국민들이 부담하는 세금은 이미 허리가 휠 지경이었다. 또 만만찮은 의회가 세금 인상을 고분고분 받아들일까도 걱정이었다. 그러나 영국 정부는 결국 결정을 내렸다. 본국이 군대를 보내 전쟁을 치러 가며 인디언과 프랑스의 공격으로부터 지켜 주었고, 앞으로도 군대를 머물게 해 식민지인들을 보호해야 하니 식민지인들도 당연히 자기 몫을 부담해야 한다는 것이었다. 영국 의회는 식민지에 관세를 비롯한 많은 세금을 매겼다.

우리는 아메리카인

세금을 부담하게 하자 식민지인들은 분노했다. 사실 영국에서 건너온 이민 1세대만 해도 자신이 영국인이라는 사실에 큰 자부심을 가지고

설립 당시의 하버드대학교 1636년 매사추세츠 식민지 의회의 결의로 설립된 북아메리카 최초의 대학이다. 당시에는 청교도 목사 양성의 취지가 강했으나, 19세기 후반부터 지금과 같은 전문적 학문연구기관으로서의 면모를 갖추기 시작했다.

있었다. 하지만 세월이 흘러 이제 미국 땅에 살고 있는 대부분의 사람은 유럽 본국에서 태어나 새 땅으로 떠났던 1세대가 아니라 아메리카에서 태어난 2세대였다. 그들은 자신들이 영국인이라기보다는 아메리카인이라는 의식을 가지고 있었다. 당시 하버드대학, 예일대학, 프린스턴대학 등의 이름 있는 대학에서 수많은 아메리카인이 배출되었다. 이들 대학들은 대부분 새로운 아메리카에 종교 공동체를 만들고 이끌어 나갈 목사를 길러 낼 목적으로 설립되었다. 신문도 만들어지고 새로운 법도 만들어졌으며, 우체국과 도로도 건설되었다. 영국과는 다른 독립된 하나의 새로운 세계가 아메리카에 형성되었던 것이다.

게다가 그들은 꽤 오랫동안 본국의 별다른 간섭 없이 자유를 누려왔다. 투표로 관리를 뽑고 자치 의회를 구성해서 중요한 일은 스스로 결정했다. 주민이 대표를 뽑고 주민의 의사에 따라 정치가 이루어진다는 전통은 아메리카 식민지인들에게는 익숙해진 일이었다. 아메리카 땅에서는 영국 정부와 연줄이 닿아 있는 정치인이라도 곧바로 높은 지위에 오르기보다는 주민의 대표로 선출되어 자신의 정치적 영향력을 키우는 것을 더 좋아했다. 식민지 대표자 회의는 자신들이 진정한 주민의 대표라고 생각했고, 따라서 세금을 매기는 등의 중요한 일을 직접 결정하고자 했다.

2 | 독립의 길로 나아가다

대표 없이 과세 없다

1764년 영국 의회는 설탕법을 제정했다. 설탕과 커피를 포함해 아메리카로 들어오는 대부분의 물건에 관세를 부담하게 한다는 것이었다. 전쟁 뒤에 찾아온 불경기에다 대부분의 물품에 관세까지 붙으니, 식민지의 상인이나 소비자들의 고통은 더욱 커졌다.

사실 본국 군대의 보호를 받는 등 혜택을 받고 있으니 세금을 올려 낼 마음이 아예 없지는 않았다. 하지만 경기가 이렇게 안 좋은 때, 그것도 자신들의 대표도 없는 본국 의회에서 자신들의 뜻은 묻지조차 않고 제멋대로 세금을 매기는 것은 받아들일 수가 없었다.

이어서 통과된 인지세법은 식민지인들의 분노에 기름을 끼얹었다. 수입 물품의 가격에 포함되어 부과되는 설탕세 등과는 달리, 신문이나 법률 서류 등 모든 인쇄물에 세금을 매기는 인지세는 당장 눈에 보

보스턴 학살 1770년 은세공업자이자 '혁명의 전령' 폴 리비어가 팸플릿을 제작하기 위해 만든 판화다. 미국 독립을 준비하던 이들은 보스턴에서 영국군과 식민지 주민들 간에 흔히 있던 충돌을 '보스턴 학살'이라 부르며, 평화로운 보스턴 시민들에 대한 영국군의 일방적인 공격으로 부풀려 묘사했다.

이는 세금이라 반발이 더욱 클 수밖에 없었다.

곳곳에서 집회와 시위가 있었다. 영국 의회에 세금을 줄여 줄 것을 요구하는 탄원서도 내고, 영국 제품 수입 금지 운동도 벌이고, 나아가 영국 상품 불매 운동도 벌였다. 그러자 된서리를 맞은 영국 상인들이 본국 정부에 볼멘소리를 해대어, 결국 인지세법은 폐지되었다. 자신들의 실력 행사에 드디어 본국 정부가 손을 들자 식민지인들은 크게 기뻐했다.

그러나 그것으로 끝이 아니었다. 이번에는 '영국으로부터 수입하는 유리, 종이, 잉크, 차 등에 관세를 부과하고, 그 수입의 일부로 식민지 총독과 관리들의 월급을 지불한다'는 타운센드 법을 제정한 것이다.

이에 식민지인들의 분노는 더욱 거세져, 시민들이 자발적으로 만든 단체들이 영국 상품 불매 운동을 이끌었다. 이 같은 식민지인들과 영국 정부 사이의 밀고 당기기가 계속되자, 영국 정부는 저항하는 식민지 의회를 해산시켜 버렸다. 세금을 매기는 문제에서 시작된 갈등이 새로운 상황을 맞은 것이다. 이제 식민지인들의 자치권 침해 문제가 두드러졌다.

보스턴 학살 사건°이 있은 후 타운센드 법은 폐지되었지만, 차에 대한 과세는 여전히 남아 있었다. 또다시 식민지를 들끓게 한 것은 '차 세법'이었다. 이는 영국 정부가 파산 직전의 동인도 회사°를 구하려고 식민지 안의 차 판매에 대한 독점권을 동인도 회사가 갖도록 한 조치였다. 차 수입과 판매는 엄청난 이익이 남는 장사였다. 그만큼 식민지인들이 즐겨 사용하는 대표적인 기호품이었다는 이야기다. 이 법으로 차를 수입해서 짭짤한 수입을 올리던 차 수입상은 하루아침에 일자리를 잃고 말았다.

● **보스턴 학살 사건** | 1770년 3월 5일, 보스턴에 주둔하고 있던 영국군과 식민지인이 충돌한 끝에 영국군이 무장하지 않은 군중을 향해 총을 쏴 다섯 명의 식민지인이 사망한 사건. 독립을 준비하던 이들은 이를 '보스턴 학살'이라 부르며 사람들의 지지를 호소했다.

● **동인도 회사** | 인도와 향료 무역을 하기 위해 1600년에 만들어진 회사로, 이후 영국 제국주의의 앞잡이 역할을 충실히 했다. 처음에는 주로 인도에서 향료를 사들이고 면직물을 판매하는 무역 활동을 했으나, 점차 동남아시아와 동아시아로 활동 범위를 넓히다가 18세기 이후로는 중국의 차 수입을 주된 사업으로 삼았다. 중국과의 차 무역에 필요한 자금을 마련하기 위해 인도산 아편을 중국에 팔아 아편 전쟁을 일으켰다.

보스턴 차 사건

부글부글 끓던 식민지인들의 분노는 보스턴에서 또다시 터졌다. 1773년 12월 16일 저녁이었다. 국왕과 영국 의회, 영국 정부, 동인도 회사를 규탄하는 집회를 가진 후 파티를 즐기던 청년 수십 명이 인디언으로 변장하고 보스턴 항에 정박해 있던 영국 동인도 회사의 배로 몰려갔다. 요란한 함성과 함께 배를 습격한 청년들은 배에 가득 쌓여 있던 차 상자를 바다로 던져 버렸다. 미국 독립 혁명의 신호탄이 된 보스턴 차 사건은 이렇게 시작되었다.

영국 정부는 새로운 법을 만들어 이에 강경하게 대처했다. '손해를 배상할 때까지 보스턴 항구를 폐쇄한다!', '매사추세츠 총독의 권한을 강화하고, 상원의원은 영국 왕이 직접 임명한다', '식민지에서 죄를 지은 영국의 관리와 군인의 재판은 본국인 영국에서 한다', '식민지에 주둔하는 영국군은 그 필요에 따라 식민지인의 건물이나 식량을 마음대로 쓸 수 있다'는 조치를 내린 것이다.

영국 정부가 취한 이 같은 강경 조치는 오히려 흩어져 있던 식민지들이 일치단결할 수 있는 계기가 되었다.

'오늘 매사추세츠에 취해진 조치는, 내일 다른 모든 식민지에도 똑같이 적용될 것이다.'

그들은 비상시에 신속한 정보를 교환하기 위해 식민지 전 지역에 이미 통신위원회를 조직해 놓고 있었다. 이 통신위원회를 통해 식민지들 간의 회의 소집이 제안되었다.

1774년 9월, 필라델피아에서 각 식민지 대표 55인이 참석한 제1차

보스턴 차 사건 1789년 런던에서 발표된 판화이다. 영국인들이 '폭동'이라고 본 이 사건을 식민지
인들은 보스턴 티 파티(Boston Tea Party)라고 불렀다. 이 사건 소식이 전해지자 다른 식민지 항
구들에서도 비슷한 저항이 잇달았다.

대륙회의가 열렸다. 이 대표들은 기존 식민지 의회의 대표들이 아니
라 식민지인들이 자발적으로 뽑은 사람들이었다. 영국 왕의 영향력
아래 있던 각 주의 총독들이 대표를 선출하기 위한 공식적인 식민지
의회 소집을 인정하지 않았기 때문이다. 식민지인들의 생각을 실제로
대변하는 이들은 서로 본 적조차 없이 식민지 곳곳에서 모였지만 독
립 혁명을 이끌 지도자로, 나아가 새로운 국가의 지도자로 활약하게
되는 인물들이다. 존 애덤스(제2대 대통령), 패트릭 헨리(버지니아 주
주지사), 조지 워싱턴(초대 대통령), 새뮤얼 애덤스(매사추세츠 주 주지
사), 존 제이(초대 연방 대법원장) 등이 그들이다. 이렇게 식민지인들의
민주적인 의사를 대변하는 실질적인 대표 기구가 영국 왕과 영국 정

제1차 대륙회의 1774년 9월 필라델피아 카펜터스홀에서 처음으로 모인 식민지 대표들은 영국과의 통상 금지, 영국 상품 수입 금지를 결의했다.

부, 그리고 그 하수인인 식민지 정부에 대항하는 민주적인 권력 기구로 등장한 것이다.

회의에서는 영국 의회가 식민지와 관련해서 결정한 모든 법적인 조치는 식민지인들의 권리를 빼앗는 것이라고 선언하고, 영국 상품 불매 운동을 펴기 위한 연합을 만들었다. 자발적이던 영국 상품 불매 운동은 이제 식민지인이라면 누구나가 참여해야 하는 강제적인 운동으로 바뀌었다. 나아가 이러한 불매 운동을 감시하기 위해 식민지 모든 지역에 공안위원회를 두었다. 이는 왕과 영국 정부에 의해 구성되어 식민지인들의 생각과는 상관없는 정책을 펴는 식민지 정부를 대신해서 실질적인 정부의 역할을 하는 식민지인들이 만든 권력 기구였다.

대륙회의는 영국 정부가 해당 법을 거두어들이지 않을 경우, 이듬해에 다시 제2차 대륙회의를 소집하기로 결의했다. 이제 대륙회의의 대표로 구성된 식민지 협의회가 식민지 의회의 기능을 대신하게 되었다.

전 세계에 울린 한 발의 총성

1774년 10월, 콩코드에서 매사추세츠 식민지 협의회가 열렸다. 이 회의에서 식민지인들은 스스로의 생명과 재산, 그리고 자유를 지키기 위해 주민 각자가 무장할 것을 결의했다. 이에 따라 신호가 내려지면 즉시 출전할 태세를 갖추고 있다는 의미의 '1분 대기조'라는 민병대를 창설했다.

식민지 강경파 청년들은 보스턴과 뉴욕에서 영국군을 공격했다. 영국 의회와 정부도 식민지 대책을 놓고 치열하게 의견을 주고받았지만, 결국 아메리카 식민지에서 벌어지고 있는 사태를 반란으로 규정짓고 군대를 보내 진압하기로 결정했다. 결전의 날은 다가오고 있었다.

1775년 4월 18일 늦은 밤, 칠흑 같은 어둠을 뚫고 급하게 말을 모는 한 사내가 있었다. 몸은 땀과 먼지 범벅이고, 얼굴과 목에서도 쉴 새 없이 땀이 흘러내렸지만 눈빛만은 결의에 차 있었다. 그의 이름은 폴 리비어로, 원래 직업은 보스턴에서 은세공업을 하는 사업가였다. 그는 보스턴에 주둔해 있는 영국군의 움직임을 빈틈없이 살펴 민병대에 알리는 연락위원회 소속이었다.

그 시각 영국군은 매사추세츠 총독 게이지 장군의 지휘 아래 콩코

| 독립 전쟁의 신호탄 |

렉싱턴 전투 콩코드에 있는 식민지 민병대의 화약고를 습격하기 위해 출동한 영국군은 렉싱턴에서 민병대와 마주쳤다. 민병대는 전령 폴 리비어 등의 경보로 영국군의 출현을 이미 알고 있었다. 렉싱턴에서 울린 총성은 독립 전쟁의 시작을 알리는 신호탄이었다.

미드나이트 라이드 동상 폴 리비어의 활약은 롱펠로의 시 〈혁명의 전령 폴 리비어〉에 등장하는 이야기로, 영웅 만들기 과정에서 리비어가 등장했을 뿐 그의 역할과 행동이 실제보다 왜곡되고 과장되었다는 역사가들의 주장도 적지 않다.

드의 탄약 창고를 향해 군대를 출동시켰다. 야간 기습 작전이었다. 폴리비어는 바로 이 같은 영국군의 출동 상황을 알아차리고, 이 상황을 식민지 지도자들과 민병대에 알리기 위해 말을 달렸던 것이다. 그 시각 정보를 입수한 또 다른 전령 윌리엄 도스도 민병대를 향해 말을 몰고 있었다.

다음날, 콩코드로 가는 길에 있는 렉싱턴에서 영국군을 맞은 것은 수십 명의 민병대였다. 영국군 소령이 "반역자들은 물러나라!"고 소리쳤지만 민병대는 정렬한 채 꼼짝도 않고 버티고 있었다. 양측 군대 사이에 팽팽한 긴장이 흘렀다.

"탕!"

누가 쏘았는지 모를 '전 세계에 울린 한 발의 총성'이 순식간에 벌판을 아수라장으로 만들었다. 미국 독립 혁명, 그 새 역사의 시작을 알리는 총소리였다. 사방에서 들려오는 총소리가 귀를 찔렀고, 순식간에 희생자가 늘어 갔다. 총소리가 멎은 뒤 벌판에는 민병대원 8명의 주검이 쓰러져 있었다.

한편, 콩코드 민병대도 전투 태세를 갖추고 영국군을 기다리고 있었다. 가까이 있는 마을의 농부들도 모여들었다. 영국군은 공격 목표로 삼았던 창고의 탄약과 무기를 민병대가 이미 옮겨 버린 사실을 확인하고는 보스턴으로 발길을 돌렸다. 그러나 보스턴으로 돌아오는 길은 그리 만만치 않았다. 훨씬 더 조직적인 민병대의 공격을 수시로 받아야 했다. 지역의 지리를 잘 알고 있던 민병대가 곳곳에서 총알을 퍼부어 대며 영국군을 위협해, 영국군은 어디서 총알이 날아오는지 가늠조차 할 수 없는 공포 속에 뒤로 물러나야만 했다.

독립을 선포하다

1775년 5월 10일, 필라델피아에서 제2차 대륙회의가 소집되었다. 민병대와 영국군의 충돌은 점점 더 치열해지고 있었다. 대륙회의에서는 독립에 소극적인 태도를 보이는 남부인들을 설득해서 남부 버지니아 대농장주 출신인 조지 워싱턴을 사령관으로 식민지 연합군을 창설했다. 조지 워싱턴은 영국 군인으로 수많은 전투에 참가한 적이 있는 노련한 지휘관이었다.

그런데 전쟁이 시작되었지만 식민지인들은 처음부터 전쟁에 대한 목표가 같지 않았다. 어떤 이들은 전쟁이 단순히 영국의 잘못된 식민지 정책을 고치게 하는 수단이라고 생각했고, 또 어떤 이들은 영국으로부터의 완전한 독립을 목표로 삼았다. 그러나 시간이 지날수록 흐름은 영국의 간섭으로부터 벗어난 완전한 독립 국가 건설로 바뀌고 있었다.

1776년, 펜실베이니아가 독립의 물꼬를 텄다. 가장 먼저 영국으로부터 독립을 선포하고 주 정부를 수립했던 것이다. 나머지 대부분의 식민지가 뒤를 이었다. 이후 대륙회의는 독립 선언에 대한 문제를 구체적으로 논의하기 시작했다. 그리고 토머스 제퍼슨에게 독립선언서의 초안을 써 달라고 부탁했다.

우리는 다음과 같은 것이 의심할 수 없는 진리라고 믿고 있다. 모든 사람은 평등하게 태어났으며 창조주로부터 빼앗을 수 없는 권리를 부여받았다는 것이다. 그중에는 생명과 자유, 행복을 추구할 수 있는 권리가 포함되

미국 독립선언서 독립선언서는 천부인권, 인민의 저항권, 평등 등 민주주의의 핵심 사상을 담고 있는 최초의 문서였다. 왼쪽은 토머스 제퍼슨이 자필로 쓴 독립선언서 초안이다.

어 있다. 이 권리를 확보하기 위해 인류는 정부를 조직했으며 이 정부의 정당한 권력은 인민의 동의로부터 유래한다. 또 어떠한 형태의 정부든 이러한 본래의 목적을 훼손했을 때는 언제든지 정부를 변혁하거나 무너뜨려, 인민의 안전과 행복을 가장 효과적으로 가져올 수 있는 기구와 형태를 갖춘 정부를 구성하는 것이 인민의 권리다. …… 연합한 모든 식민시는 자유롭고 독립된 국가들이며, 또 마땅히 그런 국가들이어야 할 권리를 갖고 있다. 이 국가는 영국의 왕권에 대한 모든 충성과 의무를 벗으며, 대영 제국과의 모든 정치적 관계는 완전히 해소되어야 한다. ……

독립 선언의 주역들 필라델피아 대륙회의에서 5인의 독립선언서 기초 위원(의장 앞에 서 있는 사람은 왼쪽부터 존 애덤스, 로저 서먼, 로버트 리빙스턴, 토머스 제퍼슨, 벤저민 프랭클린이다)이 독립선언서를 의장에게 제출하고 있다. 미국 독립 선언 당시의 상황을 그린 존 트럼블의 그림이다.

1776년 7월 4일, 식민지인들은 독립선언서를 발표함으로써 아메리카의 독립을 만천하에 선언했다. 이날을 기려 미국은 해마다 7월 4일을 독립 기념일로 축하하고 있다. 독립선언서는 프랑스 인권선언서와함께 근대 민주주의 발전에 가장 큰 영향을 끼친 문서로 평가받는다. 인간의 기본권, 자유와 평등, 인민의 동의에 기초한 정부의 수립, 인민의 의사를 무시한 정권을 뒤엎을 수 있는 혁명권 등을 분명히 밝혀, 그들이 건설할 새로운 사회, 새로운 국가에 대한 희망과 기본 원칙을 담았다.

독립선언서는 로크 등 계몽사상가들의 머릿속이나 책 속에 들어 있던 추상적인 사상을 현실 정치의 원칙으로 나타낸 것이다. 그런 의미에서 독립선언서를 '인류 최초의 인권 선언'이라고 평가하는 사람도 있다. 독립선언서는 미국 내에서도 모든 차별을 없애기 위한 투쟁의 사상적 무기가 되어, 남녀평등을 위한 투쟁에도, 흑인 노예들의 해방을 위한 투쟁에도 늘 등장하곤 했다. 미국인들은 오랜 세월, 수많은 복잡한 상황을 거치기는 했지만 독립선언서의 원칙과 희망을 담은 그들의 국가를 건설하고자 했던 것이다. 독립선언서는 근대 정치의 시작으로 일컬어지는 1789년 프랑스 혁명의 인권 선언에도 직접적인 영향을 주었다.

3 전쟁 그리고 독립을 쟁취하다

크리스마스 날 밤의 승리

식민지 연합군은 세계 최강의 영국군을 상대로 독립을 위한 힘든 전쟁을 시작했다. 식민지는 여러 정부로 나누어져 있었고, 군대는 통일된 작전을 펴 본 적도 없었다. 전쟁 경험도 거의 없었으며, 군대를 모집하고 병사들을 훈련시킬 강력한 통제력을 가지고 있는 것도 아니었다. 무기마저 변변치 않았다. 당연히 영국군이 월등하게 유리한 상황이었다.

영국 하우 사령관의 항복 제안을 단호히 거절하고 전투를 시작했지만, 식민지군을 이끄는 조지 워싱턴의 군대는 고전을 면치 못했다. 1776년 8월, 뉴욕 전투에서 크게 패한 식민지군은 남쪽으로 후퇴를 거듭했다.

반면에 하우 장군은 느긋해졌다. 식민지군은 약해질 대로 약해져 당장이라도 마음만 먹으면 전쟁을 끝낼 수도 있다고 생각했다. 결국 하우 장군은 다가오는 크리스마스를 마음껏 즐기기 위해 추격을 중단하고 뉴욕으로 돌아가 버렸다. 트렌턴 요새의 하우 장군 사령부에는 독일인 용병(봉급을 주고 고용한 병사)들만 남아 있었다. 이 소식을 접한 워싱턴은 쾌재를 불렀다.

'상황을 단번에 뒤바꿀 수 있는 절호의 기회다!'

크리스마스 날 밤, 워싱턴군은 기습 작전을 폈다. 어둠을 뚫고 눈 내리는 얼어붙은 델라웨어 강을 건너, 느긋하게 크리스마스를 즐기고 있던 영국군 사령부를 갑자기 공격한 것이다. 결과는 대성공, 최초의 승리를 거두었다. 그리 큰 전투는 아니었지만 이 승리로 사기가 떨어질 대로 떨어졌던 식민지군 사이에 다시 희망이 피어났다.

프랑스, 식민지군을 지원하다

전투는 이듬해에도 계속되었다. 캐나다에서 파견된 영국군은 존 버고인의 지휘 아래 허드슨 강변을 따라 진군했다. 익숙하지 않은 지형, 앞이 보이지 않을 정도로 우거진 숲을 따라 앞으로 나아가기는 쉽지 않았다. 워싱턴은 하우 장군이 식민지의 핵심 도시이자 독립의 상징인 필라델피아를 점령하기 위해 비밀리에 군대를 이동하고 있다는 보고를 받았다.

'버고인이 이끄는 영국군은 이제 고립되었다. 그들을 도와줄 배후 군대는 없다. 모든 식민지 부대는 버고인 부대를 향해 포위망을 좁혀라!'

지원군도, 보급 물자도 없이 고립되어 식량을 비롯한 모든 물품이

버고인 장군의 항복 존 트럼블이 1821년에 그린 그림이다. 식민지군이 존 버고인이 이끄는 영국군을 크게 이긴 사라토가 전투는 미국 독립의 물줄기를 바꾸는 값진 승리였다.

떨어진 영국군은 사라토가 전투에서 크게 패했다. 많은 병사가 죽거나 다쳤고, 5000명이 넘는 병사가 포로가 되었다.

하우 장군에 의해 필라델피아가 점령되기는 했지만, 사라토가 전투에서 거둔 승리는 전쟁의 흐름을 완전히 바꾸어 놓았다고 할 수 있을 정도로 식민지군에게는 너무나 값진 일이었다. 이 전투를 계기로 프랑스라는 강력한 동맹국을 얻은 것이다.

영국과 프랑스는 전통적으로 앙숙 관계였을 뿐만 아니라, 프랑스는 몇 해 전 아메리카를 놓고 벌인 전쟁에서 영국에 패배한 이후 이를 갈고 있던 상황이었다. 당시 프랑스는 저울질을 하는 중이었다. 식민지군을 도와주고 싶기는 하지만, 문제는 이길 가능성이 있냐는 것이었다. 그런데 사라토가 전투에서의 승리가 프랑스 정부를 움직였다. 식민지군을 지원하면 이길 수 있다고 판단한 것이다. 때마침 영국 정부에서도 '식민지인들이 전쟁을 그만두기만 하면 완전한 자치를 허용하겠다'는 제안을 했다. 영국에 타격을 입힐 기회만 노리고 있던 프랑스는 드디어 다음과 같은 결단을 내렸다.

'아메리카를 공식적인 주권 국가로 인정한다.'

'두 나라는 아메리카가 독립을 달성할 때까지 전쟁을 계속한다.'

1778년, 식민지군을 은밀히 지원하던 프랑스는 영국에 선전 포고를 했다. 식민지군은 이제 더 이상 세계 최강 영국군을 상대로 홀로 외로운 전쟁을 치르지 않아도 되었다. 프랑스는 식민지군에게 전쟁을 치를 자금과 무기 등을 대주었고, 나중에는 군대를 직접 보내 연합군을 구성해서 식민지군과 함께 싸웠다. 영국과 경쟁 관계에 있던 에스파냐와 네덜란드도 식민지군을 지원하기 시작했다. 식민지군의 사기는 날로 높아졌고, 막강 영국을 상대로 벌인 독립 전쟁에 회의적이었던 식민지인들도 적극적으로 참여하기 시작했다.

영국군과 식민지군 사이의 전투는 더욱 치열해졌다. 영국군은 본토에서 멀리 떨어진 미국 땅에서 전쟁을 치러야 했기에 군대를 충원하고 군수품을 보급하는 데 점차 어려움을 겪을 수밖에 없었다. 반면에 자신들의 땅에 익숙한 식민지군은 느닷없이 나타나 영국군에게 피해를 입히기 일쑤였다. 영국군의 사기는 날이 갈수록 떨어져 갔다. 그러나 워싱턴이 이끄는 식민지군도 여전히 춥고 배고프고 고통스러운 시간을 견뎌 내야 했다.

독립 전쟁에서 승리하다

결정적인 전투가 다가오고 있었다.

영국군 사령관 콘월리스는 버지니아를 차지하는 것이 무엇보다도 중요하다고 생각했다. 그는 버지니아의 요크타운에 진지(언제든 적과 싸울 수 있도록 장비를 갖추고 부대를 배치해 둔 곳)를 세우고 전투 준비를 했다. 이때 워싱턴은 기회가 왔다는 사실을 알아차렸다. 요크타운은 체서피크 만 주변의 두 강 사이 좁은 반도에 있었다.

'포위 공격이다!'

식민지군과 프랑스 연합군은 먼저 작전을 써서 뉴욕을 공격하는 척 영국군을 속였다.

'모든 병력은 요크타운 주변에 집결한다.'

뉴저지에 있던 식민지군과 수천 명의 프랑스군이 합류했다.

뉴욕에서 큰 전투가 벌어질 것이라고 생각하고 특별한 경계를 하지 않았던 요크타운의 영국군은 갑작스런 연합군의 습격을 받고 넋이 나갔다. 프랑스 해군은 영국군이 바다로 도망가지 못하도록 체서피크 만을 봉쇄했다. 영국군은 손쓸 틈도 없이 무너지기 시작했다.

1781년 10월, 콘월리스 장군은 마침내 연합군에게 항복했다. 연합군의 대승이었다. 독립을 위한 전쟁은 이제 결말을 향해 치닫고 있었다.

영국이 손쉽게 이길 것 같았던 전쟁은 7년이나 이어졌다. 전투는 해상에서도 계속되었는데, 육지에서의 전투는 식민지군이 연합군의 주축이었지만 해군력은 워낙 별 볼일 없어서 해상 전투는 주로 유럽의 식민지 동맹국과 영국군 사이에서 벌어졌다. 특히 에스파냐와 네덜란

영국의 항복 요크타운에서 영국군이 항복 조인식을 갖는 모습이다. 육지에는 일렬로 늘어선 식민지군이, 해상에는 거대한 프랑스 함대가 보인다. 식민지군이 승리할 수 있었던 이유를 엿볼 수 있다.

드 해군은 영국 수변의 해상을 장악함으로써 영국 해군의 발을 묶었다. 그러자 영국의 여론이 '그만 전쟁을 끝내자'는 쪽으로 기울기 시작했다. 전쟁을 치르느라 국가의 빚이 늘어 가자 영국 의회도 더 이상의 전쟁 비용은 지출할 수 없다고 했다. 결국 영국 정부는 식민지에 있는 영국 군대의 귀환을 결정했다.

● 미국의 독립을 조건 없이 승인한다.

● 미국의 영토는 북으로 캐나다 국경에서 남으로는 에스파냐가 차지하기로 한 플로리다와의 경계선까지, 동으로는 대서양 연안에서 서쪽 미시시피 강에 이르는 지역으로 한다.

● 미국은 영국인에게 진 채무를 갚고, 영국인의 몰수 재산을 보상한다.

-1783년 '파리 조약'의 주요 내용

1783년 파리에서 열린 평화 회담에서 영국과 미국 대표들이 이와 같은 내용에 서명함으로써 아메리카인들은 이제 대영 제국의 구성원이 아닌, 새로운 아메리카의 구성원이 되었다. 이제 아메리카인들 앞에는 자신들의 정부를 세워야 하는 새로운 역사적 과제가 놓여 있었다.

4 | 미국을 건설하다

최초의 민주 공화국이 아메리카 땅에 세워지다

"억압은 사라졌다. 이제 우리의 뜻으로, 우리의 손으로 우리가 꿈꾸던 나라를 건설할 일만 남았다."

"평등한 국가가 되어야 해. 독립선언서에도 나와 있잖아? 태어난 신분이나 재산의 많고 적음으로 차별받지 않고, 공평한 기회를 가질 수 있어야 한다고."

"무엇보다 자유로운 국가가 되어야지. 우리 모두는 결코 그 누구도 빼앗을 수 없는 생명과 자유, 행복 추구권을 신으로부터 받았잖아?"

"정부는 국민들의 동의에 기초해서 구성되어야 하니까, 왕이 다스리는 군주정도 귀족들이 실권을 갖는 귀족정도 아닌, 국민이 주인인 공화정이 최고야."

"정부도 영국 국왕이 임명하는 총독이 아니라 우리가 직접 뽑은 사

에스파냐령

프랑스령

텍사스 공화국

에스파냐령

대 서 양

대 평 양

1776년
독립을 선언한 13개 주

1783년
파리 조약에 의해
영국으로부터 획득한 영토

■ 미국 영토
에스파냐 영토
프랑스 영토
텍사스 공화국

독립 당시의 미국 13개의 식민지는 독립을 선포하면서 13개의 나라로 거듭났다. 이후 함께 전쟁을 치르면서 결속력이 강해지자 미국으로 뭉치게 된다.

람들로 구성한단 말이지?"

"바로 그거야! 의회야 물론 국민이 뽑은 대표로 구성되지만, 정부의 책임자도 국민이 뽑는다는 게 다르지."

"왕이 아예 없는 나라라? 바로 우리 손으로 그런 나라를 맨 처음으로 건설할 수 있다니……."

여러 주장이 조금씩 엇갈리기는 했지만, 아메리카인들은 새로운 국가 형태가 왕정도 귀족정도 아닌 민주 공화정이어야 한다는 데는 동의했다. 공화정이란 모든 권력이 국민으로부터 나오는 정치 체제를 의미

한다. 군주가 없는 나라, 국민이 주인인 나라, 이런 민주 공화국은 이상 사회를 꿈꾸던 사상가들의 주장에서나 등장하던 나라였다. 그런데 이제 그 이상이 현실이 되었다. 최초의 민주 공화국! 그래서 미국의 탄생은 영국으로부터의 단순한 독립이 아니라 혁명이라고 불린다.

독립된 주 정부의 연방, 미국

아메리카 땅에는 이미 독립적인 나라인 13개의 주가 있었다. 13개 주의 아메리카인들은 영국에 맞서 함께 싸우기는 했지만 애초에 통일된 나라라는 생각을 가지고 있었던 것은 아니다. 13개 주에는 경계선이 있었고, 각각 독자적인 의회를 가지고 있었으며, 대부분 독자적인 헌법을 가지고 있는 독립된 나라들이었다. 하지만 전쟁으로 말미암아 이들 13개 나라가 하나가 되어 함께 싸우면서 결속력이 아주 강해졌다. 전쟁이 끝날 무렵 13개 나라는 '연합 헌장'을 채택하면서 13개 주로 이루어진 연합 국가를 결성했고, 정식 명칭을 미국(the United States of America)이라고 결정했다. 13개의 국가가 미국이라는 하나의 국가 연합에 속한 것이다. 13개 주가 연합해서 어떤 국가를 건설할 것인가?

국민이 자신들의 기본권을 지키기 위해 전제 권력과 피어린 투쟁을 벌였던 유럽 다른 나라의 역사적 경험이 산 교훈이었다. 많은 사람들이 강력한 연방 정부는 국민의 자유와 기본권을 제한하고, 각 주의 자율성을 해칠 수도 있다는 생각을 가지고 있었다.

하지만 보다 효율적인 정치를 위해서는 연방 정부가 꼭 필요하다는

헌법제정회의를 이끌고 있는 워싱턴 워싱턴은 통일된 새로운 국가 건설을 위한 제헌회의(1787~1788년) 의장으로서 13개 주에서 모인 대표들의 다양한 의견을 모으고 타협을 이끌어 냈다.

사실 또한 인정했다. 특히 다른 나라와의 무역이나, 여전히 아메리카에 세력을 뻗치고 있는 영국, 에스파냐 등 유럽 강국들의 위협으로부터 스스로를 지키기 위해서는 13개의 신생 공화국보다 강력한 중앙 정부가 필요했다.

1787년 5월, 보다 강력한 연방 정부 미국의 헌법을 제정하기 위해 각 주의 대표들이 모였다. 치열한 논쟁이 이어졌다. 먼저, 연방 의회를 어떻게 구성할 것인가를 두고 강력한 주장들이 오갔다. 각 주마다 크기도 인구수도 제각각이었고, 이해관계도 조금씩 달랐다. 또한 이 문제는 자칫 연방 내에서 묻히기 쉬운 작은 주의 목소리를 연방에서 어떻게 담아내느냐 하는 것으로, 주의 독립성 문제와도 관련이 있었다.

"의회는 국민의 대표 기구이니, 당연히 인구수에 비례해서 의석수를 정해야 합니다.”

"그렇게 되면 인구가 많은 주가 연방 의회를 마음대로 휘두르고, 우리처럼 인구가 적은 주의 의사는 완전히 무시될 것입니다. 그건 각 주의 독립성을 위협할 수도 있어요.”

"그렇다고 인구가 많은 주에서는 10만 명당 1명씩, 인구가 적은 주에서는 5만 명당 1명씩 의원을 뽑을 수는 없지요. 그건 공평하지 않아요.”

"인구수에 따라 의원을 뽑으면 도대체 주가 무슨 필요가 있습니까? 그냥 중앙 의회, 중앙 정부 하나면 되죠. 우리는 독립성을 가진 각 주의 연방 국가를 세우려는 것입니다. 각 주는 똑같은 권리를 가져야 해요.”

치열하게 논쟁을 벌였지만, 양보를 통해 타협은 이루어졌다. 연방 정부 의회는 상원과 하원의 양원으로 구성하기로 했다. 이때 상원은 큰 주가 작은 주에 양보해서 인구수에 관계없이 모든 주에 똑같이 2개의 의석을, 하원은 작은 주가 큰 주에 양보해서 인구 비례로 의석수를 나누기로 정한 것이다.

그런데 각 주의 인구수와 관련해서 또 하나의 골치 아픈 문제가 있었다. 노예는 어떻게 처리하느냐는 문제였다.

"노예는 재산일 뿐입니다. 포함하지 않는 것이 당연합니다.”

"아니오, 노예 역시 인간입니다. 대표 수를 정할 때는 당연히 사람으로 생각해야지요.”

"그건 노예가 많은 남부 주에서 너무 속 보이는 주장을 하는 것이오. 그럼 인구수에 따라 연방에 세금을 낼 때도 노예를 사람으로 여겨 세금을 많이 낼 생각이오? 그땐 또 사람이 아니라 재산이니까 세금을 적게 내겠다고 우기는 거 아닙니까?”

이 문제를 두고 또 한 차례의 타협이 이루어졌다. 세금을 낼 때나 대표 수를 정할 때 모두 노예는 자유인의 3/5으로 계산하기로 정한 것이다.

권력의 분산, 견제와 균형의 원리

여러 주장과 이해관계가 엇갈렸지만, 제헌회의에 참가한 각 주의 대표들이 공통으로 가지고 있던 생각은 정부가 권력을 가져야 하지만, 그 권력은 반드시 제한받고 감시받아야 한다는 것이었다. 정부는 국민의 기본권을 보장하기 위해 만든 것이며, 국민의 권리 가운데 일부를 넘겨받을 뿐인데, 정부 권력이 지나치게 커지면 도리어 국민의 기본권을 침해할 수 있다는 것이다. 결론은 '권력을 분산한다'였다. 견제와 균형의 원리에 바탕해서 권력을 분산하고 서로 영향을 주고받으며 균형을 이루도록 하는 것, 이것이 미국 정치 제도의 기본 원칙이었다.

그 후 몇 차례 수정되기는 했지만, 이 회의에서 미국의 중요한 정치 제도의 줄거리가 만들어졌다.

● 삼권 분립의 원칙이다. 즉 연방 정부의 권력은 세 기관, 즉 행정부·입법부·사법부*에 고르게 분산시키되, 서로 견제를 통해 어느 한쪽으로 힘이 쏠리지 않고 조화와 균형을 이룰 수 있도록 하는 것이다. 행정부를 이끄는 대통령은 의회가 제출한 법안에 대해 거부권을 행사함으로써 의회를 견제할 수 있다. 물론 의회는 대통령이 법안을 거부하는 경우, 상·하 양원 2/3의 찬성으로 거부권을 무효화시킬 수도 있다. 의회

는 나라 안의 모든 사람에게 적용되는 법안을 만든다. 대통령은 판사나 장관들을 임명할 수 있지만 상원의 승인을 받아야 한다. 또 예산안을 승인하는 것도 의회의 권한이다. 대통령이 중대한 범죄를 저질렀을 경우 의회는 그를 탄핵해 대통령직에서 내쫓을 수 있다. 사법부는 위헌 결정을 통해 입법부와 행정부를 견제할 수 있다. 의회가 만든 법안이나 대통령의 정책과 행동이 헌법에 어긋난다고 사법부가 판결하면 법안은 무효가 되고 대통령도 자신의 의도대로 밀고 나갈 수 없다.

● 행정부의 권한은 연방과 주에 균등하게 배분한다.

● 의회는 상원과 하원의 양원제로 구성한다. 하원은 국민들에 의해 직접 선출된 대표자들로 주당 의원 의석수는 인구 비례에 따라 정해진다. 상원의원은 인구수에 상관없이 각 주마다 동등하게 2명씩을 선출한다.*

● 대통령은 국민이 직접 뽑는 것이 아니라 각주 하원·상원 의원을 합친 수만큼의 선거인들이 선출한다. 대통령의 임기는 4년이며 재선 횟수는 제한이 없다.*

● 연방 법원의 판사는 독립성을 위해 임기가 없는 종신직으로 한다. 대법관은 대통령이 임명하되 상원의 승인을 받아야 한다.

● **삼부(三府)** | 행정부는 정부의 운영을 맡고, 입법부는 법을 만들며, 사법부(법원)는 재판을 담당한다.

● 두 명의 상원의원 선출 방식은 각 주에 맡겼다. 처음에는 주 의회에서 간접 선거로 선출했으나 지금은 모두 주민 직접 선거로 선출된다.

● 지금은 연임까지만 가능하다.

마지막으로 남은 문제는 '최종 주권을 누가 행사하는가'였다. 이 문제에 대한 결론은 다음과 같았다.

'연방 정부도 주 정부도 진정한 의미의 주권을 갖는 것은 아니다. 모든 주권은 궁극적으로 국민으로부터 나온다. 따라서 연방 정부와 주 정부는 국민이 준 권력을 나누어서 행사해야 한다.'

이렇게 해서 드디어 미국의 헌법이 만들어졌다. 헌법에 담긴 민주주의 원칙과 제도들도 역사적인 의미를 갖는 것이지만, 헌법이 만들어지는 과정 역시 민주주의의 모범이었다. 의견은 엇갈렸고 이해관계에 따른 대립도 만만치 않았지만, 미국인들은 끈질기게 토론했고, 양보를 통해 타협해 나가는 과정을 거치면서 문제를 해결해 냈다. 일정한 손해를 받아들이면서 결국 모두에게 이익이 돌아가는 방식을 택했던 것이다.

헌법 비준을 위한 진통

새로 만들어진 미국의 헌법이 효력을 갖기 위해서는 통과해야 할 마지막 관문이 남아 있었다. 13개 주의 2/3인 9개 주의 비준이었다.

최종적으로 확인하고 동의하는 절차인 비준을 받기 위해 새 헌법이 13개 주에 제출되었다. 새로운 헌법을 둘러싸고 주마다, 나아가 다시 전국적인 논쟁이 이어졌다. 어떤 주는 일찌감치 인정했으나, 어떤 주는 아예 비준할 생각도 하지 않았고, 또 어떤 주는 논쟁이 어떻게 흘러가는지 지켜보느라 비준을 미루고 있었다. 문제의 핵심은 강력한 중앙 정부를 가진 연방이냐, 주의 독립성을 최대한 보장하고 연방은 최소한의 권력 행사만 하느냐 하는 것이었다. 이 문제는 그 후로도 오랫동안 미국 정치 제도의 핵심 쟁점이었다. 연방파, 공화파로 불리는 파당이 생겨나고 있었다.

헌법 비준을 위한 절차가 각 주에서 진행되는 동안, 국민의 기본권을 확고하게 보장하기 위해 연방 정부의 한계를 분명히 규정해야 했다. 이 문제는 헌법에 '권리 장전'을 덧붙이는 것으로 마무리되었다. 종교·연설·출판의 자유, 개인의 무기 휴대 권리 인정, 부당하게 수색·체포당하지 않을 권리, 원고와 증인이 모두 출석한 가운데 배심원 앞에서 공정하게 재판받을 수 있는 권리 등이 분명히 표시되었다. 헌법에 의해 연방 정부에 구체적으로 위임되지 않은 권한은 각 주와 그 주민이 갖는다는 내용도 덧붙여졌다.

미국의 헌법은 수천 년 동안 인간의 노력에 의해 이루어진 정치 발전의 결과물이었다. 멀게는 그리스 철학자들부터 유럽의 계몽사상가에 이르기까지 수많은 사상가들의 빛나는 이성, 인간의 자유와 권리를 발전시켜 온 민주주의의 발전 과정을 담은 것이었다. 나아가 단순한 주장이나 선언에서 끝나는 것이 아니라, 이를 녹여 현실 정치 제도 속에서 표현해 낸 빛나는 인류 역사 발전의 결과물이었다.

또한 인구나 면적에서 큰 주와 작은 주, 경제적인 조건이 다른 남부와 북부, 노예제를 둘러싸고 대립하던 각 주의 이해관계와 조건, 생각의 차이 등 현실적인 문제를 의논하고, 알맞게 조절하고, 서로 양보하는 절차를 거쳐 탄생한 것이었다.

물론 오늘날의 기준에서 보면 완전한 민주 헌법과는 거리가 멀었다. 모든 국민은 평등하다는 조항에 맞지 않게 참정권을 가진 이들은

조지 워싱턴의 취임식 1789년에 거행된 미국 초대 대통령, 조지 워싱턴의 취임식 장면을 담은 판화이다. 왕이 아니라 국민의 손으로 뽑은 세계 최초의 대통령이었기에 취임식 자체가 또 다른 혁명이었다.

세금을 내는 21세 이상의 백인 남자로 제한되었다. 여성들도, 흑인들도 투표할 권리가 없었다.

　새로운 헌법에 따라 1789년 1월 총선거가 실시되어 연방 의회가 구성되었다. 각 주에서 대통령 선거인단 선거를 치렀고, 선거인단의 만장일치로 조지 워싱턴이 초대 대통령에 당선되었다. 미국 정부가 공식적으로 출범한 것이다. 1776년 7월 4일 미국이 독립을 선언한 날로부터 12년이나 흐른 뒤였다.

● 여성과 흑인이 모두 평등하게 투표할 수 있게 된 것은 1968년 선거부터였다.

◉ 새로이 만들어지는 주

미국은 13개의 주에서 출발했다. 하지만 원주민들이 살고 있던 다른 지역으로도 미국인들의 발길이 이어졌는데, 그곳은 이미 있던 주에 속하지 않은 새로운 땅이었다.

이후 '미국인들이 새로이 정착한 새 땅의 정치적인 지위를 어떻게 인정할 것인가?' 하는 문제가 생겼다. 이에 따라 1787년, '북서부토지조례'라는 법이 생겨났다.

원래 이 법은 인구 증가에 맞춰 토지의 재분할을 규정한 조례다. 이 법에 따라 인구가 늘어나 투표권을 가진 사람이 5000명에 이른 북서부 지역은 정식 주는 아니지만 준주(準州)로 인정받았다. 준주에는 연방 정부가 지사와 총무 장관, 그리고 3명의 연방 판사를 임명하며, 독자적으로 자신들의 의회를 만들어 자치를 실현할 수 있었다. 또한 연방 의회에 대표를 보낼 수는 있으나, 정식 주가 아니기 때문에 투표권을 주지는 않았다. 그러나 전체 인구가 6만 명에 이르면 독립된 주로 인정되어 나머지 주와 똑같은 자격으로 권리를 행사할 수 있게 된다.

이 법은 뒷날 다른 정착지에도 적용되어 많은 새로운 주가 성립되었다. 새로이 생겨난 주들은 정착민들을 끌어들이기 위해 더 많은 민주적인 권리를 주었으며, 인구가 빠져나가는 것을 막기 위해 주마다 같은 권리를 보장함으로써 미국의 민주주의는 점점 발전해 갔다.

연방과 주 사이의 균형 맞추기, 미 대통령 선거 제도

　2000년 미국 대통령 선거, 후보는 민주당의 앨 고어와 공화당의 조지 부시였다. 피 말리는 접전 끝에 민주당의 앨 고어가 국민들로부터 더 많은 표를 받았다. 그러나 대통령에 당선된 사람은 공화당의 조지 부시였다. 이건 무슨 경우인가? 그것은 바로 미국은 국민이 직접 대통령을 선출하는 직접 선거가 아니라, 대통령 선거인단에 의한 간접 선거 방식으로 대통령을 뽑기 때문에 빚어진 사태였다. 한마디로 미국 대통령은 유권자(선거인)의 표를 많이 얻은 사람이 아니라, 선거인단을 더 많이 확보한 사람이 되는 것이다.

　미국에서는 일단 각 당의 대통령 후보가 결정되면 국민이 대통령 선거인단을 뽑는다. 각 주는 인구 비례에 따라 적게는 3석, 많게는 55석까지 선거인단 수를 배정받는다. 주별 선거

부시와 고어의 TV 토론회 장면

고어와 부시의 선거 결과 숫자는 각 주별로 배정된 선거인단 수를 나타낸다. 붉은색으로 표시된 지역이 조지 W. 부시가 승리한 지역이며, 푸른색으로 표시된 지역이 앨 고어가 승리한 지역이다.

인단 수는 인구 비례와 상관없이 모든 주에 똑같이 주어지는 2명의 상원의원 의석수에다, 인구 비례에 따른 하원의원 수를 합한 것이다. 이 또한 주의 독립성과 연방의 통일성에 대한 오랜 논란이 반영된 결과였다. 각 주의 선거인단은 승자가 다 차지하는 방법으로 뽑힌다. 즉 한 표라도 더 많은 표를 얻은 후보가 그 주의 선거인단을 모두 확보한다. 그래서 전체 득표수에서 이기더라도 대통령 선거에서는 패한 고어 같은 인물이 나올 수 있는 것이다.

예를 들어 보자. 5명의 선거인단을 뽑는 A주에서 민주당 후보가 100표, 공화당 후보가 60표를 얻는다. 그러면 민주당 후보가 5명의 선거인단을 확보한다. 10명을 뽑는 B주에서 민주당 후보가 180표, 공화당 후보가 195표를 얻으면, 당연히 B주 10명의 선거인단은 모두 공화당 후보 차지다. 또 3명의 선거인단을 뽑는 C주에서 민주당 후보가 80표, 공화당 후보가 40표를 얻으면 민주당 후보가 3명의 선거인단을 확보한다. 총 득표수는 민주당 후보 360표, 공화당 후보 295표로 민주당 후보가 많지만, 확보 선거인단은 민주당은 8명, 공화당은

10명이기 때문에 공화당 후보가 대통령이 되는 것이다.

이런 대통령 선출 방식은 건국 초기 치열한 논쟁 끝에 만들어진 제도다. 교통 통신 시설이 발달하지 않았던 초기에 누가 누군지도 잘 모르는 상태에서 직선제를 택하면 대부분 자기가 잘 아는 사람에게 표를 던질 것이다. 그렇게 되면 당연히 인구가 많은 주의 후보가 절대적으로 유리하다. 게다가 투표하는 것 자체도 만만치 않았다. 그 넓은 땅덩어리에 흩어져 살고 있는 사람들이 한꺼번에 투표하는 것이 어디 쉬운 일이었겠는가? 또 미국은 각 주 정부가 상당히 독립적이었다. 헌법도 있고, 따로 사법부와 입법부를 두었으며, 국방과 외교권만을 제외한 대부분의 권한은 주 정부가 가지고 있다. 직접 선거로 대통령을 선출하면 규모가 작은 주는 그 영향력이 크게 흔들릴 수 있을 터였다.

결국 논란 끝에 채택한 것이 선거인단에 의한 간접 선거였다. 연방 정부는 선거인단 선출 방식은 각 주의 생각과 판단에 맡겼다. 선거인단 수는 인구 비례를 고려해서 정하되 아무리 적어도 최소한 3석은 배정되었다.

더 많은 국민의 표를 얻은 후보가 대통령에 선출되지 않을 수도 있는 지금의 제도에 대해 논란이 없는 것은 아니지만, 지금의 선출 방식이 쉽게 바뀔 것 같지는 않다.

4장

넓어지는 미국

미국이 탄생한 뒤에도 주와 연방의 관계를 정하는 것은 미국인들의 치열한 논쟁거리였다. 또한 미국 파당의 뿌리가 생겨난 지점이기도 했다. 루이지애나로 플로리다로, 그리고 서부로 서부로, 미국의 영역은 점점 확대되었다. 그러나 그 과정이 원주민들에게는 자신들의 땅에서 쫓겨나고 학살당하는, 눈물과 비극의 연속이었다. 새로 생겨난 주에서의 민주주의는 더욱 확대되고 있었으며, 서민 출신 대통령 잭슨의 시대를 거치면서 미국 사회에서는 평범한 서민들의 정치적인 영향력이 점점 커져 갔다.

1800년 수도를 워싱턴으로 옮김, 제퍼슨 대통령 당선

1803년 루이지애나 매입

1808년 노예 수입 금지

1812년 영국에 선전 포고

1820년 미주리 타협

1823년 먼로 독트린

1828년 잭슨, 대통령 당선

1830~1838년 남동부 지방에서 원주민 추방

1836년 텍사스, 멕시코로부터 독립 선언

1845년 텍사스 합병

1848년 캘리포니아 지방, 골드러시 시작

1804년 프랑스, 나폴레옹 황제 즉위

1814년 빈 회의

1832년 영국, 선거법 개정

1840년 청, 아편 전쟁

1842년 청, 영국과 난징 조약 체결. 영국에
홍콩 할양

1803년 일본, 미국 배가 나가사키에
들어와 통상 요구

1818년 칠레, 에스파냐로부터 독립

1801년 신유년 천주교 박해

1811년 홍경래의 난

1848년 독일, 마르크스와 엥겔스
'공산당 선언'

연방을 둘러싸고 파당이 형성되다

민주공화파와 연방파로 나뉘다

워싱턴 정부가 출범했다. 주와 연방 정부의 위상과 관련한 대립이 사사건건 계속되었다. 대표 주자는 재무장관 알렉산더 해밀턴과 토머스 제퍼슨이었다. 해밀턴과 제퍼슨은 생각이나 정치 성향이 극단적으로 다른 사람이었다. 해밀턴은 기본적으로 귀족주의자로, 민주주의와 대중에 대해 비판적인 생각을 가지고 있었다. 아는 것도 없는 대중에게 권력을 주면 사회가 어지러워질 뿐이므로 무엇보다 정부가 강력한 힘을 가지고 통세해야 국가의 질서와 안정을 이룰 수 있다고 생각했다. 이에 비해 제퍼슨은 민주주의를 열렬히 지지하고, 국민 대중의 권리와 역할을 강조했다. 국가의 힘은 질서를 유지하는 등의 역할로 최소화해야 하며, 평범하고 선량하게 살아가는 서민들을 위한 정치가 이루어져야 한다고 생각했다. 오히려 소수의 부자들이 국가의 권력을 쥐고 국민의 권리를 침해하지 않도록 국민들이 적극 감시해야 한다고 했다. 그는 헌법에 권리 장전을 포함시키는 일을 주도하기도 했다. 해밀턴은 주로 부유한 상공업 세력을 대변하고 있었고, 제퍼슨은 남부의 농업 세력을 대변하고 있었다.

두 사람은 대통령 워싱턴이 이끌어 가는 회의에서 한판 말다툼을 벌였다.

"우리 미국은 이제 막 걸음마를 뗀 신생국이에요. 나라를 강력하게 만드는 것, 그것이 눈앞에 놓인 과제입니다. 그러기 위해서는 강력한 힘을 가진 연방 정부가 필요해요."

해밀턴이 먼저 이렇게 말하자, 제퍼슨이 반박하고 나섰다.

"아니지요. 참된 민주주의의 발전을 위해서는 연방 정부의 힘을 최소화해야 합니다. 우리는 원래 각각 독립되어 있던 나라들이 필요에 따라 연합한 것뿐이에요. 각 주의 독립성을 최대한 보장해야 합니다. 연방 정부가 너무 힘이 세지면 각 주의 생각, 나아가 국민의 생각이 제대로 반영되기 어려워 독재로 흐르기 쉽지요."

"그렇게 각 주의 독립성을 외칠 거면 뭐 하러 연방을 만듭니까? 각 주가 알아서 따로따로 나라를 만들면 되지. 지금 각 주 정부가 지고 있는 빚은 위험한 수준이에요. 강력한 영국을 상대로 7년간이나 전쟁을 치르느라 시설들이 파괴되었고, 외국과의 거래도 거의 끊길 지경입니다. 이런 상황에서도 연방 정부가 뒷짐만 지고 있다면, 연방 정부는 아예 있을 필요도 없지요. 이 빚을 연방 정부가 대신 짊어지지 않으면 주 정부의 재정은 파탄나고 말 겁니다."

"도대체 어떤 주를 말합니까? 남부의 주들은 허리띠 졸라매고 대부

해밀턴과 제퍼슨의 초상 연방파의 대표 주자 해밀턴과 민주공화파의 대표주자 제퍼슨, 두 사람은 주 정부와 연방 정부의 위상 문제에서만 맞선 것은 아니었다. 둘의 생각과 정치적인 성향이 극단적으로 달라서 사사건건 부딪쳤다. 두 사람과 그들을 지지하는 이들의 정치적 입장 차이는 파당으로 이어져 양대 정당의 뿌리가 되었다.

분 같았다구요. 장관 말대로 연방 정부가 대신 빚을 떠안는다면, 결국 남부인들은 그들이 낸 세금으로 매사추세츠 등 북부에 있는 주의 빚을 대신 갚아 주어야 하는 것 아닙니까? 그건 공평하지 않지요. 각 주의 빚을 굳이 연방 정부에서 떠맡겠다는 건, 연방 정부의 영향력을 키우겠다는 의도로밖에 볼 수 없어요."

이후 두 사람은 연방 은행의 설립 문제로 또다시 격돌했다. 이번에도 해밀턴이 먼저 시작했다.

"지금 나라 살림이 말이 아니에요. 우리나라의 장래는 상공업을 얼마만큼 발전시킬 수 있느냐에 달려 있습니다. 그러기 위해서는 연방 정부가 강력한 경제 정책을 일관성 있게 추진해야 하고, 연방 은행도 꼭 있어야 합니다."

"헌법상 연방 정부는 은행을 설립할 수 있는 권한이 없어요. 게다가 나는 우리나라의 경쟁력은 농업에 있다고 믿어요. 어떤 농작물도 잘 자라는 이 기름지고 광활한 땅을 보시오. 유럽의 어느 나라보다도 좋은 조건을 갖추고 있습니다."

"큰 기업이나 외국과의 활발한 무역, 큰 도시, 부유한 국가, 이것이야말로 번영하는 아메리카의 미래입니다."

"물질적인 풍요가 대수입니까? 아메리카의 미래는 양심적이고 자립적인, 성실하게 일하는 농민들이 건설합니다. 거대한 금융 기관이나 기업이 너무 큰 권력을 갖는 건 평범한 서민들에게는 위험한 일입니다."

이제 제퍼슨과 그의 생각에 동의하는 이들은 해밀턴 측이 귀족적이고 부패한 정부를 만들려고 한다며 무리를 지어 스스로를 '민주공화파'라고 불렀다. 그런가 하면 해밀턴과 그 무리들은 제퍼슨 측이 연방 정부를 파괴하려 한다고 비난하며 스스로를 '연방파'라고 불렀다.

워싱턴에 수도를 정하다

주 정부의 빚을 연방 정부가 떠안느냐 아니냐의 문제를 놓고 치열하게 맞섰던 북부와 남부, 연방파와 공화파는 수도를 옮기는 것으로 타협을 보았다. 연방 정부가 주 정부의 빚을 떠안는 대신 북부인 뉴욕이었던 연방 정부의 수도를 남부에 가까운 지역으로 옮긴다는 것이었다. 주 정부의 빚이 많았던 북부인이나, 남쪽에 수도가 있었으면 했던

1835년의 백악관과 현재의 백악관 남쪽 정면 제2대 대통령 존 애덤스 때부터 대통령 관저로 쓰였다. 백악관(White House)은 1814년 영국과의 전쟁 때 불탄 흔적을 지우려고 벽을 희게 칠한 데서 유래한 이름이다. 남북 전쟁 때 군인들에 의해 다시 한번 훼손되었다가 후에 몇 번의 대대적인 보수 공사를 통해 오늘날 모습으로 태어났다. 1902년 제26대 대통령인 시어도어 루스벨트 때 'White House'가 정식 명칭이 되었다. 미국 건국 초기의 건축 양식이 남아 있어 역사적인 의미도 적지 않다.

남부인들 모두가 받아들일 수 있는 타협책이었다. 새 연방 정부의 수도로 정해진 곳은 워싱턴이었다.

워싱턴은 사방을 둘러보아도 초라한 움막 몇 채밖에 보이지 않는 황량한 진흙탕이었다. 수도 건설은 늪을 메운 다음 그 위에 건물을 짓고 도로를 건설해야 하는 아주 어려운 공사였다. 1792년에 시작된 이래 10여 년에 걸친 공사 끝에 작업이 마무리되었다.

이때 대통령 관저와 국회의사당이 만들어졌다. 그 두 곳을 중심으로 사방으로 뻗은 넓은 도로가 뚫려 있었다. 이렇게 해서 새로 건설된 도시가 현재 미국의 수도인 워싱턴 D.C.로 정식 명칭은 '워싱턴 컬럼비아 특별구'다. 포토맥 강 연안의 버지니아 주와 메릴랜드 주가 만나는 곳으로, 원래 수도였던 뉴욕보다 남쪽에 있다. 공사 기간이 너무 길어 1, 2대에 걸쳐 대통령직을 수행했던 워싱턴은 자신의 이름을 딴 이 도시에서 근무도 못해 보고 임기를 마쳐야 했다. 다음 대통령인 존 애덤스가 이곳으로 옮겨 왔을 때도 대통령 관저는 계단과 벽이 완성되지 않은 상태였다.

1800년, 수도 워싱턴은 인구 3200명에 불과한 황량하고 조그마한 시골 마을이었다. 연방 의회 의원들에게도 의회의 회기(개회부터 폐회까지의 기간) 중에 잠시 들렀다 가는 장소였을 뿐이다. 초기 워싱턴의 이런 초라한 모습은 연방 정부의 위상을 보여 주는 것이기도 했다.

연방은 반드시 유지되어야 한다

연방파와 민주공화파는 프랑스 혁명 중에 벌어진 영국과 프랑스의 전쟁에서 영국 편을 드느냐 프랑스 편을 드느냐는 문제를 놓고 또다시 대립했다. 독립 전쟁 때 프랑스와 미국 사이에 동맹 조약이 체결되어, 미국은 영국과 전쟁을 치를 때 프랑스의 지원을 톡톡히 받은 적이 있었다.

이때 연방파는 영국 편을 들고 싶어 했고, 민주공화파는 프랑스 편을 들고 싶어 했다. 물론 양측 대표인 해밀턴과 제퍼슨의 시민 혁명에 대한 정치적 입장이 근본적으로 달랐던 탓도 있었다. 그러나 그 뒤에는 전쟁이 미칠 경제적인 이익과 손해에 따른 대립이 숨어 있었다. 공화파는 남부 농민들의 이해를 대변하고 있었다. 영국과의 전쟁에서

고별인사를 나누는 조지 워싱턴 지휘관 한 사람 한 사람과 마지막 인사를 나눈 조지 워싱턴은 연방
회의 의사당으로 떠난다. 거기서 진행 중이던 대륙회의에서 세 번째 출마를 사양하고 대통령직을
사임하겠다는 자신의 뜻을 밝히고 고향으로 돌아갔다.

이기면 영국이 소유권을 주장하고 있던 캐나다나 플로리다 땅을 차지
할 수 있으니 농사지을 땅이 넓어질 것이었다. 반면에 북부 상공업 세
력을 기반으로 삼았던 연방파는 전쟁으로 외국과의 무역이 어려워질
것을 염려해 영국과 전쟁하는 것을 반대하고 있었다.

하지만 결론은 '미국은 누구의 편도 들지 않는다'였다. 아직 나라의
틀이 잡히지도 않은 상태에서 전쟁에 휘말리는 것은 여러모로 이롭지
못한 일이라는 생각에서였다.

두 당의 대립은 점점 심해졌다.

1796년, 초대 대통령 워싱턴은 파당의 대립이 미국의 단결을 해치
지 않기를 바라는 감동적인 고별사를 남기고 대통령직에서 물러났다.

여러분이 한 구성원으로 있는 연방 정부는 지금 여러분에게 소중합니다. 우리가 쟁취한 독립의 전당에서 연방 정부는 국내와 국외에서의 평화를 보장하고, 여러분의 안정과 번영 그리고 우리에게 최고의 자부심인 자유를 보장하는 큰 기둥이기 때문입니다. ……

남부와 북부, 대서양과 서부의 지역적인 차이를 구실로 삼아 파벌을 조장하려는 자들이 있는데, 이는 우리 연방을 해칠 수도 있기 때문에 각별한 주의를 기울여야 합니다. ……

모든 국가에 대해 선한 믿음과 정의를 유지해야 하고, 모든 국가와 평화와 화합의 관계를 구축해야 합니다. 종교와 도덕은 이를 요구합니다. 훌륭한 정책 역시 마찬가지 아니겠습니까? …… 무엇보다도 특정 국가에 대해 완고한 혐오감을 갖거나 열렬한 애착심을 갖는 태도를 배제해야 합니다. ……

유럽은 주요한 이해관계에 얽혀있습니다. 그러나 이것은 우리와는 무관하거나 거리가 멉니다. …… 우리가 유럽의 정치적이거나 일상적인 문제에 연루되는 것은 현명한 처사가 아닙니다. ……

우리가 유효한 연방 정부 아래서 국민 한 사람으로 남아있기 위해서는 머지않은 시기에 닥칠 외부의 압박으로부터 치명적인 피해를 입지 않도록 중립적인 태도를 취해야만 합니다.

2 │ 미국이 점점 커지다

두 배로 넓어진 미국

워싱턴이 걱정한 만큼 파당의 대립이 미국의 발전을 가로막은 것은 아니었다. 그것은 더 부유하고 강한 미국을 건설하기 위해 벌인 치열한 논쟁이었다. 미국은 점점 넓어지고 있었다.

1800년, 대통령 선거에서 공화파인 제퍼슨이 미국의 제3대 대통령에 당선되었다. 그의 가장 큰 업적은 미국 땅을 크게 넓혔다는 점이다. 그것은 뜻하지 않은 횡재였다.

당시 미국의 땅은 미시시피 강을 경계로 동쪽 지방에 한정된 작은 지역에 불과했다. 미시시피 강에서부터 로키 산맥에 이르는 넓은 지역을 루이지애나라고 불렀는데, 프랑스가 에스파냐로부터 권리를 넘겨받아 주인 행세를 하던 곳이었다. 미시시피 강 하류에 있는 도시 뉴올리언스는 상업적으로 매우 중요한 지역이었는데, 이곳 역시 프랑스

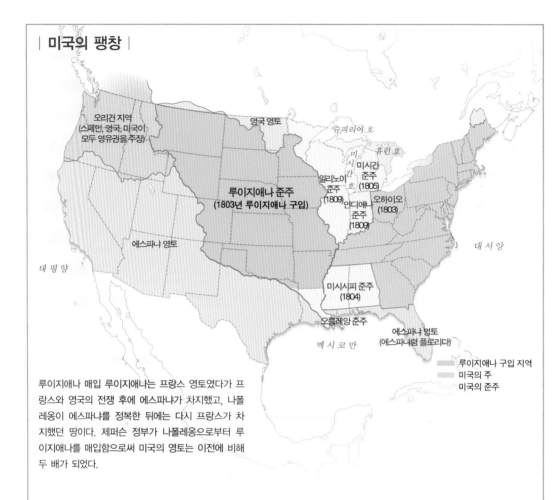

미국의 팽창

오리건 지역
(스페인, 영국, 미국이
모두 영유권을 주장)

영국 영토

슈피어어 호

미시간 호

미시간 준주 (1805)

휴런 호

일리노이 준주 (1809)

인디애나 준주 (1809)

오하이오 (1803)

루이지애나 준주
(1803년 루이지애나 구입)

에스파냐 영토

대서양

태평양

미시시피 준주 (1804)

오를레앙 준주

에스파냐 영토
(에스파냐령 플로리다)

메시코 만

루이지애나 구입 지역
미국의 주
미국의 준주

루이지애나 매입 루이지애나는 프랑스 영토였다가 프랑스와 영국의 전쟁 후에 에스파냐가 차지했고, 나폴레옹이 에스파냐를 정복한 뒤에는 다시 프랑스가 차지했던 땅이다. 제퍼슨 정부가 나폴레옹으로부터 루이지애나를 매입함으로써 미국의 영토는 이전에 비해 두 배가 되었다.

루이지애나 매입 1803년 4월 30일, 나폴레옹은 루이지애나 양도 계약서에 서명했다.

루이지애나 매입 조약서

가 차지하고 있었다. 미국은 프랑스로부터 뉴올리언스를 사들이기로 했다. 그리고 이를 위해 프랑스에 대표단을 파견했다.

마침 유럽에서는 프랑스 혁명 이후 나폴레옹이 등장하면서 전쟁이 벌어질 움직임이 감돌고 있었다. 프랑스 혁명의 남은 영향이 자기 나라로 퍼지는 것이 두려웠던 유럽 각국은 프랑스를 눈엣가시처럼 생각했다. 그 맨 앞에 영국이 있었다.

그즈음 나폴레옹은 서인도 제도에서 일어난 반란 때문에 골머리를 앓고 있었다. 또 유럽에서의 전쟁도 시시각각 다가오고 있었다. 온통 혁명 정부를 무너뜨리려는 세력에 둘러싸여 있는 상황이었다. 서인도 제도나 루이지애나 모두 프랑스 본국에서 멀리 떨어져 있어, 이를 관리하기 위해서는 상당한 군대와 경제적인 비용이 필요했다. 그런데 전쟁이 벌어지면 어차피 서인도 제도나 루이지애나에 신경 쓸 여력도 없을 터였다. 막강한 영국 해군이 대서양을 건너가 루이지애나를 차지하기라도 하면, 그냥 꼼짝없이 영국에 빼앗겨 버릴 수밖에 없는 상황이었다.

나폴레옹을 방문한 미국의 대표단이 뉴올리언스를 팔라며 흥정을 시작했다. 곰곰 생각하던 나폴레옹은 급작스럽게 "차라리 루이지애나 땅 전부를 사는 건 어떻소?"라고 제안했다. 나폴레옹은 그 땅을 영국에 빼앗기느니 차라리 미국에 팔아 전쟁 비용이라도 마련하자는 생각을 했던 것이다.

미국 대표단은 놀라서 입이 떡 벌어졌고, 협상은 거침없이 빠르게 진행되었다. 그 넓은 땅이 1500만 달러라니……. 미국 대표단은 생각지도 못한 싼 가격에 놀라 본국에 보고할 틈도 없이 협상에 합의했다.

한반도의 열 배나 되는 넓은 땅 루이지애나는 이제 미국 땅이 되었다. 미국의 땅은 두 배로 넓어졌다. 이제 미국은 드넓은 아메리카 대륙 대서양 연안 동부의 작은 나라가 아니라 넓은 영토를 가진, 아주 큰 나라가 되었다.

루이지애나의 주인은 에스파냐, 프랑스, 미국으로 바뀌었지만, 다른 아메리카 땅과 마찬가지로 루이지애나 또한 조상 대대로 살던 원주민들의 땅이었다. 그들에게는 아무도 땅값을 치르지 않았다. 값을 치러야 한다고 생각하는 사람도 없었다. 프랑스인들과 미국인들은 원주민들의 존재는 완전히 무시한 채 그들의 땅을 팔고 또 샀다. 원주민들은 마치 그 땅에 살고 있는 동물이나 식물처럼 취급되었던 것이다.

이후 프랑스로부터 사들인 원주민의 땅으로 많은 미국인들이 몰려갔다. 원주민들은 오랜 세월 살아왔던 자신들의 땅에서 강제로 쫓겨나야 했다. 미국의 땅은 그렇게 커져 갔다.

다시 영국과 전쟁, 결속력이 높아진 미국

1807년, 미국의 상선 한 척이 영국 함대의 공격을 받는 사건이 생겼다. 프랑스 편이냐 영국 편이냐, 영국과 전쟁을 벌이느냐 마느냐로 갈라져 있던 미국인의 여론은 이 사건을 계기로 영국과 전쟁을 벌일 수밖에 없다는 쪽으로 움직이기 시작했다.

미국은 영국과의 전쟁을 선포하고 영국이 차지하고 있던 캐나다를 공격했다. 당시 프랑스와 전쟁을 벌이느라 정신이 없었던 영국은 따로 군대를 보낼 엄두도 내지 못했고, 미국도 큰 성과를 거두지 못한 채 시간은 흘러갔다.

그 뒤, 프랑스와 벌인 전쟁에서 승리한 영국이 드디어 미국으로 군대를 보냈다. 독립 전쟁에서 패한 것을 치욕으로 생각했던 영국은 이번에야말로 대영 제국 군대의 본때를 제대로 보여 줄 기회라고 생각했다.

마침내 미국의 수도 워싱턴이 영국군의 손에 들어갔다. 대통령과 장관들도 피난을 떠난 상황이었다. 영국군들은 대통령 관저를 비롯한 공공건물에 불을 지르며 의기양양해 했다. 전쟁이 불리하게 전개되자 영국과의 전쟁을 반대하던 연방파의 목소리가 커졌으며, 연방을 탈퇴하려는 움직임도 있었다.

그러나 미국의 대대적인 반격이 시작되었다. 앤드류 잭슨이 이끄는 민병대의 활약도 눈부셨다. 미국의 군사력이 독립 전쟁 때 민병대 수준의 전력이 결코 아니라는 것을 영국이 알아차리는 데는 오랜 시간이 걸리지 않았다. 미국도 전면적인 전쟁을 원한 것은 아니었다. 결국 협상이 이루어졌다. 강화(싸우던 두 편이 싸움을 그치고 평화로운 상태로 돌아가기 위한 합의) 조건은 모든 것을 전쟁 이전의 상태로 되돌린다는 것이었다. 승자도 패자도 없는 전쟁은 그렇게 끝이 났다.

하지만 미국이 얻은 것은 적지 않았다. 세계 최강 영국과 당당히 맞섬으로써 대외적인 위신도 높아졌고, 대내적으로도 국민들의 자부심이 강해지면서 국가의 결속력 또한 강화되었다. 영국군의 공격을 받아 불에 그슬렸던 대통령 관저는 하얀 페인트를 칠해 백악관(White House)으로 거듭났다.

영국과의 전쟁을 반대하며 어려운 시기에 연방을 탈퇴하려고까지

했던 연방파의 체면은 말이 아니었다. 연방파의 목소리가 급격히 줄어들면서 정치 지형이 바뀌고 있었다.

전쟁이 끝난 뒤 미국 경제는 매우 어려웠다. 국내 산업은 마비되었고, 싼값의 영국 공산품이 미국 시장으로 몰려왔다. 공화파가 차지하고 있던 연방 정부도 이제 미국 전체의 이익을 위해 여러 정책을 펴기 시작했다. 관세를 통해 미국의 상공업을 보호하고, 그 돈으로 물자를 원활하게 운송하기 위해 도로를 만들었다. 또한 중앙은행을 다시 세워 기업을 지원했다. 이러한 정책들은 그동안 연방파가 적극 주장하고 공화파가 온갖 이유를 대며 반대하던 것들이었다. 이제 연방 정부의 위상과 관련한 공화파와 연방파 사이의 오랜 논란은 큰 의미가 없어졌다. 연방파가 더 이상 목소리를 높일 이유가 없어진 것이다. 강력하고 부유한 미국을 건설하기 위해서는 연방 정부가 적극 나서야 한다는 것에도 모두 동의했다. 연방 정부는 명실공히 미국의 중심이 되었다.

아메리카 전체를 미국의 영향권으로

먼로가 대통령으로 재직할 무렵 멕시코, 아르헨티나, 브라질 등 라틴아메리카 곳곳에서 에스파냐와 포르투갈의 영향력에서 벗어나 독립 국가를 건설하려는 운동이 일어났다.

유럽에서는 이를 막으려는 움직임이 나타났다. 나폴레옹과 싸우던 유럽 동맹국의 지배자들은 나폴레옹을 멀리 유배 보낸 뒤, 프랑스 혁명 이전의 유럽으로 모든 것을 돌려놓고 싶어 했다. 영토도 체제도 원

먼로 독트린에 대해 토론하는 사람들 1823년 12월 미국의 제5대 대통령 제임스 먼로는 의회에 제출한 연두 교서에서 미국은 유럽의 어떠한 문제에도 간섭하지 않을 것이며, 어떤 유럽 국가도 아메리카의 일에 전혀 개입하지 말 것을 선언했다. 먼로 독트린은 이후 미국의 외교 정책에 큰 영향을 끼쳤다.

래 상태로, 그동안 많은 이들이 피땀 흘려 가며 만들어 놓은 새로운 제도도 폐지하려고 했다. 자유와 권리를 찾기 위한 시민들의 운동은 진압되었고, 라틴아메리카 역시 원래 에스파냐와 포르투갈이 지배하던 그 이전으로 되돌리려는 시도가 이어지고 있었다.

미국 입장에서는 산업을 발전시키기 위해 라틴아메리카라는 시장이 꼭 필요했다. 다시 에스파냐가 라틴아메리카를 차지해 무역을 독점하도록 내버려 둘 수는 없었다.

이에 먼로 대통령은 1823년 '먼로 독트린'을 발표했다.

어떤 강국도 그들의 체제를 아메리카에서 확장하려고 시도하는 것은 우리의 평화와 안전을 위협하는 일로 여긴다는 것을 선언한다. 유럽 강국이 가지고 있는 식민지에 대해서도 우리는 간섭한 적이 없으며, 앞으로도 없을 것이다. 그러나 이미 독립을 선언하고 그것을 유지하며 우리가 신중히 고려하고 공정한 원칙에 따라 독립을 승인한 정부에 대해서는 유럽 어떤 강국도 이들 정부를 억압하거나 지배하려 한다면, 이는 미국에 대해 비우호적인 의도를 드러내는 것과 다름없다…….

미국은 유럽에서 일어나는 일에 간섭하지 않을 것이고, 이미 가지고 있는 식민지에 대해서도 간섭하지 않을 것이니 아메리카 대륙에 새로운 식민지를 만들지 말며, 이미 독립한 라틴아메리카 국가들에 대한 간섭은 미국에 대한 적대 행위로 여길 것이라는 말이었다.

한마디로 아메리카는 아메리카인들이 알아서 할 테니 유럽은 끼어들지 말라는 뜻이었다. '먼로 독트린'은 그 후 꽤 오랫동안 미국 대외 정책의 기본 줄기가 될 정도로 중요한 선언이었다.

미국의 힘이 커지자, 먼로의 선언 또한 힘을 얻었다. 유럽 열강은 아메리카에 세력을 뻗치지 못하도록 못 박고, 대신 미국은 라틴아메리카 곳곳에서 벌어지는 일에 걸핏 하면 끼어들고 간섭했다. 자신들의 이익을 위해 그 나라 국민들의 의사와는 전혀 다르게 독재 정권을 지원하기도 했고, 민주적으로 수립된 정부를 무너뜨리게도 했다. 먼로 선언은 아메리카 대륙에 대한 미국의 패권주의●를 드러내어 밝힌 것으로 평가되기도 한다. 이런 미국의 행위 때문에 라틴아메리카의 민중들은 미국을 별로 달가워하지 않았다.

● **패권주의** | 크고 강한 군사력을 바탕으로 세계를 지배하려는 제국주의 정책.

3 대중 민주주의 시대가 열리다

서민 대통령 잭슨의 당선

1828년, 앤드류 잭슨이 현직 대통령이던 존 퀸시 애덤스를 물리치고 대통령에 당선되었다. 이전의 대통령들이 대부분 버지니아의 부유한 집안 출신이었던 것에 비해 그는 첫 서민 출신 대통령이었다. 사우스캐롤라이나 개척지 출신이었는데, 잭슨의 아버지는 그가 태어나기도 전에 죽었고, 어머니마저 일찍 세상을 뜨는 바람에 그는 학교 교육도 제대로 받지 못했다. 하지만 갖은 고생 끝에 독학으로 변호사가 되었다.

1812년 영국과의 전쟁이 시작되자, 그는 민병대를 이끌고 전투에 참가했다. 참가하는 전투마다 큰 공을 세웠고, 특히 그가 지휘한 뉴올리언스 전투에서 큰 승리를 거둔 덕분에 명성을 떨치게 되었다. 뉴올리언스 전투는 미군이 70여 명의 사상자를 냈지만 영국군은 총지휘관을 비롯해 2000여 명이 전사한, 미영 전쟁의 끝을 알리는 결정적인 전

뉴올리언스 전투 퍼시 모런의 그림이다. 영국과의 전쟁에서 민병대를 이끌던 잭슨은 1815년 1월 9일 멕시코 만과 미시시피 강을 끼고 있는 뉴올리언스에서 영국 군대를 맞아 큰 승리를 거두었다. 잭슨은 이 전투의 승리로 단번에 전쟁 영웅으로 떠올랐다.

투였다.

앤드류 잭슨의 대통령 당선은 소수의 부유한 이들이 아닌, 평범한 보통 사람들의 새로운 민주주의 시대가 닥쳐왔음을 알리는 것이었다.

수많은 사람들이 새로운 삶의 터전을 찾아 이제는 미국 땅이 된 서부로 떠났다. 새 땅을 개척하고 삶의 터전을 마련하기 위해서는 많은 어려움을 이겨 내야 했고, 개척자로서의 강인한 의지가 필요했다. 잭슨은 이러한 시대가 낳은 대통령이었다.

잭슨의 취임식장에는 수많은 지지자들이 몰려왔다. 그는 자신을 지지했던 수많은 서민을 초대했다. 백악관 축하연에도 어린아이들을 포함한 수많은 가난한 이들, 흑인들까지 몰려와 흙투성이 발로 카펫을 더럽히고 뛰어다니며 북새통을 이루었다. 이러한 모습에 익숙하지 않은 점잖은 상류층 보수파 인사들은 당황한 눈으로, 눈살을 찌푸리며 이를 지켜보았다. 하지만 이미 새로운 시대는 시작되고 있었다.

잭슨 대통령 취임식 1829년 새 대통령 앤드류 잭슨의 취임식을 구경하기 위해 많은 사람들이 백악관으로 몰려들었다.

대중 민주주의의 시작

잭슨 시대의 미국 정치는 귀족적이고 부유한 엘리트 중심에서 평범한 사람들, 대중에 의한 민주주의로 한 걸음 성큼 발전하고 있었다. 무엇보다 눈에 띄는 것은 참정권의 확대였다.

민주 공화국 미국에서도 초기에는 소수의 사람에게만 투표권이 있었다. 대부분의 주에서 세금을 낼 수 있는 재산을 가진 백인 남성에 한해 선거권이 주어졌다. 그러나 잭슨이 등장할 즈음에는 모든 백인 남성에게 선거권이 주어지는 주가 점차 늘어나고 있었다. 이러한 움직임은 새로 생겨나는 서부의 주에서 먼저 시작되었다. 독립 전쟁 이후 민주주의를 직접 체험한 이들은 보다 확대된 민주주의를 원했다. 게다가 더 많은 이주민을 끌어들이기 위해서도 모든 남성에게 투표권을 줄 필요가 있었다. 그러자 인구가 서부로 빠져나가는 것을 막기 위해 동부의 다른 주들도 납세나 재산 소유에 관한 조건을 삭제하거나 느슨하게 해 주는 움직임에 동참했다.

물론 한계는 뚜렷했다. 노예나 흑인에게 선거권이 주어지는 경우는 거의 없었다. 여성에게 참정권을 주는 주도 없었다. 비밀 투표의 원칙이 지켜지는 경우도 전혀 없었고, 말로 투표를 하는 경우조차 있었다. 그러나 전체 인구에서 선거권을 가진 이의 비율은 점차 늘어났다. 1824년 대통령 선거에서는 전체 백인 남성 중 27퍼센트에게만 투표권이 주어졌으나 1828년에는 58퍼센트, 1840년에는 80퍼센트에 달했다.

대통령 선거인 선출 방식에도 변화가 나타났다. 19세기에 접어들었을 때만 해도 대부분의 주에서는 주 의회가 대통령 선거인단을 선출했다. 그러나 1828년경에는 사우스캐롤라이나를 제외한 모든 주가 주민 투표로 대통령 선거인단을 선출하게 되었다.

정치 지형에서 평범한 이들의 목소리가 커지면서, 그들의 열렬한 지지를 받고 있던 잭슨이 역대 다른 어떤 대통령보다 강력한 권력을 가지고 정책을 펼 수 있었다. 잭슨은 의회를 상류층의 이익을 대변하는 집단으로 몰아붙여 사사건건 부딪쳤고, 대통령의 거부권을 수시로 행사했다. 또한 자신의 정책에 반기를 드는 주 정부에 대해서도 강경하게 대처했다. 싸움은 대부분 잭슨의 승리로 끝났다. 대중의 지지를 등에 업고 있었기 때문이다.

두 정당의 출현

마을 가운데 자리 잡고 있는 교회 앞마당, 한 무리의 남자들이 논쟁을 벌이고 있었다. 느릿한 말투로 한 사내가 말을 이었다.

"나는 잭슨 대통령의 정책을 전적으로 지지해. '모든 사람에게 평등한 권리와 혜택을 주어야 한다.' 이 얼마나 당연하고도 가슴을 뛰게 하는 말이냐구?"

"맞아, 우리 미국이 위대한 건, 전제 군주도 계급도 없는 자유롭고 평등한 공화국이기 때문 아니겠어? 우리 부모님도 그런 이유로 고향을 떠나 이 머나먼 땅으로 건너와서 그 어려움을 견디며 이 땅에 뿌리를 내리셨지. 난 전적으로 민주당을 지지해."

그때 마주 보고 있던 말끔한 차림새의 사내가 목청을 높여 소리를 질렀다.

"권리와 혜택은 의무와 책임을 다하는 사람에게 더 많이 주어져야 공정한 거지. 세금을 많이 내서 국가를 부유하게 만드는 이들과 세금 한 푼 안 내는 빈털터리 가난뱅이들에게 똑같은 권리를 준다는 게 어디 말이나 되는 얘기야? 이치에 맞는 판단을 내리지 않고, 뭘 모르는 그들을 동원해서 숫자로 밀어붙이듯이 국가의 중대한 일들을 결정한다면 이 나라의 장래는 뻔해. 그건 나라를 망치는 일이라구. 난 전적으로 휘그당® 편이야."

● **휘그당** | 앤드류 잭슨의 정책에 반대하여 조직되었다. 상공업 세력을 기반으로, 왕정에 반대한 영국 휘그당과 정치적으로 유사하다.

앤드류 잭슨 초상 앤드류 잭슨의 등장은 소수의 부유한 이들이 아닌 평범한 다수, 대중들에 의한 민주주의 시대가 시작되었음을 알려 주는 신호였다. 잭슨 시대에는 참정권이 크게 확대되었고, 두 정당을 중심으로 하는 미국의 정치 지형이 자리를 잡았다.

　"자자, 그만해요. 휘그당이니 민주당이니 다 좋은데, 너무들 싸우는 거 아니에요? 난 그런 정당 같은 게 우리나라의 단결을 가로막지나 않을까 걱정이에요."

　"그렇게 볼 건 아니지요. 어차피 생각은 다를 수 있으니까. 어느 정당이 정권을 잡느냐는 선거에서 투표권을 가진 국민이 결정하잖아요. 정당이 하나가 아니니까 국민들의 지지를 얻기 위해 서로 경쟁할 거고, 덕분에 우리 국민을 위한 정책들을 더 많이 내놓지 않겠어요?"

　무리들과 조금 떨어진 곳에서 도란도란 이야기를 나누고 있던 한 여성이 입을 비죽거리며 나지막하게 말했다.

　"모든 사람에게 평등한 권리와 혜택이라구? 우리 여자들에게는 어떤 권리도 주지 않으면서. 여자들은 인간도 아니란 말인가? 그들이 말하는 평등이란 백인 남성들만의 전유물이지."

잭슨 대통령 재임 기간에 일어난 큰 변화 중의 하나는 미국 내에서 정당이 당연하고 민주적인 정치 과정의 한 부분으로 자리 잡은 것이다. 그 전에도 해밀턴과 제퍼슨을 두 축으로 하는 연방파와 공화파가 있긴 했지만, 그 두 당은 소수에 바탕을 두었던 정파 수준이었다. 현대적인 의미의 정당이 나타난 것은 잭슨 시대였다. 정당이란 정치적인 주장이나 목표가 같은 사람들이 정권을 잡아 자신들의 정치적 이상을 실현하기 위해 만든 조직이다. 정당이 정권을 잡기 위해서는 국민 대중의 지지를 얻어야 하기 때문에, 각 정당은 국민들의 뜻과 요구에 맞는 정책들을 내세우며 경쟁을 벌인다. 오늘날에는 어느 국가에나 정당이 있고, 특히 민주주의 국가에서는 다양한 정당들이 국민의 지지를 얻기 위해 애쓰고 있다.

잭슨을 지도자로 하는 민주당은 주로 농업 세력을 지지 기반으로 했다. 그들은 보호 관세(국내의 산업을 보호하고 장려하기 위해 수입품에 매기는 관세)와 연방 은행을 통한 적극적인 금융 정책에 반대했다. 주로 제퍼슨의 정치적인 방향을 계승했다. 당시 휘그당은 잭슨을 '앤드류 왕'이라 부르며 그의 독선을 비판하는, 잭슨의 반대파였다. 그들은 강력한 연방 정부가 보호 관세를 통해 국내의 산업을 보호하고, 금융 통화 정책을 통해 상공업을 적극 육성해야 한다고 주장했다. 해밀턴의 노선을 계승했으며, 동북부와 서부 상공업 세력의 지지를 받았다. 이로써 양당 체제는 미국 정치 지형의 본보기로 자리를 잡았다.

또한 정당에서 대통령 후보를 선출하는 과정에도 변화가 나타났다. 잭슨 이전에는 대통령 후보를 비밀리에 당 간부 몇몇이 모여 회의를 통해 결정했다. 그러나 잭슨이 재선을 위해 대통령 후보로 나설 때, 그의 당에서는 전국에 있는 당 대의원들이 모두 모이는 대규모 전당 대회를 열었다. 잭슨은 이 대회를 통해 당의 대통령 후보로 공식 지명 되었다. 정당의 권력 또한 똑똑하고 힘 있는 몇몇이 아니라 정당을 지 지하는 대중으로부터 나온다는 원칙에 충실했던 것이다. 대중을 기반 으로 한 대중 정치가 본격화되고 있었다.

4 | 인디언, 서부로 쫓겨나다

눈물의 길

미국 민주주의가 한 단계 발전했던 서민 대통령 앤드류 잭슨 시대는 원주민들에게는 고통과 눈물, 추방의 시대였다. 이미 미영 전쟁 직후에도 잭슨은 자신이 지휘하던 민병대를 동원해서 플로리다와 조지아 지방의 원주민들을 몰아내고, 그 땅을 아주 헐값으로 차지한 적이 있었다. 그는 원주민들은 백인들과 따로 떨어져 살아야 자신들의 방식대로 '미개하게', 나름대로 행복하게 살아갈 수 있다며, 백인들이 살지 않는 곳으로 원주민들을 추방해야 한다고 주장했다.

백인들은 더 넓고 기름진 땅을 찾아 서부로 서부로 향했다. 그 땅은 수천 년, 수백 년 동안 평화롭게 살던 원주민들의 땅이었다. 1830년, 잭슨 정부는 인디언 추방법을 만들었다. 미국 정부가 '인디언 보호 구역'을 만들고, 모든 원주민은 고향을 떠나 이 지역으로 옮길 것

| 원주민 강제 이주 |

오하이오
인디애나
일리노이
버지니아
미주리
스프링필드
체로키 '눈물의 길'
내슈빌
노스캐롤라이나
체로키 인디언
테네시
크리크 인디언
아칸소
멤피스
사우스캐롤라이나
세미놀 인디언
뉴에코타
치카소 인디언
촉토 인디언 리틀록
몽고메리
조지아
대서양
미시시피
앨라배마
루이지애나
플로리다 준주
뉴올리언스
멕시코 만

▨ 넘겨준 인디언 부족 땅
▨ 인디언 보호 구역

원주민 강제 이동 경로 조지아 서부, 앨라배마, 미시시피, 플로리다에는 '문명화된 다섯 인디언 부족'으로 알려진 체로키족, 크리크족, 촉토족, 치카소족, 세미놀족이 거주하고 있었다. 이들은 미국 문화에 적응하면서 자신들의 전통 문화도 유지하고 있었다. 하지만 미국 의회는 1830년 5월 28일 인디언 추방법을 통과시켰고 잭슨 대통령도 이를 승인했다. 그가 퇴임하던 1837년에는 약 4만 6000명의 인디언이 서쪽의 인디언 보호 구역(현재의 오클라호마)으로 강제 추방당했고 추가로 수천 명이 추방당할 예정이었다.

눈물의 길 로버트 린드노가 그린 그림 '눈물의 길'은 사실과 다르다. 말이나 마차를 탄 인디언은 거의 없었다. 체로키족은 집과 모든 소유물을 남겨둔 채 대부분 조지아에서 오클라호마까지 걸어서 이동했다. 그 '눈물의 길'에서 1/4 이상이 원치 않던 목적지에 도달하기 전에 사망한 것으로 추정된다.

을 법으로 정한 것이다. 그 땅은 백인들이 거들떠보지도 않는 황량하고 거친 땅이었다. 목숨을 걸고 맞선 이들도 있지만, 그들에게는 백인 토벌대의 잔인한 보복이 뒤따랐다.

체로키족은 조지아, 앨라배마, 테네시, 노스캐롤라이나 등지에서 수백 년 동안 농사를 지으며 살아온 원주민 부족이었다. 백인들의 문명을 받아들여 학교와 공장을 짓고, 백인들과도 평화로운 관계를 유지하며 살고 있었다. 그러나 체로키족 역시 어느 날 갑자기 들이닥친 백인 병사들에 의해 자신들의 땅에서 1300킬로미터나 떨어진 곳까지 끌려가야 했다. 연방 대법원조차 그들의 권리를 인정했지만, 소용이 없었다.

1만 6000여 명이 떠났던 길, 백인들이 정해 준 이주지에 도착했을 때 4000명 정도가 비명횡사한 후였다. 그들의 이 행렬을 '눈물의 길'이라고 한다.

백인들은 신이 자신들에게 야만인을 몰아내고 이 대륙에 발을 넓히라는 '명백한 운명'을 내려 주었다고 주장하며, 신의 이름으로 원주민들을 추방하고 그들의 땅을 차지했다.

● 체로키인들은 자신들의 거주지를 몰수하겠다는 조지아 주 정부의 위협에 맞서 연방 대법원에 호소했다. 논란 끝에 연방 대법원조차 그들에게 승소 판결을 내렸지만, 조지아 주 정부는 이를 거부하고 무력으로 이들을 몰아냈다.

알라모를 기억하라

텍사스는 멕시코 땅이었지만 많은 미국인이 이주해 와서 살고 있었다. 이주해 온 미국인의 수가 점점 늘어나 어느새 멕시코인의 숫자보다 훨씬 많아지자 멕시코 정부는 군대를 동원해서 미국인의 이주를 막는 한편, 멕시코 법률을 엄격하게 적용하기로 했다. 그러자 텍사스에 살고 있던 미국인들은 텍사스의 독립을 선언했다.

1836년 2월, 멕시코 땅 텍사스 남부의 오래된 교회 건물에 한 무리의 사내들이 모여 있었다. 긴장감이 느껴지지는 않았다.

"빨리 군대가 보강되어야 합니다. 멕시코군이 당장 공격이라도 해 온다면 우리 180명 정도로는 어림없어요. 미국 정부라도 빨리 움직여 줘야 할 텐데……."

"내 생각에는 올겨울은 그럭저럭 지날 것 같습니다. 추운 겨울에 전투를 치르는 건 멕시코군에게도 쉬운 일은 아니지요. 아마 봄이 되면 공격을 시작할 겁니다. 하지만 그때는 우리를 도우러 오는 부대도 있을 것이고, 우리의 지원 요청을 받은 미국 정부도 움직일 테니 결국 승리는 우리 것입니다."

"맞습니다. 일단 우리는 올겨울을 이곳 알라모 요새에서 보내고, 봄에 있을 전투를 준비하면 될 것 같아요."

그러나 아직 겨울의 찬바람이 가시기도 전인 2월 23일, 알라모에 있던 병사들은 요새를 에워싼 수천 명의 멕시코 병사를 보고 깜짝 놀랐다. 치열한 전투가 벌어졌다. 알라모 요새의 미국인들은 용감히 싸웠으나, 점점 밀릴 수밖에 없었다. 3월 6일, 안마당 바깥쪽 벽의 무너

알라모 전투 멕시코 정부에 맞서 반란을 일으켰던 텍사스의 미국인들은 알라모 요새에서 멕시코 군대를 맞아 저항하다 대부분 전사했다. 이후 알라모는 텍사스인들에게 저항의 상징이 되었다.

진 틈 사이로 멕시코군이 몰려들었다. 요새는 멕시코군의 수중에 들어갔다. 결국 여자와 아이들을 빼고, 전투에 참여했던 알라모 요새의 병사 전원이 죽음을 맞았다. 멕시코군의 피해 또한 엄청났다. 이후 알라모의 병사들은 텍사스인들에게 저항의 상징이 되어, 텍사스인들은 "알라모를 기억하라!"고 외쳤다.

그 뒤 텍사스인들은 알라모의 희생을 딛고 멕시코로부터 독립을 쟁취해 텍사스 공화국을 탄생시켰다. 그러나 텍사스는 곧이어 연방에 가입함으로써 미국의 한 주가 되었다. 멕시코 정부는 긴장했다. 역시 멕시코 땅이지만 미국인이 이주해 살고 있는 캘리포니아를 비롯한 텍사스 서쪽 땅도 미국에 넘어갈 위험이 컸던 것이다. 미국 역시 그 땅을 원했다.

이로써 두 나라 사이의 전쟁은 피할 수 없는 일이었다. 멕시코는 미

오리건 지역
(1846년, 병합)

(1818년, 영국에서 넘겨받음)

슈피리어 호

휴런 호

미시간 호

루이지애나
(1803년, 프랑스에서 사들임)

독립 당시의 영토
(1783년)

대 서 양

(1848년, 멕시코로부터 넘겨받음)

태 평 양

개즈던
(1853년, 멕시코에서 사들임)

텍사스 공화국
(1845년, 병합)

플로리다
(1819년, 에스파냐에서 사들임)

멕 시 코 만

미국의 영토 확장 1845년 텍사스 공화국을, 1846년 캐나다의 식민모국인 영국과 오리건 협정을 맺어 오리건 지역을 병합했다. 이어 1848년 멕시코로부터 캘리포니아 등 서부 지역을 분할 받아 대대적인 영토 확장을 이루었다.

국보다 훨씬 많은 군대를 가지고 있었지만, 그들의 총과 대포는 성능이 떨어지는 터라 미국군을 당해 낼 수가 없었다. 1848년, 월등한 무력을 앞세운 미국은 드디어 멕시코와 조약을 맺어 멕시코 땅이었던 캘리포니아, 네바다, 애리조나 등을 넘겨받았다. 이제 미국의 영토는 처음 독립할 때의 세 배가 되었다.

서부로 몰려드는 사람들

1848년 캘리포니아의 한 농장에서 금이 발견되었다. 주인은 이 사실을 쉬쉬했지만 소문은 삽시간에 퍼져 나갔다. 미국 곳곳에서, 심지어 세계 곳곳에서 금을 발견해 한몫 잡아 보려는 사람들이 캘리포니아로 몰려들었다. 이런 현상을 '골드러시'라고 한다.

이듬해인 1849년 이들의 숫자는 수천 명에 달했다. 사람들은 그릇에 모래를 퍼 담았다. 그러고는 강물에 살살 흔들어 조심스레 흙을 씻어 냈다. 그런 작업을 여러 차례 반복한 끝에 드디어 그릇 속에서 반짝이는 금 알갱이를 발견해 내곤 했다.

어느 지역에서 금을 많이 캤다는 소식이 들려오면 삽시간에 그곳으로 사람들이 몰려들었다. 발견되는 금이 줄어들기라도 하면 썰물이 빠지듯 또 다른 곳으로 몰려갔다. 캘리포니아는 세상의 온갖 고생과 어려움을 다 겪은 거친 남자들의 세상이 되었다. 법은 멀고 주먹은 가까웠다. 이때 광산에서 거친 일을 해야 하는 광부들은 질긴 천막용 천으로 바지를 만들어 입었는데, 이것이 청바지의 시초였다.

샌프란시스코가 대도시로 성장한 것도 이때였다. 인구가 급격히 늘어나자 캘리포니아도 주로 승격되어 연방의 일원이 되었다. 새로 미국 땅으로 편입된 서부로 미국인들의 대이동이 이어졌다. 그들은 포장을 씌운 우마차를 타고 몇 달이나 걸려서 먼 거리를 이동했다. 미국의 땅은 이제 태평양 연안까지 이어졌다.

제국적 본성의 시발, '명백한 운명'

존 오설리번

1830~1840년대 미국인들은 그들의 나라가 신의 은총을 받아 건설되었다고 믿었다. 나아가 자신들의 나라는 신이 준 특별한 권리와 운명을 가지고 있다고 생각했다. 즉, 신이 미국인에게 미국식의 민주주의와 문명을 전 세계로 확산시키라는 운명을 주었다는 것이다.

1845년 존 오설리번은 신문 사설에서 이를 '명백한 운명'이라는 개념으로 정리했다.

당시 미국은 멕시코 땅이었던 텍사스를 차지하기 위해 멕시코와 전쟁을 벌이고 있었다. 그의 주장은 미국이 텍사스 땅을 억지로 빼앗는 것을 정당화하기 위한 논리였다.

'명백한 운명'론은 기본적으로 자신들이 종교적, 인종적으로 우월하다는 생각을 바탕으로 하고 있다. 그에 따르면 미국의 힘이 미치지 못하는 곳은 미개하고 야만적인 곳이다. 따라서 열등하고 종교적으로 미개한, 정치적으로도 미성숙한 이들이 살고 있는 지역으로 미국의 힘을 확대시켜 미국적인 문명을 전파하는 것, 이것이 곧 미국인의 운명이라는 것이다. 다른 나라를 침략해서 정복하는 것, 그것이 신의 뜻에 따르는 것이요, 역사의 진보라는 주장이다.

남의 나라를 침략해서 정복할 임무를 신으로부터 받았다는 이 '명백한 운명'론은 이후 미국 외교

서부 개척에 대한 찬사 1872년 존 개스트가 그린 그림으로, 여행 안내서 제작자의 의뢰를 받고 그렸다고 한다. 늠름하고 강인한 서부 개척자들이 여신의 보호를 받으며 앞으로 나아가고 있다. 명백한 운명론이 그 바탕에 깔려있다고 볼 수 있다.

아메리카–멕시코 전쟁 1847년에 벌어진 전쟁으로, 당시 미국군이 멕시코의 차풀테펙 요새를 점령하면서 수도 멕시코시티는 미군의 수중에 들어가고 말았다. 미국은 이 전쟁으로 캘리포니아와 뉴멕시코를 넘겨받아 드디어 태평양 연안까지 영토를 확장했다.

정책의 사상적 뿌리가 되었다. 역사의 고비마다 다른 나라를 침략하고 전쟁을 일으키는 명분으로, 미국의 팽창주의를 정당화하는 근거로 제시되어 왔다. 심지어 지금까지도……

……우리 머릿속에는 하느님의 진리를, 가슴에는 선의의 목적을, 그리고 더럽혀진 적이 없는 깨끗한 양심을 품고, 아무도 닿아 본 적이 없는 땅으로 들어가고 있습니다. 우리 미국 역사가 인간의 진보를 상징하는 역사임을 확신한다면 어느 누가, 그리고 어떤 대상이 우리의 전진을 가로막을 수 있겠습니까? 우리 역사는 오로지 신의 섭리와 함께하며, 어떠한 지상의 권력과 힘도 우리 역사와 함께할 수 없습니다. 우리 미국인은 독립선언서 첫 장에서 이러한 영구 불멸의 진리를 언급했으며, 이제 다른 지역 수백만 인류 앞에 선언하노니 지옥의 권세가 그것을 이기지 못할 것입니다. 장차 무한히 펼쳐질 미래는 위대한 우리 미국의 시대가 될 것입니다. 우리는 현재 위치한 위대한 시간과 공간 속에서 수많은 국가 중에 특히 우리 국가는 인류에게 하느님의 섭리를 증명하도록 성스러움과 진리로써 우리 하느님께서 지금까지 봉헌된 그 어느 것보다 훌륭한 신전을 지상에 건설하도록 운명 지어졌습니다……

— 존 오설리번의 '명백한 운명' 중에서

5장

남북 전쟁과 노예 해방

공업이 성장하고 있던 북부와 목화를 생산하는 대농장이 발달한 남부, 이 두 지역의 차이는 노예제를 둘러싼 갈등으로 이어졌다. 값싼 임금 노동자가 필요했던 북부와 흑인 노예가 필요했던 남부, 결국 노예제를 둘러싼 대립은 링컨의 대통령 당선과 함께 남북 전쟁으로 폭발했다. 노예 해방 선언, 그 역사적인 의의에도 불구하고 흑인들에게 주어진 것은 아직은 이름뿐인 자유였다. 전쟁이 끝난 뒤 남과 북 사이에 남은 전쟁의 상처는 쉽게 극복되지 않았고, 흑인들이 겪을 시련의 세월도 아직 끝나지 않았다.

1820년   미주리 타협

1850년   도망노예법 제정

1852년   〈톰 아저씨의 오두막〉 출간

1854년   공화당 창당, 캔자스–네브래스카법 제정

1855~1856년   '유혈의 캔자스'

1860년   링컨, 대통령 당선

1861년   남부연합 결성, 남북 전쟁 시작

1863년   노예 해방 선언, 게티즈버그 전투

1865년   남부연합의 리 장군, 그랜트 장군에게 항복. 링컨 피살

1861년   러시아, 농노 해방

1825년   영국, 세계 최초로 철도 개통

1850년   청, 태평천국운동

1860년   청, 베이징 조약 체결

1855년   일본, 네덜란드와 화친 조

1860년   최제우, 동학 창시

1866년   병인양요, 제너럴셔먼호 사건

1858년   인도, 무굴 제국 멸망

1895년   이탈리아, 통일 전쟁 시작

1 남과 북, 다르게 발전하다

넓어진 땅을 연결한 운하와 철도

뉴욕에서 출발한 증기선은 허드슨 강을 따라 북쪽으로 거슬러 올라갔다. 배에는 서쪽으로 가는 화물이 가득 실려 있었다. 배는 올버니에서 새로 건설한 운하를 따라 이리 호 남쪽의 버펄로까지 갈 예정이었다. 운하가 생긴 이후 수송 시간도, 수송비도 엄청나게 절약되었다. 1807년 로버트 풀턴이 최초의 증기기관선을 만든 이래 증기선은 화물을 가득 싣고 운하를 따라 뉴욕에서 시카고까지 바삐 오갔다. 말이 내륙이지 운하 덕분에 버펄로나 클리블랜드, 디트로이트 등은 이제 항구 도시나 다름없었다. 대서양을 끼고 있는 뉴욕은 허드슨 강을 따라 이 모든 지역과 연결되는 위치 덕분에 이제 국제적인 항구 도시로 발돋움하고 있었다.

독립 초기에 비해 세 배나 넓어진 미국 땅, 이제는 무엇보다 이들

로버트 풀턴과 최초의 증기선 '클러먼트호' 1807년 미국인 로버트 풀턴은 세계 최초로 증기선 클러먼트호를 만들었다. 이 배는 허드슨 강을 따라 뉴욕과 올버니를 오가며 여객을 실어 날랐다. 이 일을 통해 안전성과 경제성이 입증된 증기선은 이후 실용화되었다.

지역을 연결해 줄 교통망이 필요해졌다. 그러나 미시시피 강을 제외하고는 대서양과 내륙을 연결해 주는 큰 강이 없었다. 그래서 곳곳에 대규모 운하가 건설되기 시작했다. 1825년, 이리 호와 허드슨 강을 연결하는 총 길이 584킬로미터의 이리 운하가 만들어졌다. 이로써 운송 시간과 운송비가 엄청나게 줄어들었다. 또한 운하 주변에 대규모 공장들이 들어섰다. 버펄로, 로체스터 등의 도시가 크게 발전한 것도 그 덕분이었다.

이리 운하가 이처럼 큰 역할을 하자, 이곳저곳에서 운하가 건설되었다. 이후 운하를 통해 남부의 농산물과 북부의 공산품이 대량으로 운송되었다. 하지만 산악 지대를 통과하는 운하를 건설하기는 쉽지 않았다.

이러한 문제점을 해결해 준 것은 철도였다. 1825년 영국에서 첫선

5대호 주변 도시 오대호와 대서양을 끼고 있는 뉴욕을 연결하는 운하를 건설함으로써 오대호 주변의 공업 도시들이 크게 발전했다.

을 보인 철도는 서유럽은 물론 미국에까지 급속하게 보급되었다. 미국에서는 1830년 볼티모어-오하이오 회사가 건설한 노선이 최초였다. 철도 건설은 금방 다른 지역으로 이어져, 10년도 지나지 않아 수천 킬로미터에 이르는 철로가 놓였다. 철도의 효율성은 운하에 비해 훨씬 뛰어났다. 뉴욕에서 시카고까지 강, 운하, 호수를 따라 배로 운송하는 것과 비교했을 때 철도는 1/10 정도의 시간밖에 걸리지 않았다. 이 같은 교통 혁명 덕분에 공업 지대와 농업 지대, 항구와 내륙 지방까지, 드넓은 미국 땅이 서로 긴밀하게 연결되었다.

주식회사와 공장

뉴잉글랜드 등의 북동부 지역은 원래 자연적인 조건이 농업에 알맞지는 않았다. 날씨는 추웠고, 땅은 기름지지 못하고 몹시 메말랐다. 그래서 이 지역에 사는 사람들은 일찍부터 어업이나 상공업에 종사했다. 철도나 대규모의 공장 건설은 개인이나 친분 있는 몇몇 사람이 동업으로 투자하기에는 너무나 막대한 자금을 필요로 하는 일이었다. 하지만 여러 사람의 돈을 끌어들여 만드는 회사가 생겨나면서 큰 규모의 사업을 벌이거나 공장을 세우는 일이 가능해졌다. 이러한 회사를 주식회사라고 한다. 돈을 투자한 개인은 회사의 주식을 받아 주주로서 회사 운영에 참여했다. 이후 공장은 그 규모가 점점 커졌다.

비슷한 시기에 증기기관도 보급되었다. 이제 기계는 증기의 힘으로 움직였다. 기계를 사용하면서 사람의 손으로 만드는 것보다 훨씬 싼값으로 많은 양의 물건을 만들 수 있게 되었다.

공업의 발전은 뉴잉글랜드 지역만이 아니라 북동부 전 지역으로 확대되었다. 질 좋은 철광석이 많이 매장되어 있는 오대호 주변은 운송이 편리한 지리적 이점까지 더해져 디트로이트, 클리블랜드, 버펄로, 시카고 등이 새로운 공업 도시로 빠르게 성장했다. 새로운 일자리를 찾아 유럽은 물론 세계에서 모여든 이민자들로 인구도 갑작스럽게 늘어났다. 대서양에서 오대호에 이르는 이 북동부 지역은 어느 틈엔가 미국 최대의 공업 지역이 되어 있었다.

발명과 기술 혁신

공장 안은 꽤 넓었다. 또 요란한 소리를 내는 재봉틀 때문에 옆 사람의 이야기도 제대로 들을 수 없을 정도로 시끄러웠다. 사이사이로 옷을 만들 원단과 완성된 옷을 나르는 사람들이 분주히 오가고 있었다. 공장 한쪽 구석에서 천에 옷 모양을 그리고 자르는 사람들도 바삐 움직였다.

재봉틀이 만들어진 지는 벌써 50년이 지났지만, 이번에 싱거가 발명한 재봉틀은 대히트작이었다. 손으로 한 땀 한 땀 꿰매어 옷을 만들던 때에 비하면 눈이 휘둥그레질 발전이었다. 회전 바퀴의 원리를 이용해 페달을 사용한 것은 특히 기발한 생각이었다. 덕분에 두 손이 자유로워져 정교한 박음질도 쉽고 빨리 할 수 있게 되었다. 이제 공장에서는 똑같은 옷이 한꺼번에 쏟아져 나왔다. 치수를 재서 자신의 몸에 딱 맞춘 비싼 옷은 아니지만, 사람들은 이 값싸고 질 좋은 기성복을 사 입고 한껏 멋을 부릴 수 있게 되었다.

싱거가 이전의 재봉틀을 획기적으로 발전시킨 새로운 재봉틀을 발명한 지 150년도 더 지났지만, 싱거 재봉틀은 아직도 재봉틀의 대명사로 불린다. 1830년대 이후 싱거 재봉틀과 같은 새로운 발명과 기술 혁신은 교통 혁명, 주식회사의 등장과 더불어 미국의 산업혁명을 이끈 중요한 원동력이 되었다.

농작물을 거두어들이는 데 꼭 필요한 말이 끄는 수확기가 발명되어 농업 생산력이 크게 늘어났고, 목화에서 씨를 빼거나 솜을 트는 조면기가 만들어져 노동력이 크게 절감되었다. 또 빠르게 회전해서 온갖

싱거 재봉틀과 조면기 싱거가 발명한 재봉틀 덕분에 질 좋고 값싼 기성복이 대량으로 생산되었다. 싱거 재봉틀은 아직도 재봉틀의 대명사로 불린다. 목화에서 씨를 빼거나 솜을 트는 기계인 조면기는 원통을 회전시키면 원통 둘레의 톱날 덕분에 씨만 빠지는 구조로 되어 있다.

종류의 금속을 자르거나 갈아 내는 선반이나 연마기 같은 기계도 만들어졌다. 덕분에 각종 기계나 농기구 등의 부품을 만들기가 훨씬 쉬워졌다.

발명 특허는 쉬지 않고 이어졌다. 시계와 자물쇠가 큰 인기를 끌었고, 무선 전신이 사용되기 시작했다. 공업은 점점 더 발전했으며, 공업의 발달은 주로 북부에서 이루어졌다.

남부 목화 농장의 노예들

남부의 경제적 토대는 여전히 농업이었다. 담배 농사에 이어 남부의 농장이 발견한 새로운 품목은 단연 목화였다. 산업혁명으로 면방직 공업이 발달해 목화의 수요가 엄청났기 때문이다. 조면기가 발명되면서 목화 생산은 훨씬 더 늘어났다.

뜨거운 볕이 내리쬐는 광대한 목화 농장에서 힘든 노동을 담당한 것은 흑인 노예들이었다. 대농장과 노예제, 둘은 남부의 상징이었다. 남부의 풍요는 이들 흑인 노예들의 고통스런 노동의 대가였다. 그들은 목화밭에서 채찍을 맞아 가며 하루 종일 일해야 했다. 때로 도망을

목화 농장의 노예들 흑인 노예들은 뜨거운 볕이 내리쬐는 남부의 광대한 목화 농장에서 힘든 노동을 감당해야 했다. 남부의 풍요는 이들 흑인 노예들의 고통스런 노동의 대가였다.

치기도 했지만, 잡혔을 때는 끔찍한 처벌이 기다리고 있었다. 도망가는 것을 막느라 노예들의 발에 쇠사슬을 채워 놓기도 하고, 몸에 낙인을 찍기도 했다.

노예 제도가 그리스도의 가르침에 어긋난다는 주장도 있었지만, 남부의 목화 농장주들에게 흑인 노예 없는 농장 경영은 생각할 수도 없는 일이었다. 흑인 노예는 그들의 재산이요, 말할 줄 아는 도구였다. 흑인 노예들에게는 더러 자신들끼리만 모이는 교회에 가서 기도하고 노래를 부르는 것이 유일한 위안이었다.

목화 수출은 날개를 달았다. 목화는 당시 미국 전체 수출량의 2/3를 차지할 정도로 비중이 높았다. 목화 농장은 서부 지역으로 더 넓어졌고, 이에 따라 더 많은 흑인 노예가 필요해졌다.

노예제가 꼭 필요했던 대농장 중심의 남부와 값싼 임금 노동자가 필요했던 공업 중심지 북부. 두 지역의 완전히 다른 경제적 조건의 차이는 노예제를 둘러싼 정치적 대립으로 이어졌다.

2 | 노예제를 둘러싸고
남북이 갈등을 빚다

당신과 나는 똑같은 인간입니다

남부 농장에서 탈출하는 데 성공해 노예로서의 삶을 벗어난 흑인 프레드릭 더글라스는 탈출 10년이 되는 어느 날, 자신의 전 주인에게 공개편지를 띄웠다.

> 만일 깜깜한 밤에 파렴치한 인간들과 함께 당신 집에 침입해서 당신의 사랑하는 딸을 유괴해 당신들로부터 빼앗아 간다면 어떻겠습니까? 그녀를 노예로 만들어 강제로 일 시키고, 그녀를 내 재산으로 만든다면 어떻겠습니까? 그녀의 인권과 읽고 쓰는 법을 배울 권리를 빼앗고, 그녀의 영혼의 힘도 꺾어 놓는다면, 헐벗고 굶주리게 만든다면, 때로는 채찍으로 벗은 등작을 후려치고, 그녀를 악마 같은 감독자들의 야비한 욕망의 희생물이 되게 만든다면 당신은 어떻게 하겠습니까? …… 쇠사슬, 재갈, 피투성이 채

찍, 족쇄 채워진 노예의 마음에 드리운 죽음과도 같은 적막감을 나는 똑똑히 기억합니다. 처자식과 생이별하고 시장에서 짐승처럼 팔려 가야 했던 무섭도록 끔찍한 일을 잊지 않고 있습니다. …… 나는 당신과 똑같은 인간입니다.

북부에는 노예제 폐지를 위해 활동하는 단체들이 여럿 있었다. 자유와 평등, 민주주의의 기치를 높이 내걸었던 독립 전쟁을 겪을 때부터 미국인들 중에도 흑인 노예들의 처지에 눈을 돌리는 이들이 점차 늘어났다. 이제 양심적인 정치인, 학자, 사회개혁가에서부터 아주 평범한 부인에 이르기까지 다양한 계층이 참여하고 있었다. 양심의 가르침을 중요하게 여겼던 퀘이커교도도 다수 참여했다. 도망친 노예 출신이거나 자유민이었던 북부의 흑인들이 참여한 것은 당연한 일이었다. 이처럼 노예제를 반대하는 목소리는 점점 높아지고 있었다.

노예주와 자유주

1619년 처음 아프리카에서 백인들에게 '사냥'당해 미국 담배 농장의 노예로 끌려온 흑인들. 담배 농장이 목화 농장으로 바뀌고, 목화 농장이 더 넓어질수록 노예의 수는 점점 늘어났다.

북서부 지역을 준주로 인정했던 '북서부토지조례'에는 새로이 오하이오 강 북쪽에서 만들어지는 주에서는 노예 제도를 금한다는 내용이 들어 있었다. 그러나 노예 제도는 엄연히 존재하는 현실이었다. 또 갑자기 폐지할 수도 없는 노릇이었다. 노예는 여전히 개인의 사유 재산

영국령 캐나다

메인

오리건 준주

미네소타 준주

위스콘신

버몬트
뉴햄프셔
매사추세츠

뉴욕

코네티컷 로드아일랜드

미시간

펜실베이니아

뉴저지

편제되지 않은 지역

아이오와

인디애나 오하이오

델라웨어

유타 준주

일리노이

메릴랜드

버지니아

캘리포니아

미주리

켄터키

대 서 양

뉴멕시코 준주

인디언 준주

테네시

노스캐롤라이나

태 평 양

아칸소

사우스캐롤라이나

멕시코

텍사스

앨라배마

조지아

미시시피

루이지애나

플로리다

자유주 및 자유 준주
노예주 및 노예 준주
준주 자체 결정 지역
미주리 타협선

멕 시 코 만

1850년 타협안에 의한 노예주와 자유주 격렬한 논쟁 끝에 이루어진 1850년의 타협, 캘리포니아가 자유주로 연방에 가입함으로써 자유주와 노예주의 비율이 16 대 15가 되었다. 남부의 노예주들은 세력의 균형을 유지하기 위해 노예제를 확대하는 데 열을 올렸고, 북부의 자유주들은 노예제를 비판하는 데 열을 올렸다. 두 세력 간의 대립은 점점 치열해지고 있었다.

으로 생각되고, 각 주마다 노예 제도에 대한 생각이 다 달랐다. 결국 노예 제도를 어떻게 할 것인가의 결정권은 각 주로 넘겨졌다.

노예제를 반대하는 북부의 주는 자유주, 노예제를 채택하는 남부의 주는 노예주라고 불렀다. 자유주와 노예주는 팽팽하게 맞섰지만, 초기에는 11:11로 서로 세력이 엇비슷했다.

두 세력의 대립이 심각해진 것은 1819년 미주리 주가 새로 연방에 가입할 때부터였다.

"미주리 주에는 노예를 부려 농사를 짓는 농민들이 많아요. 그들은 노예주를 선택할 게 뻔합니다. 어떻게든 막아야 해요."

다급해진 자유주들은 법을 바꿔서라도 미주리 주가 노예주가 되는 것을 막으려 했다. 그러자 노예주들이 벌 떼같이 일어났다.

"미주리가 어느 쪽을 선택하든 그건 미주리 주에서 결정할 문제지, 그걸 막으려고 법까지 만들겠다고? 비겁한 놈들!"

미주리 주가 자유주가 되느냐 노예주가 되느냐에 따라 어느 세력이 강해지는가가 결정될 순간이었다. 대립은 점점 더 격렬해졌다. 그러나 두 세력의 갈등은 미주리 주에 이어 메인 주가 연방에 가입 신청을 하면서 일단 잦아들었다. 미주리 주는 노예주, 메인 주는 자유주로 가입하기로 타협한 것이다.

도망친 노예를 송환하라!

이주한 사람들에 의해 인구가 늘어난 서쪽 지방에서 연방에 새롭게 가입하는 준주와 주가 늘어났다. 그때마다 자유주냐 노예주냐를 놓고 다시 격한 논쟁이 오갔다. 그런 논쟁 끝에 1850년, 다음과 같은 또 한 차례의 타협이 이루어졌다.

- 새로이 가입하는 캘리포니아는 자유주로 인정한다.
- 뉴멕시코와 유타는 노예주냐 자유주냐를 해당 주의 주민 투표에서 결정하도록 한다.
- 수도인 워싱턴 D.C.에서는 노예제를 폐지하지는 않지만 노예 매매를

도망노예법 반대 집회 1850년 8월 노예제 폐지론자들이 뉴욕 주에 모여 통과된 도망노예법에 대한 반대 집회를 가졌다. 탁자 바로 왼쪽에 앉은 사람이 프레드릭 더글라스이다.

금지한다.

● 도망노예법을 신설해 도망친 노예는 체포해서 원래의 소유주에게 돌려
   보낸다.

특히 마지막 조항은 뜨거운 논란을 불러일으켰다. 이 법령에 의해
노예 주인들은 북부로 도망친 노예를 붙잡아 들일 수 있게 되었다. 도
망친 노예를 숨겨 주거나 도와주는 사람에게도 무거운 벌금과 금고형
이 내려졌다. 도망친 노예를 되돌리는 모든 비용도 연방 정부에서 부
담했다. 남부에서 도망쳐 북부에서 안전하게 지내 온 노예 출신 흑인
들은 기가 막힐 노릇이었다. 이제 언제 붙잡혀 다시 남부의 지옥 같은
목화 농장에서 고된 일을 해야 할지 모를 불안한 처지에 빠진 것이다.

몇몇 도시에서는 격렬한 시위가 벌어졌다. 법령을 비웃기라도 하듯 도망친 노예를 보호해 주는 사람도 많았다. 북부를 벗어나 더 안전한 캐나다로 도망치게 돕기도 했다. 또 군중들이 도망친 노예를 붙잡으려는 연방 보안관을 에워싸고 공격하기도 했다. 도망노예법을 만들었음에도 불구하고 붙잡혀 남부로 되돌려보내진 노예는 그리 많지 않았다.

톰 아저씨의 오두막

"도망친 노예를 찾습니다. 이름은 조지 해리스, 키는 180센티미터, 하얀 얼굴에 갈색 곱슬머리. 글을 읽고 쓸 수도 있을 정도로 영리하기 때문에 백인으로 변장할 수도 있음. 등과 어깨에 흉터가 있고 오른손에 'H' 자 낙인이 찍혀 있음. 이 자를 체포하거나, 체포하지 않더라도 죽었다는 증명을 할 수 있는 사람에게 400달러의 사례금을 지불함."

스토 부인이 쓴 《톰 아저씨의 오두막》에 나오는 조지의 이야기다. 그는 노예인 자신의 운명을 거부하고 자유를 찾아 도망을 쳤다. 그러나 도망노예법이 만들어지면서 조지에게 현상금이 붙었다. 언제 잡혀갈지 모르는 불안한 처지가 된 조지는 자신을 숨기기 위해 얼굴을 갈색으로 물들이고, 머리는 검게 염색해서 변장을 한다. '노예로 되돌아가느니 죽음을 택하겠다!'고 결심한 것이다. 그는 혹시 발각되어 잡히는 날을 위해 두 자루의 권총과 한 자루의 칼을 몸에 숨기고 다녔다.

스토 부인은 목사의 딸이자 누이이며, 아내였다. '도망노예법'이 만들어지는 것을 보고 그녀는 미국인의 양심에 호소하는 글을 쓰겠다고

해리엇 비처 스토의 《톰 아저씨의 오두막》 원래 그녀의 글은 노예제 폐지를 주장하는 잡지에 연재되었다. 그것을 후에 보스턴의 한 출판사가 책으로 출판한 것이 바로 《톰 아저씨의 오두막》이다.

결심했다. 이 작품에는 주인공인 톰 아저씨와 엘리자, 조지 등의 노예가 나온다. 스토 부인은 그들의 삶을 통해 노예제가 너무나 잔인하고 비인간적인 제도라는 것을 고발한다. 또한 흑인 노예도 슬픔과 고통, 아픔을 느끼는, 인간으로서의 품위를 지닌 존재라는 사실을 호소한다.

소설에 대한 반응을 폭발적이었고, 유럽에서도 큰 화제가 되었다. 소설을 통해 노예제의 부당함에 더욱 깊이 공감한 이들이 많아졌다. 하지만 남부의 노예주들은 작품에 대한 거부감으로 들끓었다. 링컨 대통령조차 "큰 전쟁이 일어나게 한 책"이라고 표현했을 정도였다.

유혈의 캔자스

1854년 5월, 캔자스의 운명을 결정할 법이 제정되었다. '캔자스-네브래스카법'이었다. 인구가 늘어난 캔자스는 연방 가입을 눈앞에 두고 있었다. 그런데 문제는 자유주냐 노예주냐를 결정하는 것이었다. 원래는 북위 36도 30분 이북에 위치한 캔자스와 네브래스카 주는 노예제를 금지하는 자유주에 속하는 것이 당연했다. 그러나 새로이 만들어진 이 법은 자유주냐 노예주냐의 결정을 그 주의 주민 투표로 결정하도록 한다는 것이다. 노예제 폐지론자들의 반대가 몹시 심했지만, 이 법은 결국 통과되었다.

이제 주민 투표가 문제였다. 노예제 폐지론자들은 투표에서 승리를 거두기 위해 다른 주에 사는 이주민들을 조직적으로 캔자스로 이주시켰다. 이는 노예제 찬성론자들도 마찬가지여서, 이웃에 있는 노예주 미주리에서 수천 명이 캔자스로 몰려왔다. 양측은 마치 전쟁과도 같은 대결을 시작했다.

불법과 편법으로 얼룩진 투표는 결국 노예제 찬성론자들의 승리로 끝이 났다. 이로써 캔자스는 노예주가 되었다. 하지만 노예제 폐지론자들은 결과를 받아들이지 않고 따로이 자유주 정부를 세웠다. 하나의 주에 두 개의 주 정부가 들어선 것이다.

1856년 5월 캔자스 로렌스 마을에서는 노예제에 찬성하는 한 무리의 군대가 마을을 닥치는 대로 약탈하고 있었다. 로렌스 마을은 노예제 폐지론자들의 중심지였다.

"투표 결과에 깨끗이 승복하지 않는 놈들에게 본때를 보여 주자. 누

가 뭐래도 캔자스는 노예주라구. 결과를 받아들이지 못하겠다고 따로
주 정부를 세우는 건 반역이라구. 사정 보지 말고 확실하게 해치워."

이런 일이 일어난 지 얼마 뒤, 이번에는 열렬한 노예제 폐지론자인
존 브라운 일당이 노예제 찬성론자들의 마을에 들이닥쳐 주민 다섯
명을 잔인하게 살해했다. 이를 계기로 사태는 걷잡을 수 없이 번져 갔
다. 양측의 충돌은 더욱 심해져, 결국 200명이 넘는 사람이 죽고 말았
다. 이 사건은 노예제 찬성이냐 폐지냐를 두고 양측의 대립이 더 이상
화해할 수 없는 상황으로 치닫고 있음을 보여 주었다.

3 링컨이 당선되고 전쟁이 발발하다

링컨의 등장

1858년 6월 일리노이 주 스프링필드, 공화당 전당 대회에서 검은 양
복을 후줄근하게 차려입은 키만 껑충한 한 사내가 연단에 올라 연설
을 하고 있었다. 에이브러햄 링컨이었다.

"집안이 스스로 분열하면 그 집은 망하고 맙니다. 절반은 노예주,
절반은 자유민의 상태를 영원히 지속할 수는 없습니다. 노예제 폐지
를 바라는 이들은 결국 노예제가 사라질 거라는 믿음으로 노예제의
확대를 막으려고 합니다. 노예제를 찬성하는 이들은 미국의 모든 주
에서 노예제가 받아들여질 때까지 끝까지 밀어붙일 것입니다. 결과는
완전한 이쪽, 아니면 완전한 저쪽, 둘 중 하나일 것입니다. 분열을 끝
내야 합니다."

링컨의 연설은 전당 대회에 참석한 공화당원들의 열띤 반응을 불러

일으켰다. 켄터키에서 가난한 농부의 아들로 태어나 정식 학교 교육조차 받지 못했던, 독학으로 쓰기와 계산을 익히고 법률을 공부해서 변호사가 되었던, 무명의 정치인 링컨이 단번에 주목받는 정치인으로 거듭나는 순간이었다. 그는 공화당 일리노이 주 상원의원 후보로 선출되었다. 그로부터 2년 후, 링컨은 공화당 전당 대회에서 대통령 후보로 지명되었다.

링컨은 노예 제도를 반대했지만, 당장 노예 제도를 폐지하자고 주장하는 것은 아니었다. 노예제를 없애느냐 그대로 두느냐를 놓고 양측의 대립은 연방을 산산조각 낼 수도 있을 정도로 심각해져 가는 상황이었다. 링컨의 관심은 노예 문제 자체보다는 그로 말미암아 연방이 분열되는 사태를 막는 것이었다.

링컨의 대통령 당선, 그리고 분열

1860년 선거에서 민주당은 남북으로 분열되었다. 남부는 노예 제도를 그대로 두자고 주장한 데 비해 북부는 주민의 의사에 맡기자는 주장을 폈다. 결국 북부 민주당과 남부 민주당은 저마다 다른 후보를 내세웠다.

투표 결과 북부의 압도적인 지지로, 그러나 간발의 차이로 링컨이 미국의 제16대 대통령에 당선되었다. 그러자 남부인들은 이제 연방 내에서 소수파가 될 수도 있다는 위기감에 휩싸였다.

이듬해인 1861년 3월 4일, 링컨 대통령의 취임식이 열렸다. 암살 위협을 피해 몰래 워싱턴으로 들어와 삼엄한 경비 속에 치러진 취임식

링컨 대통령의 취임식 1861년 3월 4일, 암살 위험을 피해 몰래 워싱턴으로 들어온 링컨 대통령은 삼엄한 경비 속에 취임식을 치렀다.

이었다.

"나는 정부를 보존하고 지킬 것임을 엄숙하게 선서합니다. 우리는 적이 아니고 친구입니다. 화가 나더라도 감정의 유대를 끊어서는 안 됩니다."

이 같은 호소에도 불구하고 링컨의 우려는 현실로 나타났다. 이미 사우스캐롤라이나 주 의회가 투표를 통해 연방을 탈퇴하겠다고 결의한 것이다. 그 뒤 링컨의 취임식이 열리기도 전에 미시시피, 플로리다, 앨라배마, 조지아, 루이지애나, 텍사스 등 남부 6개 주의 탈퇴가 이어졌다. 탈퇴한 남부 주의 대표들은 새로운 국가인 남부연합 건설을 선포하고, 새로 제퍼슨 데이비스를 자신들의 대통령으로 뽑았다.

이로써 미국에는 두 개의 연방(연합) 국가, 두 명의 연방(연합) 대통령이 존재하게 되었다. 남부인들은 연방을 탈퇴하는 것이 자신들의 권리일 뿐이라고 주장했고, 북부인들에게 연방 탈퇴는 반란을 의미했다. 이제 상황은 손을 쓸 수 없는 막바지를 향해 치닫고 있었다.

섬터 요새의 포격, 전쟁의 시작

1861년 4월, 사우스캐롤라이나의 찰스턴 항에 자리 잡고 있던 섬터 요새(Fort Sumter)에 포성이 울렸다. 남북 전쟁의 시작을 알리는 신호탄이었다. 섬터 요새는 남부에 있는 연방군의 요새 가운데 하나였다. 그러나 남부에 포위되어 있어 물자가 바닥나 가는 중이었다. 링컨은 사우스캐롤라이나 주지사에게 통고했다.

"섬터 요새로 식량을 보내겠다. 식량 외에 다른 것을 보내는 일은 없을 것이다. 남부연합이 이 조치를 방해하지 않으면 병력이나 무기를 보내지는 않을 것이다."

엇갈린 의견이 오간 끝에 링컨의 요구는 거절되었다.

남부연합은 섬터 요새를 지키는 앤더슨 소령에게 요새를 넘겨줄 것을 요구했다. 요구는 즉각 거부되었다. 그러자 연방에서 탈퇴한 사우스캐롤라이나를 비롯한 남부군은 12일 요새를 포위 공격하기 시작했다. 양측은 30시간이 넘게 대포 공격을 주고받았다. 결국 포위되었던 연방군의 탄약이 바닥나, 연방군은 항복할 수밖에 없었다. 그러나 전사자는 단 한 명도 없었다. 항복한 후에 탄약이 폭발해서 죽은 두 명의 병사, 그리고 말 한 마리가 희생의 전부였다.

링컨은 연방군을 소집했다. 그리고 지원병을 모집해 '남부의 반란을 저지하라!'고 명령했다.

노예주에 속했지만 연방 탈퇴를 찬성하지 않았던 버지니아, 아칸소, 노스캐롤라이나, 테네시 주도 섬터에 포성이 울리자 곧 연방 탈퇴를 선언했다. 이들은 버지니아 주의 리치먼드를 남부연합의 수도로 정했다.

이제 전면전이 시작되었다. 그러나 남북 양측 모두 전쟁으로 그렇게 처절한 희생을 치르리라고는 생각하지 못했다. 빨리, 그것도 자신들의 승리로 끝날 것이라고 믿었다.

섬터 요새 미국 사우스캐롤라이나 주 중부에 있는 요새로, 남북 전쟁 당시 연방군의 요새 가운데 하나였다. 남북 전쟁을 촉발시킨 요새로 알려져 있다.

◉ 공화당의 출발

잭슨 대통령 시절부터 잭슨을 지지하는 민주당과 그 반대파 휘그당이 정책 대결을 펼쳐 오고 있었다. 그런데 1850년대 노예제가 미국 정치계의 핵심 문제로 떠오르면서 기존의 정당 체계를 무너뜨리는 변화가 나타났다. 당시 민주당은 주로 남부 출신의 의원들이 장악하고 있어 노예제에 찬성한다는 태도를 분명히 했다. 그러나 노예제에 대해 분명한 입장을 정리하지 못하고 어정쩡한 태도를 보이고 있던 휘그당 내부에서 반발이 터져 나왔다. 결국 노예제에 반대하는 입장을 분명히 하던 휘그당의 일부 세력이 따로 정당을 만들기로 하면서 휘그당은 해산되기에 이르렀다. 새로 생긴 정당에는 노예제에 반대하는 민주당의 일부 세력도 합류했는데, 이렇게 출발한 정당이 공화당이다.

공화당 로고 미국 공화당의 로고인 코끼리는 1874년 정치 풍자만화가 토마스 네스트가 《하퍼》라는 잡지에 공화당을 미련한 코끼리에 비유해서 그린 삽화에서 유래한다.

4 남북 전쟁, 참담한 내전으로 번지다

초기의 전황

연방과 남부연합, 즉 북부와 남부는 수치상으로 나타난 전력으로는 비교가 되지 않을 정도였다. 북부는 남부에 비해 인구는 배가 넘었고, 공장 수는 5배, 노동자 수는 11배, 자본은 4배가 많았다. 철도망의 길이도 배였다. 또 무기와 군수품을 생산하기도, 그것을 철도를 통해 수송하기도 북부가 훨씬 유리한 상황이었다.

하지만 남부군은 사기가 드높았다. 연방군의 주력 부대를 구성하고 있던 남부인들은, 전쟁이 터지자 즉시 연방군의 군복을 벗고 남부의 아들로서 전쟁에 참여했다. 그들은 잘 훈련된 정예병들이었다. 전쟁은 주로 자신들의 고향인 남부에서 치러졌다. 덕분에 전투가 벌어지는 곳의 지리에 익숙했고, 근처의 주민들도 적극적으로 협조해 주었다. 남부군의 전력은 숫자 이상으로 막강했다.

이에 비해 연방군은 징집병들로, 영어도 제대로 모르는 이민자 출신이 많았고, 무기를 다루는 데도 서툴렀으며, 전투에 익숙하지 못한 이들이 대부분이었다. 그런데다 뛰어난 지도력을 갖춘 장군들이 계속 남부군에 합류했다. 버지니아 출신의 장군 로버트 리는 연방군 최고 사령관 자리를 마다하고 남부연합군의 지휘를 맡았다.

초기, 남부연합의 수도 리치먼드와 연방의 수도 워싱턴을 잇는 동부 전선에서 벌어진 남북 주력 부대의 치열한 공방전은 남부의 우세로 이어졌다.

전쟁은 갈수록 치열해져, 양측 모두 군대의 수가 점점 늘어났다. 현대식 무기가 총동원되면서 이전의 어떤 전쟁보다 엄청나게 많은 희생자를 냈다. 전투가 치러졌던 들판은 죽은 이들로 뒤덮였다.

노예 해방 선언

남군은 어려운 여건에서도 로버트 리 장군의 뛰어난 지휘 아래 북군에게 밀리지 않는 전투력을 보여 주었지만, 북군은 링컨과 조지 매클렐런 사령관의 불화까지 겹치면서 어려운 지경에 빠졌다. 하지만 시간이 지나면서 북군의 반격도 만만치 않았다.

영국과 프랑스는 남북 전쟁을 주의 깊게 지켜보고 있었다. 본국의 섬유 산업을 위해 남부의 목화가 절대적으로 필요했던 영국은 말할 것도 없고, 프랑스 또한 남부군과 사이가 좋은 편이었다. 링컨의 입장에서는 이들 영국과 프랑스를 자기편으로 끌어들이는 일이 아주 중요했다.

노예 해방 선언과 선언문 링컨의 노예 해방 선언은 정치적 승부수였다. 노예 해방 선언으로 도덕적 우월함을 천명함으로써 외교적인 효과도 컸고, 연방군의 전력도 강화되어 유리한 고지를 차지할 수 있게 되었다. 왼쪽은 프렌시스 박넬 카펜터가 1864년에 그린 〈노예해방선언서 최초의 낭독〉이고, 오른쪽은 1862년 7월에 작성된 노예 해방 선언 초안이다.

　링컨은 깊이 고민한 끝에, 마침내 결단을 내렸다. 노예 해방을 선언한 것이다. 원래 그는 "연방을 구하기 위해 단 한 명의 노예도 해방시키지 않아야 한다면, 나는 그렇게 할 것이며, 연방을 구하기 위해 모든 노예를 해방시켜야 한다면, 나는 그렇게 할 것이다. 나의 가장 중요한 임무는 연방을 구하는 것이다"라고 말하던 사람이었다.

　그런데 1863년 1월 1일을 기점으로, 링컨은 이렇게 선언했다.

　"남부연합에 속한 주의 모든 노예는 바로 지금, 그리고 이후로도 영원히 자유의 몸이 될 것임을 선포한다. 미 정부는 그들의 자유를 인정하고 지켜 줄 것이다."

　물론 이 선언은 반란을 일으킨 주의 노예 해방을 선언한 것이지, 연

연방에 속한 주와 남부연합에 속한 주 사회경제적
환경이 달랐던 남북은 각자의 이해관계에 따라 남
부연합과 연방으로 나뉘어 전쟁을 치렀다.

방에 속해 있는 노예주에 적용된 것은 아니었다. 하지만 그것은 링컨
의 정치적 승부수였다. 링컨은 선언을 통해 연방이 인간의 자유를 지
키기 위해 정의로운 전쟁을 하고 있다는, 도덕적으로 우월하다는 사
실을 분명히 한 것이다. 통일 전쟁은 이제 인류의 보편적 가치를 실현
하기 위한 전쟁으로 성격이 바뀌었다.

이는 북부의 확고한 지지를 받았음은 물론, 동시에 남부연합을 뒤
흔드는 효과도 가져왔다. 수많은 남부의 흑인들이 주인집을 도망쳐
나와 북군에 입대했다. 수십만 명의 흑인이 북군으로 전투에 참가했
고, 도망친 노예로 인해 목화 생산량을 비롯한 남부의 생산력은 크게
떨어졌다. 외교적으로도 큰 성과를 거두었다. 유럽의 분위기도 급격

흑인 전투 부대 링컨이 노예 해방 선언을 한 뒤 수많은 흑인 노예들이 남부 농장에서 탈출해 북군에 입대했다. 노예 해방 선언은 전쟁의 물줄기를 확실히 바꾸어 놓았다.

히 연방을 지지하는 쪽으로 기울었다. 남부의 우세를 장담하기 힘든 상황이었던데다가, 남부를 지지하는 것은 불의라는 불명예를 무릅써야 하는 일이었기 때문이다.

분수령이 된 게티즈버그 전투

동부 지역의 전투에서는 남군이 우세한 데 비해, 서부 지역에서는 시간이 갈수록 두드러지게 연방군이 우세해졌다. 율리시스 그랜트 장군이 지휘하는 연방군이 미시시피 강 유역에 있는 남군의 주요 요새 빅스버그를 점령한 것이 결정적이었다. 멕시코 만 쪽에서 올라온 연방군이 그 아래 있는 허드슨 요새를 점령하면서 미시시피 강은 연방군이 완전히 장악했다. 이제 미시시피 강을 경계로 동서가 완전히 분리됨으로써 남군은 서쪽에 있는 루이지애나, 아칸소, 미주리, 텍사스 등의 남부연합 주들로부터 병력과 무기, 물자 등을 들여오기가 아주 어려워졌다. 게다가 서부 지역에서 승리한 연방군이 이동해, 동부 전선에서 북쪽의 연방군과 대치하고 있는 남군을 아래서부터 위협했다. 이제 남군은 위쪽과 아래쪽에서 협공을 당할 처지에 놓였다.

적의 공격을 막아 내야 하는 상황에 몰린 리 장군은 결단을 내렸다.

"연방군의 주의를 다른 곳으로 돌려라!"

남군은 북군을 유인하기 위해 버지니아를 지나 북쪽 펜실베이니아로 긴 행군을 시작했다. 그렇게 되면 그랜트가 지휘하는 남쪽의 연방군도 북쪽으로 이동할 거라고 판단한 것이다.

1863년 7월 1일 펜실베이니아 남쪽 게티즈버그 외곽에서 만난 두 부대의 전투는 3일 동안 계속되었다. 미리 산등성이를 차지한 연방군은 돌격하는 남군에게 포탄을 퍼부었다. 3일째 되는 날, 비 오듯 하던 포탄이 갑자기 멈추었다. 연방군의 대포가 망가졌다고 판단한 남군 병사들은 산등성이를 향해 돌진했다. 그러나 그것은 연방군의 작전이었다. 행진을 하듯 돌진하는 남군 병사들에게 벽 뒤에 숨어 있던 연방군이 총알 세례를 퍼부었다.

3일 동안 치른 전투에서 5만 2000명이 죽었다. 남군은 병력의 1/3을 잃었고, 리 장군은 길고 긴 후퇴의 길에 올랐다.

북부의 주지사들은 게티즈버그에서 전사한 장병들을 기리기 위해 그곳에 국립묘지를 세웠다. 건립식이 열리던 날, 게티즈버그로 달려간

│ 남북 전쟁의 전환점 │

게티즈버그 전투 1863년 7월 1일부터 7월 3일까지 펜실베이니아 주 게티즈버그 인근에서 벌어진, 남북 전쟁에서 가장 참혹하고 중요한 전투다. 남군과 북군 모두 많은 희생을 치렀지만 연방군이 승리하면서 남북 전쟁의 대세는 연방 측으로 급격히 기울었다. 흔히 남북 전쟁의 전환점으로 평가된다.

게티즈버그 국립묘지

게티즈버그 전투 기념비

링컨은 2분 동안 아주 짧지만 역사에 길이 남을 중요한 연설을 했다.

"이 나라는 신의 가호 아래 새로운 자유의 탄생을 보게 될 것이며, 국민의, 국민에 의한, 국민을 위한 정부는 이 지상에서 결코 사라지지 않을 것입니다."

전쟁의 끝

연방군의 서쪽 지역을 책임지고 있던 셔먼 장군은 조지아 주의 애틀 랜타를 점령하고 대서양 쪽으로 행진했다. 그들이 지나가는 길 주위 의 모든 마을과 농장은 불태워졌다. 남군의 사기를 꺾기 위해 치밀하 게 계산해 낸 전술이었다.

남부연합의 수도 리치먼드와 가까운, 군사적으로 아주 중요한 곳인 피터스버그를 두고 연방군과 남군이 최후의 결전을 벌였다. 그러나 기울어진 전세를 되돌릴 수는 없었다. 리 장군은 수도를 포기하고 남 쪽으로 후퇴해 버지니아 주에 있는 애퍼매톡스 코트하우스라는 작은 마을에 도착했다. 그때 그랜트가 리에게 전갈을 보냈다.

"이제 더 이상의 저항은 무의미하다는 사실을 장군도 잘 알고 있을 것입니다."

리와 그랜트는 마을의 한 농가에서 만났다. 그랜트는 리를 정중하 게 대했고, 무조건 항복을 요구하지도 않았다. 남군의 무기와 군수품 은 넘겨주되, 장교들에게는 개인용 무기와 말을, 일반 병사들도 농장 에서 쓸 수 있는 말과 노새를 가지고 갈 수 있도록 허락했다. 식량이 떨어진 남군 병사들에게 먹을 것도 보내 주었다. 남군 병사들은 몇 달

악수를 나누는 리와 그랜트 장군 최후까지 남군 사령관으로서의 명예를 지키고자 화려한 군도를 차고 군복을 갖춰 입은 리 장군(오른쪽)과 볼품없는 병사의 옷을 입은 그랜트 장군(왼쪽)이 마을의 한 농가에서 만났다. 계속되는 무의미한 희생을 줄이고자 리 장군이 결단을 내린 것이다. 뒷날 그랜트 장군은 미국 제18대 대통령으로 취임하고, 전쟁 후 평생 남부를 떠난 적이 없던 리 장군은 그랜트의 취임식에 참석하기 위해 단 한번 남부를 떠나 워싱턴을 방문했다.

만에 음식다운 음식으로 식사를 할 수 있었다.

합의를 마친 리는 그랜트와 악수를 나누고 먼저 떠났다. 그랜트는 현관까지 나와 모자를 벗고 리를 정중하게 배웅했다. 그랜트는 패배한 남군 병사들이 마음을 다칠까 봐, 연방군이 승리를 축하하는 대포를 쏘는 것도 환호성을 지르는 것도 금했다. 그러고는 이렇게 말했다.

"전쟁은 끝났다. 이제 반란군은 다시 우리의 국민이 되었다."

남군 진지로 돌아온 리 장군은 병사들에게 명령했다.

"이제 고향으로 돌아가라. 지금껏 그대들이 훌륭한 병사였던 것처럼 훌륭한 시민이 되길 바란다. 나는 여러분이 자랑스럽다."

5 재건을 위해 힘쓰다

'분열된 집안'을 다시 세우려는 노력

전쟁이 막바지를 향해 갈 즈음, 링컨이 대통령에 다시 선출되었다. 얼마 지나지 않아 전쟁은 끝났지만, 피비린내 나는 내전의 상처는 깊고도 컸다. 전쟁을 치르는 동안 총부리를 겨누었던 상대에 대한 증오심, 60여만 명의 사상자가 말해 주는 희생과 고통은 상상을 초월했다.

4년 동안 전쟁터가 되었던 남부는 폐허나 다름없었다. 농촌이건 도시건 할 것 없이 불타거나 파괴되고 약탈당했다. 무엇보다 이제 남부인들은 그들의 재산인 노예를 내놓아야 했다. 노예를 부리지 않고 사는 방법을 배워야 했다. 폐허가 된 목화 농장을 다시 일구거나 그 넓은 땅에 농사를 지을 노동력도 없었다. 여자들은 한 번도 해본 적이 없는 요리와 빨래를 직접 해야 했다. 간단한 생필품을 구하는 것도 쉽지 않았다.

폐허가 된 남부연합의 수도 리치먼드 섬터 요새 공격 사건 이후 북부에서는 남부연합의 수도 리치먼드로 진격하라는 외침이 날로 높아졌다. 이후 리치먼드는 연방군의 최대 공격 목표가 되었고, 1865년 4월 드디어 북군의 그랜트 장군이 리치먼드를 점령하였다. 번화했던 남부연합의 수도 리치먼드는 전쟁이 끝난 뒤 폐허의 도시로 변했다.

"이 모두가 양키 들 때문이야."

남부인들은 북부인이라면 이를 갈았다.

이는 북부인들 역시 마찬가지였다. 흑인들을 짐승처럼 부려 먹겠다고 전쟁까지 일으킨 남부인들은 반역자로 절대 용서할 수 없으며, 그 책임을 반드시 물어야 한다는 이들이 적지 않았다.

링컨은 서로 미워하지 말고 애정을 가지고 힘을 합쳐 전쟁이 남긴

 ● **양키** | 남북 전쟁 후 남부 사람들이 북군을 비롯한 북부 사람들에게 부정적인 의미로 붙여 준 별칭이다. 요즘은 미국인을 낮잡아 이르는 말로 쓰인다.

상처를 치유하고 연방을 다시 건설하자고 호소했다. 그는 투표에서 10퍼센트의 주민들만 찬성해도 연방에 다시 가입할 수 있도록 했다. 그러자 이처럼 관대한 조치에 반발하는 이들도 적지 않았다. 흑인들에게도 똑같은 시민으로서의 권리를 보장해 주고, 남부 백인들의 토지를 몰수해서 해방된 노예들에게 나누어 주자고 주장하는 사람들까지 있었다. 특히 링컨이 속한 공화당원들 중에는 이런 생각을 가진 이들이 많았다. 서로 반대되는 이유로 남부에서도 북부에서도 링컨을 비판하는 사람이 적지 않았다. 그러다 링컨이 죽은 뒤에야 그를 대결과 전쟁의 상처를 딛고 새로운 미국 건설을 이끌었던 위대한 인물로 칭송했다.

1865년 4월 14일 저녁, 워싱턴 시내의 포드 극장에서 총성이 울렸다. 연극을 관람하던 링컨이 그 자리에 앉은 채 쓰러졌다. 암살자는 무대 위로 뛰어올라 관중들을 향해 외쳤다.

"폭군의 최후는 이런 것이다!"

암살자는 극장의 배우였고, 노예 제도와 남부연합을 열렬하게 지지하는 사람이었다. 다음날 아침, 링컨은 숨을 거두었다. 온 나라는 깊은 슬픔과 충격에 빠졌다.

남부 재건 계획의 어려움

링컨이 세상을 떠난 뒤 부통령 앤드류 존슨이 대통령 자리를 이어 나갔다. 민주당원이었던 그는 전쟁 뒤에 남겨진 문제를 온건하게 풀어 가려 했던 링컨에 비해, 남부 문제를 보다 철저하게 풀어야 한다는 생각을 가지고 있었다. 그러나 링컨의 암살로 남부의 증오심을 다시 한번 확인하고는, 남부를 거세게 밀어붙이는 것은 위험하다는 생각을 했다.

존슨은 취임하자마자 남부인들에 대한 대사면령을 발표했다. 반란에 대한 책임을 묻지 않겠다는 것이었다. 연방에서 탈퇴하고 남부연합에 속했던 주들도 노예제 폐지를 담고 있는 수정 헌법 13조만 비준하고 주민 10퍼센트만 찬성하면 주의 자격을 회복해 다시 연방의 일원이 될 수 있도록 했다.

이러한 조처로 남부의 주들이 잇따라 연방에 복귀했다. 이때 보다 급진적인 공화당원들은 흑인들에게도 시민권을 보장해 주자고 주장했다. 그러나 많은 남부인들은 패배했으니 노예제 폐지를 받아들일 수밖에 없지만, 흑인들에게도 동등한 권리를 주는 것은 도저히 인정할 수 없다고 했다.

전쟁을 일으킨 남부연합의 지도자들이 대부분 그대로 복귀한 남부의 주 의회들은 흑인 규제법이라는 법률을 만들었다. 백인과 흑인의 결혼은 금지되었고, 학교 교육에서 차별을 두는 것을 공식적으로 인정했다. 또 흑인 실업자들은 관리가 붙잡아 부랑죄로 벌금을 매기고, 벌금을 내지 못할 경우에는 강제 노동으로 보상하도록 했다. 어떤 주에서는 흑인들이 농장을 소유하거나 빌려서 운영하는 것, 농장의 하인이나 노동자로 일하는 것 외에 다른 직업을 갖는 것조차 금지했다.

이와 같은 남부의 상황을 본 공화당 의원들은 분개했다. 공화당이 다수를 차지하고 있던 연방 의회는 법을 제정해서 남부의 주들이 흑인들의 권리를 제한하려는 시도를 막으려고 했다. 대통령이 거부권을 행사하려 했지만, 의회는 대통령의 거부권마저 무효화시켰다.

많은 논란 끝에 14차 헌법 수정안이 제출되어 연방 의회에서 통과되었다.

"모든 흑인에게 국적과 시민권을 부여한다. 성인 흑인 남성의 선거권을 인정하지 않는 주는 연방 의회의 의석수를 줄인다. 남부연합의 반란에 가담한 자는 모든 공직을 맡지 못한다."

이어서 남부의 주들이 이 헌법 수정안을 비준할 때까지 연방 군대의 통제를 받도록 했다.

해방 노예, 이름뿐인 자유

수정 헌법이 통과됨으로써 흑인들은 자유를 찾고 선거권도 보장받았다. 그러나 남부는 여전히 남북 전쟁 이전과 별로 달라지지 않았고, 해방된 노예들의 처지도 그다지 나아지지 않았다. 노예에서 풀려났다는 것은 법의 조문으로만 적혀 있을 뿐, 그들은 한 줌의 땅도 한 푼의 돈도 갖지 못했다. 공화당 일부 의원이 해방 노예들의 경제적 자립을 위해, 노예 시절에 노동한 대가로 농장주들에게 약간의 땅을 주도록 계획을 세워 보았지만 실행되지 못했다. 먹고살기 위해서는 여전히 옛 주인의 농장에서, 이젠 소작농이 되어 노예 시절과 다를 바 없는 고단한 노동을 이어 가야 했다.

연방 의회가 이끌어 가는 남부 재건 계획이 진행되면서 남부 백인들의 증오심은 더욱 커졌다. 전쟁에서 패배를 당해 도시와 마을은 물론 농장들까지 모두 폐허가 된데다, 지금까지 사유 재산으로만 여기던 노예들을 강제로 풀어 주어야 하고, 그들에게 투표권까지 주어져

시위 행진하는 KKK 회원들과 KKK단 로고 백인 우월주의, 반유대주의, 인종 차별, 반가톨릭, 기독교 근본주의, 동성애 반대 등을 표방하는 미국의 비밀 결사 단체 큐 클럭스 클랜(KKK)은 자신의 이해관계에 반하는 자들을 종종 테러, 폭력, 협박 등의 수단을 사용해 위협해 왔다.

남부의 정치에 개입할 수도 있는 상황이었기 때문이다.

그렇다고 이를 막을 마땅한 수단도 없었다. 연방 정부는 강경한 조처로 남부의 굴복을 강요했다. 이 모든 것으로부터 생기는 울분과 원한은 엉뚱하게도 여전히 힘없고 어려운 처지에서 벗어나지 못하고 있던 흑인들에게 집중되었다. 합법적인 방법이 아닌 테러를 통해 흑인들이 권리를 누리지 못하도록 방해했다. 1866년 테네시에서 조직된 KKK(Ku Klux Klan)단은 특히 흑인들에게 공포의 대상이었다. 백인 우월주의자인 그들은 밤이 되면 흰옷을 입은 채 흰말을 타고 전쟁에서 희생되었던 남부 병사들의 유령으로 분장했다. 흑인들과 흑인의 권리를 두둔하는 백인들을 함부로 때리고, 집에 불을 지르고, 때로는 잔인하게 살해하기도 했다. 투표권을 행사한 흑인은 어김없이 보복을 당했다. 그들에게 두려움을 느낀 흑인들은 대부분 투표권을 스스로 포기했다. 연방 정부는 이들의 불법적인 행동을 막으려고 법을 만들기도 했지만, 별 효과를 거두지 못했다. 그들이 활동하던 남부 지역에서 그들의 활동을 지지하는 이들이 적지 않았기 때문이다. 제1차 세계 대전 이후 KKK단의 세력은 더욱 커져서, 한때 일부 주 선거에서 주지사는 물론 의회와 경찰, 사법부까지 이들이 장악한 일도 있었다.[*] 해방 노예들에게 주어진 자유와 권리는 아직은 이름뿐인 자유, 이름뿐인 권리였다.

● KKK단은 1920년대 후반이 되어서야 그 세력이 급속히 약화되었다. 이후 1960년대에 흑인 민권 운동에 대한 반발로 다시 등장하기도 했다. 아직도 일부 보수적인 백인층을 중심으로 일정한 영향력을 가지고 있다.

'지하철도' 차장, 해리엇 터브먼

지하철도(Underground Railroad)는 1840년부터 1861년까지 수천 명의 흑인을 남부 노예주에서 캐나다나 북부의 자유주로 탈출하도록 도와준 비밀 조직의 이름이다. 조직원들은 탈출 경로를 '철도', 도망친 흑인 노예를 숨겨 주는 사람의 집을 '역', 흑인 노예들을 이끌어 북부로 안전하게 탈출시키는 조직원들을 '차장'이라고 불렀다. 조직원들은 노예 한 명한 명의 해방이 결국은 노예제를 폐지시킬 수 있다는 믿음으로, 위험을 무릅쓰고 달아나는 노예들을 도왔다. '차장'들 중에는 백인 노예제 폐지론자들도 있었지만, 탈출에 성공한 흑인 노예들도 있었다. 그들 중 가장 유명한 인물이 해리엇 터브먼이다.

그녀의 부모는 아프리카에서 미국으로 끌려와 강제로 농장의 노예가 되었던 이들이다. 미국 메릴랜드의 한 농장에서 태어난 해리엇 역시 짐승 같은 대우를 받아야 했던 노예였다.

해리엇 터브먼과 도망 노예들 메릴랜드 주 한 농장의 노예였던 해리엇 터브먼(가장 왼쪽)은 '지하철도'의 받아 탈출하는 데 성공한 뒤, '지하철도'의 '차장'이 되어 수시로 남부를 드나들면서 다른 노예들의 탈출을 도왔다. 흑인 노예들의 '모세'라고 불리기도 했다. 오른쪽은 노예들이 숨어 지내던 해리엇 터브먼 집의 다락방이다.

지하철도 퀼트와 배지 조각 천을 이용해서 만든 지하철도의 퀼트 패턴은 가운데로 모아지는 밝고 어두운 색의 사각형들로 구성되어 있는데, 그 중심은 북쪽으로 도망가던 노예를 숨겨 주던 안가(安家)를 나타낸다. 오랫동안 여자 노예들이 만들어 온 퀼트에는 '노예 사슬'이라는 이름이 붙여지기도 했다.

해리엇은 성장하면서 어렴풋하게나마 자신의 처지를 깨닫고, 자유에 대한 막연한 열망을 품기 시작했다. 29세가 된 어느 날, 오랫동안 기회를 엿보던 해리엇은 '지하철도'의 도움으로 드디어 남부를 벗어나 북부로 탈출하는 데 성공했다.

자유를 얻은 그녀는 뉴잉글랜드에서 청소부나 잡역부로 일하면서 수시로 남부로 돌아와 또 다른 노예들이 탈출할 수 있도록 도왔다. 그것은 위험하기 짝이 없는 일이었다. 그러나 할머니로 변장한 그녀는 남부로 숨어 들어가 1850년부터 10여 년 동안 20여 차례나 300명이 넘는 흑인을 안전하게 북부로 탈출시킨, 가장 뛰어난 '지하철도'의 '차장'이었다. 1857년에는 드디어 자신의 부모를 탈출시키는 데 성공하기도 했다. 남부의 농장주들은 그녀를 산 채로 잡는 데 4만 달러의 현상금을 걸기도 했다.

남북 전쟁이 일어나자 해리엇은 노예 해방을 위해 북군에 들어가 적극적으로 활약했다. 북군의 조리사로 일하면서 남부의 사우스캐롤라이나에 스파이로 숨어 들어가 남군의 뒤를 캐는 정탐 활동을 벌이기도 했다. 그녀가 빼돌린 남군의 병력, 군사 기지 등에 관한 중요 정보는 북군이 승리하는 데 큰 보탬이 되어, 북부의 군인들에게 그녀는 '터브먼 장군'으로 불리기도 했다.

해리엇 터브먼의 집

전쟁은 북군의 승리로 끝났고, 흑인들은 법적으로 노예의 신분에서 해방되었다. 그러나 해방된 흑인들의 생활은 가난의 연속이었다. 그녀 역시 가난한 노동자로서의 삶을 이어 갔다. 1908년, 88세가 된 그녀는 그동안 자서전을 쓰고 노동을 해서 번 돈을 모아 가난한 흑인들을 돕고자 '해리엇 터브먼의 집'을 만들어 활동을 계속했다.

6장

산업화와 대중 사회

남북 전쟁이 끝난 뒤 미국의 공업은 빠른 속도로 발달해, 이제 미국은 산업 사회로 접어들었다. 미국은 넓은 국토와 풍부한 자원, 발달된 기술 등 공업이 발달하는 데 유리한 조건을 모두 가지고 있었다. 게다가 폭발적으로 늘어난 이민자는 풍부한 노동력을 제공했다. 이에 힘입어 카네기, 록펠러, 포드 같은 독점 기업들이 성장했고, 저임금 장시간 노동에 시달리던 노동자들은 임금 인상과 8시간 노동제를 걸고 투쟁했다. 정치 개혁과 공정한 거래를 위한 노력, 여성 참정권 운동 등 더 살기 좋은 미국 사회를 만들기 위한 노력도 이어졌다. 산업의 발달은 새로운 원료 공급지와 상품 시장을 필요로 했다. 미국 역시 하와이로, 쿠바로, 필리핀으로 침략의 손길을 뻗었다. 제국주의 국가들 간의 싸움, 참혹했던 제1차 세계대전이 벌어졌고, 이 전쟁 뒤 미국은 세계 최강국으로 발돋움했다.

1862년 자작농지법 시행

1867년 알래스카 매입

1869년 대륙 횡단 철도 완성, 와이오밍 주에서 여성 참정권 인정

1870년 록펠러, 스탠더드 석유 회사 설립

1873년 카네기, 철강 회사 설립

1876년 리틀빅혼 전투

1879년 에디슨, 전구 발명

1886년 헤이마켓 사건

1890년 운디드 니의 비극

1898년 미국–에스파냐 전쟁, 하와이 필리핀 점령

1901년 시어도어 루스벨트 대통령 취임

1905년 카쓰라–태프트 밀약

1912년 윌슨 대통령 당선

1914년 파나마 운하 개통

1917년 제1차 세계대전 참전

1918년 제1차 세계대전 종식

1905년 러시아, 피의 일요일 사건

1917년 러시아 혁명

1911년 청, 신해혁명

1912년 중화민국 성립

1907년 영국 · 프랑스 · 러시아, 삼국협상 성립

1868년 일본, 메이지 유신

1904년 일본, 러일 전쟁 발발

1910년 멕시코 혁명

1869년 수에즈 운하 개통

1894년 동학농민운동

1897년 대한제국 성립

1914년 보스니아 헤르체고비나, 사라예보 사건

1 서부를 개척하다

대륙 횡단 철도

"골든 스파이크[●]를 박았다. 드디어 완공이다. 이제 아메리카의 동부
와 서부가 만났다!"

1869년 봄, 유타 주의 프로몬토리 포인트에 가득 모여 있던 50만
명의 군중 사이에서 환호성이 터졌다. 센트럴 퍼시픽 철도 회사가 캘
리포니아 주에서부터 건설하기 시작한 서쪽 철도와 유니언 퍼시픽
철도 회사가 네브래스카 주에서부터 건설하기 시작한 동쪽 철도가
드디어 만난 것이다. 공사가 시작된 지 5년 만이었다. 정부는 철도를

[●] **골든 스파이크** | 철도 건설에서 쓰는 큰 못을 스파이크라고 부른다. 센트럴 퍼시픽 철도 회사
와 유니언 퍼시픽 철도 회사 철로가 만나는 지점의 마지막 못을 금으로 만들어 박았기 때문
에, 이를 골든 스파이크라고 한다.

대륙 횡단 철도 개통식 캘리포니아의 새크라멘토와 네브래스카의 오마하를 잇는 길이 2800킬로미터의 철도가 드디어 완성되자 1869년 5월 10일, 드디어 대륙 횡단 열차 개통식이 열렸다.

건설하기 위해 철도 양쪽의 폭 32킬로미터나 되는 땅을 건설 회사에 아무런 대가 없이 넘기고, 건설비의 상당 부분을 빌려 주는 파격적인 특혜를 주었다. 2800킬로미터가 넘는 철도, 그것은 수많은 가난한 이주 노동자들의 피땀 어린 노동의 결과물이었다. 가난을 벗어나기 위해 아메리칸 드림을 꿈꾸며 대서양을 건넜던 아일랜드 노동자, 그리고 태평양을 건넜던 중국인 노동자들의 저임금 장시간 노동으로 탄생한 미국의 대동맥이었다. 특히 '쿨리'라고 불렸던 중국인 노동자들은 백인들보다 훨씬 낮은 임금을 받고 이 철도 건설에 동원되었다. 쿨리들이 모여서 자신들의 마을과 시장을 만든 것이 바로 차이나타운이었다.

와이오밍
프로몬토리 포인트
새크라멘토
네브래스카
오마하
네바다
유타
캘리포니아

······ 센트럴 퍼시픽
······ 유니언 퍼시픽
······ 뒷날 완성된 철도

최초의 대륙 횡단 철도 로키 산맥 너머 중서부와 태평양까지 연결된 대륙 횡단 철도가 완성됨으로써 뉴욕과 시카고를 잇는 동부 간선 철도들과 이어져 대서양에서 태평양까지 모두 철도로 연결되었다.

1850년대부터 철도는 이미 운하를 대신해서 가장 주요한 운송 수단이 되어 있었다. 대륙 횡단 철도의 건설로 처음 미국이 시작된 동부에서 서부까지, 대서양에서 태평양까지 전 대륙이 연결되었다. 대서양에서 서쪽으로 가려면 한 달도 넘게 걸리던 것이 10일이면 가능해졌다. 그동안 백인들의 발길이 미치지 못했던 미시시피 강 서쪽 대평원, 로키 산맥 일대의 고원 지대에도 더 나은 삶의 터전을 찾아 사람들이 모여들었다.

◉ 처음의 기차는 시속 40킬로미터 정도로 달렸다.

철도를 건설했던 회사들은 엄청난 돈을 벌어들였다. 수많은 투자자들이 또 다른 철도를 건설하기 위해 나섰다. 미국 곳곳에 거미줄처럼 철도가 놓였고, 사람들과 물건들을 실어 날랐다. 시간적으로도 공간적으로도 미국은 이제 하나가 되었다.

카우보이와 자작농지법

철도는 서부 지역에 새로운 변화를 몰고 왔다. 서부의 넓은 평원은 비가 적게 내리는 건조한 지역이라 소를 키우는 데 유리했다. 드넓은 풀밭이 펼쳐져 있어 수많은 소를 자유로이 풀어 놓고 풀을 먹게 했다. 수백만 마리의 소가 텍사스와 그 서쪽 지역에서 방목되었다. 이때 소를 모는 소몰이꾼을 카우보이라고 불렀다.

소가 다 자라 내다 팔 때는 서부 지역보다 사람이 많이 모여 사는 동부의 도시로 가져가면 훨씬 높은 값을 받을 수 있었다. 그런데 철도가 놓이면서 소를 동부로 실어 옮기는 일이 가능해진 것이다. 카우보이들은 철도가 지나는 곳까지 먼 거리를 수많은 소 떼를 몰고 이동해야 했다. 수천 마리의 소를 모는 대규모 소몰이의 장관은 이 지역에서는 익숙한 풍경이었다. 올가미 밧줄을 던져 소를 잡아매거나 낙인을 찍고, 질풍같이 빨리 말을 타는 것은 카우보이들이 꼭 갖추어야 할 기술이었다. 길들이지 않은 말이나 소를 탄 채 버티거나 길들이는 경기인 로데오는 카우보이들이 서로 솜씨를 겨룬 데서 시작된 것이다.

백인들의 서쪽을 향한 이주는 점점 더 늘어났다. 카우보이뿐만 아니라 가난한 농민들에게도 서부는 꿈의 땅이었다. 1862년, 자작농지법이 만들어진 덕분이었다. 법에 따르면 서부로 이주한 농민이 5년간 그곳에 살며 농사를 지으면 아주 싼값에 넓은 땅을 살 수 있었다. 그러니 가난한 농민들이 서부로 몰려들어, 서부는 얼마 지나지 않아 거대한 농업 지역으로 탈바꿈했다.

운디드니의 비극

미국 대통령들의 얼굴이 조각되어 있는 러시모어 산에서 27킬로미터쯤 떨어진 사우스다코타 주의 한 봉우리, 그 산자락에서 원주민 조각상 하나가 산 아래를 굽어보고 있다. 1948년 작업이 시작된 이래 60년 만에 거의 완성된 얼굴을 드러냈지만, 아직도 작업은 계속되고 있다.

1939년, 조각가 코자크 지올코브스키는 원주민 수우족의 추장 '서 있는 곰'으로부터 한 통의 편지를 받았다.

"우리 추장들은 소망이 하나 있습니다. 원주민들도 백인들처럼 위대한 영웅을 갖고 있다는 사실을 백인들이 알았으면 하는 것입니다. 그의 이름은 '크레이지 호스(Crazy Horse : 성난 말)'입니다."

그로부터 9년째 되던 해, 그는 드디어 원주민들이 신성한 곳으로 여기는 블랙 힐스●의 한 산봉우리에서 크레이지 호스를 새기는 대역사를 혼자 힘으로 시작했다. 완성되면 높이 172미터, 폭 195미터로 세계

● **블랙 힐스(Black Hills)** | 현재 와이오밍 주에서 사우스다코타 지역에 이르는 넓은 산악 지대를 일컫는 말. 이곳에 살던 인디언들은 '검은 언덕'이라고 부르며 신성시해 왔다. 러시모어 산이나 크레이지 호스의 조각상이 있는 산봉우리 역시 블랙 힐스에 속한 지역이다.

최대 규모의 조각상이 될 것이다. 그러나 코자크는 작업을 완성하지 못한 채 1982년 세상을 떠났다. 그 일은 그의 부인과 자식, 손자들이 이어 오고 있다. 지금, 크레이지 호스의 팔이 만들어지는 중이다.

백인들의 눈이 서부로 향하자 그곳에 살고 있던 원주민들에게도 시련이 닥쳐왔다. 텍사스와 캘리포니아 사이의 땅은 원주민들의 삶의 터전이었다. 그들은 버펄로(들소)를 사냥해서 식량을 얻었고, 그 가죽으로 옷과 천막을 만들어 살았다. 그런데 캘리포니아로 이어지는 철도를 건설하기 위해, 미국 대통령이 했던 '원주민 영구 정착지'라는 약속이 간단히 깨진 것이다. 곧이어 블랙 힐스 근처에서 금이 발견되자 백인들이 떼로 몰려왔다. 그들을 지키기 위한 군대도 함께 왔다.

수우족의 전사 크레이지 호스는 자신들의 땅을 지키기 위해 백인들과 전투를 치를 수밖에 없었다. 전투의 상대는 인디언 사냥꾼으로 불리던 커스터 대령이었다. 소규모의 기병만으로도 충분히 인디언을 물

러시모어 산의 미국 대통령 왼쪽부터 차례대로 미국의 건국, 성장, 발전, 보존을 상징하는 조지 워싱턴(초대), 토머스 제퍼슨(제3대), 시어도어 루스벨트(제26대), 에이브러햄 링컨(제16대)의 얼굴이 조각되어 있다. 미국이 블랙힐스의 정복자라는 것을 확인시키는 상징물인 셈이다.

크레이지 호스 기념 조각상 왼쪽은 크레이지 호스가 죽은 지점에 세워진 기념물이다. 오른쪽은 지금 현재도 계속 만들어지고 있는 원주민들의 영웅 크레이지 호스의 조각상이다.

리칠 수 있다고 생각한 커스터는 공격하지 말고 대기하라는 명령을 무시하고 인디언 진지를 기습 공격했다. 결과는 인디언들의 완벽한 승리였다. 미국 건국 100년이 되던 해인 1876년 커스터 부대가 전멸 당한 이 전투를 역사는 '리틀빅혼 전투'라고 기록한다.

백인들에게 이 전투는 잔인한 인디언들이 백인들을 학살한 사건으로 전해졌다. 연방군이 복수를 다짐하며 몰려왔다. 수우족도, 아파치족도 백인들이 지닌 무기의 강력한 힘과 욕심 앞에 꼼짝 못하고 무너졌다. 크레이지 호스도 연방군에게 사로잡히고 말았다. 그 뒤 짐승에게 씌우는 덫을 자신에게 씌우려는 것에 저항하다가 백인 병사의 칼에 찔려 숨을 거두었다.

이후 인디언들은 늪지대나 풀조차 자라지 않는 거칠고 메마른 땅으로 추방되었다. 그곳을 '인디언 보호 구역'이라고 불렀지만, 사실 인

운디드니 학살 1890년 12월 운디드니에서 학살당한 후 얼어붙은 채로 발견된 큰발 추장의 사체이다. 많은 부족민들이 그와 같은 모습으로 발견되었다고 한다.

디언을 가두어 두는 감옥이었다.

당시 추방을 거부한 자들은 잔인하게 죽임을 당했다. 운디드니, 그곳은 인디언의 마지막 저항지였다. 이때 살아남은 인디언 '검은 사슴'은 이렇게 말한다.

> 높은 언덕에 올라 보니 학살당한 여인네들과 아이들의 시체가 굽이도는 계곡을 따라 겹겹이 쌓이고 여기저기 흩어져 있는 게 보인다. 나는 또 한 가지가 그 피 묻은 진흙 속에 죽어서 눈보라 속에 묻혀 있는 걸 본다. 한 민족의 꿈이 거기 죽어 있다. 그건 아름다운 꿈이었다.……

400만이 넘었던 원주민 수는 이제 25만 명 남짓으로 줄어들었다. 살아남은 원주민들은 백인들의 생활 방식과 문화를 강요당하며 살아야 했다. 그 후로도 오랜 시간이 지난 1924년, 원주민들은 그제서야 미국의 시민이 될 수 있었다.

2 | 산업이 발달하고 대량 소비 사회로 들어서다

기술 혁신과 새로운 발명

1900년, 전 세계 공업 제품의 1/3이 미국의 공장에서 만들어졌다. 남북 전쟁 후 약 30여 년간 미국의 산업은 혁명이라고 불릴 만큼 비약적인 발전을 했다. 그 원동력은 수많은 새로운 발명과 기술 혁신이었다.

1879년 크리스마스 날 저녁, 뉴저지의 한 공원. 매섭게 추운 눈 내리는 날씨인데도 수천 명의 사람이 어둠이 내린 공원을 가득 메우고 있었다. 한순간, 갑자기 눈앞에 나타난 믿기지 않을 만큼 밝은 빛이 사람들의 환호를 자아냈다. 60여 개의 전등이 밝혀낸 빛이었다. 에디슨의 새 발명품, 전등이 공개되는 순간이었다. 사람들은 다 함께 "에디슨 만세!"를 외쳤다.

에디슨은 "나는 발명을 계속하기 위한 돈을 마련하기 위해 언제나 발명을 한다"고 말했다. 이후 그의 손에서 무려 2000여 건의 발명품

산업 발전의 원동력, 다양한 발명

에디슨 발명왕 에디슨의 손에서 무려 2000여 개의 발명품이 탄생했다. 밤을 환히 밝히는 백열등도 그의 손에서 만들어졌다.

라이트 형제 비행기로 하늘을 나는데 최초로 성공한 라이트 형제. 그들의 비행기는 12초 동안 36m를 날았다.

이스트먼 이스트먼이 선보인 코닥 카메라는 손으로 쥐고 촬영하는 상자 모양의, 최초의 휴대형 카메라였다.

벨 벨의 전화기 발명은 통신 혁명의 첫 출발이었다.

이 탄생했다. 밤을 낮처럼 환하게 만들 수 있는 전등, 특히 그 시작이 되었던 백열전등 역시 에디슨의 발명품이었다. 그는 전등의 빛을 내는 부분인 필라멘트로 쓸 가장 적당한 물질을 찾기 위해 실험을 거듭했다. 무려 1600여 종류의 금속 선이 실험에 사용되었다. 그는 이처럼 전등을 만들었을 뿐 아니라 전구를 만드는 회사, 전력을 공급하고 발전기와 전선을 생산하는 회사도 만들었다. 12개의 업종이 에디슨에 의해 창시되었다.

1876년에는 벨이 전화기를 발명했다. 이어서 이스트먼의 사진기, 라이트 형제의 비행기를 비롯해 수많은 농업 기계와 공업 기계가 발명되었다. 특히 전등은 공장의 밤을 낮처럼 밝혔고, 전기는 증기기관을 대신해서 기계를 돌리는 싸고 편리한 동력이었다. 옷감을 짜는 기계도, 쉴 새 없이 돌아가는 재봉틀도, 거대한 철강 공장도 전기가 움직였다.

미국의 공업은 더욱 빠른 속도로 발전해 나갔다. 이후 1890년대 중반, 미국은 드디어 공업 생산액에 있어 영국, 독일, 프랑스 등을 제치고 세계 최고에 이르렀다.

새로운 기계의 발명은 사람들의 일손을 덜어 주기도 했지만, 기계가 대신 일을 함으로써 숙련 노동자들마저 기계에게 일자리를 빼앗긴 채 단순 노동자가 되게 만들기도 했다.

교육을 통해 산업 발전을 이끌다

미국의 경제 발전을 이끈 또 하나의 동력은 교육이었다. 남북 전쟁이 한창이던 1862년, 대통령 링컨은 한 법안에 서명을 했다. 법안을 제출한 연방 하원의원 J. S. 모릴의 이름을 따서 '모릴법'이라고 불리던 법안이었다. 정부가 각 주의 상원·하원 의원들에게 일정한 면적의 국유지를 주어, 그 토지로 학교를 설립하도록 한 것이었다. 이 법을 행함으로써 수많은 학교가 세워졌다.

미국이 독립할 당시에도 이미 의무교육법이 있었고, 초중고교는 물론 10여 곳의 대학이 설립되어 인재를 키우고 있었다. 독립 직후 연방의회는 법안을 만들어 교육을 받을 수 있는 권리를 인권의 일부분이라 규정하며, 모든 국민이 공평하게 교육을 받을 수 있도록 했다.

그러나 교육 기관은 여전히 부족했고, 산업 발전을 이끌 뛰어난 인재는 더욱 필요한 상황이었다. 모릴법은 교육을 국가가 적극적으로 책임지겠다는 것이었다. 또한 자유로운 경쟁을 위해서는 기회가 똑같이 주어져야 하며, 기회 균등의 핵심은 교육의 균등이라는 문제의식을 담고 있었다. 모릴법을 제정한 후 대학과 대학 입학생 수가 갑작스럽게 늘어났다. 코넬대, 매사추세츠 공대 등 수많은 명문 학교도 이때 세워졌으며, 이들 학교를 통해 많은 인재가 배출되었다. 미국의 사회와 경제가 날개를 달았다.

현재도 미국 각 주는 주 예산의 절반에 가까운 경비를 교육 예산으로 지출하고 있다. 물론 부자들도 자신의 재산을 아끼지 않고 교육에 지원한다. 오늘날 세계 일류 대학이라고 손꼽히는 대학 20개 중 반 이상이 미국에 있는 대학이다. 또한 과학 기술 인재를 가장 많이 보유하고 있는 나라도 미국이다.

다원주의와 프래그머티즘

이즈음 미국에서 큰 반향을 불러일으킨 이론은 다윈의 진화론이었다. 이전 사상계의 주된 흐름은 인간은 신이 창조한 존재로, 자연에 존재하는 어떤 동물과도 다르고 유일하게 정신을 지닌 존재라는 관념론이었다. 그러나 다윈은 인간도 하나의 생물 종이라고 주장했다. 진화론은 이전의 관념론과는 달리 자연과 인간에 대한 새로운 해석을 담고 있었다. 그의 설명에 따르면 약육강식의 자연 세계는 적자생존의 세계이기 때문에 적응해서 살아남은 종은 진화하지만 그렇지 못한 종은 도태된다. 오랜 진화 과정에서 살아남은 종의 하나가 인간이다. 그리고 인간의 정신도 주어진 환경에 적응하는 가운데 생겨난 진화의 산물이라는 것이다.

이런 다윈의 주장은 사회진화론에 오용되기도 했다. 사회진화론자들은 사회에서도 생존 환경에 가장 잘 적응하는 사람이 경쟁에서 살아남을 수밖에 없다고 주장했다. 한마디로 힘 있는 자는 살아남고 약한 자는 끝내 버려진다는 약육강식의 논리가 사회에서도 예외가 아니라는 것이었다. 이 맥락에서 인종차별주의나 나치즘을 두둔하는 원리로 쓰이기도 했다. 그러자 사회진화론이 사회의 불평등을 지지하는 더없이 부도덕한 이론이라는 비판이 쏟아졌다. 국가가 나서서 약자를 보호하는 정책을 추진해야 한다는 주장에 미국 경제가 성장하는 과정에서 나타난 기업가들의 탐욕과 이기심을 비판하는 목소리까지 더해졌다.

이 같은 문제의식 속에서 출발한 또 다른 철학의 흐름이 실용주의,

다윈 영국의 생물학자로, 1859년에 《종의 기원》을 통해 생물 진화론을 발표했다.

프래그머티즘이었다. 우주나 인간에 대한 거창한 이론보다 인간의 삶에 실질적인 변화를 가져올 지식이 더 중요하다는 주장이었다. 그들의 주장은 이미 존재하는 유럽 전통의 관념 철학에 정면으로 도전하는 것이었다. 퍼스, 제임스 등의 학자를 거쳐 존 듀이에 의해 철학 체계를 갖추었다. 그들에 따르면 실제 결과야말로 진리를 판단하는 기준이라는 것이다. 신이 절대적이고 객관적으로 존재하느냐 하는 문제보다 더 중요한 것은 그 유용성, 즉 신을 믿음으로써 위안을 얻고 보다 선한 마음을 가질 수 있느냐가 더 중요하다는 것이었다. 종교적인 믿음이 사회를 안정시키고 인간을 행복하게 해줄 수 있다면, 신이 실제로 존재하든 안 하든 그것만으로도 종교는 의미를 갖게 된다는 주장이었다. 실용주의는 19세기 말 20세기 초에 과학 기술과 산업의 눈부신 발달이라는 시대 상황 속에서 나타난, 지극히 미국적인 철학이었다. 이후 프래그머티즘은 사회의 진보를 위한 수많은 사회 개혁 운동의 이론적 근거가 되기도 했다.

독점 기업의 성장

산업이 발달하면 할수록 기업들은 덩치를 키웠다. 그리고 덩치가 커진 기업은 시장을 지배하는 독점 기업으로 성장했다.

사람들은 처음에는 땅이나 냇가에서 흘러내리는 검고 미끌미끌한 석유가 땅과 물을 못 쓰게 만들 뿐 아무짝에도 쓸모없는 것이라고 여겼다. 그러나 석유가 불을 밝히고, 나아가 기계를 움직이게 하는 연료가 된다는 사실을 알아차리면서 앞다투어 유전을 개발하기 시작했다. 이후 미국 전 지역에서 유전 개발이 본격적으로 이루어졌다.

'미국의 석유왕'이라고 불리는 록펠러는 젊은 시절 석유 시장이 큰돈이 될 것이라고 예상하고 스탠더드 석유 회사를 세웠다. 그는 자신의 목적을 이루기 위해서는 수단과 방법을 가리지 않았다. 스파이를 시켜 경쟁사의 기밀을 빼오기도 하고, 힘 있는 정치인에게 뇌물을 주어 경쟁사의 사업을 사사건건 방해하기도 했다. 결국 대부분의 경쟁사는 록펠러의 손에 들어왔고, 그의 회사는 미국 석유 시장의 95퍼센트를 차지하기에 이르렀다. 경쟁자가 없기 때문에 스탠더드 석유 회사가 자기들 멋대로 높은 가격을 매겨도 소비자들은 울며 겨자 먹기로 살 수밖에 없었다. 이런 기업을 독점 기업이라고 한다. 록펠러만이 아니었다. 제철업을 독점했던 강철왕 카네기, 자동차왕 포드, 은행가 J. P. 모건 등도 독점을 통해 엄청난 부자가 되었다.

독점 기업을 풍자한 카툰 상원 의회를 독점 기업이 조종하고 있음을 풍자하고 있다. '독점 기업의, 독점 기업에 의한, 독점 기업을 위한 상원'이라는 현판이 눈에 띈다.

경제가 발달하면서 기업의 형태는 트러스트로 발전하기도 했다. 트러스트는 특정 공업 분야의 독점을 넘어 그 물건을 만들기 위해 필요한 다른 과정의 산업까지 지배하는 독점 기업을 일컫는다. 이를테면 카네기는 철강 공장을 세운 다음, 원료를 안정적이고 싸게 확보하기 위해 철광석과 석탄 광산도 지배했다. 또 운반을 쉽게 하기 위해 철도와 선박 회사도 샀다. 이렇게 철강을 만드는 데 필요한 모든 것을 확보하고 있었기 때문에 카네기 철강 회사는 다른 회사들보다 훨씬 싼 가격으로 철강을 팔 수 있었고, 덕분에 경쟁사들을 시장에서 모조리 몰아낼 수 있었다. 카네기 철강 회사가 미국 철강 산업을 지배할 수 있게 된 것이다.

그런데 이런 독점에 대한 규제는 거의 없었다. 정부는 기업가들 편이었다. 아니, 오히려 기업가들이 정치를 지배했다고 해도 지나친 말이 아니었다. 내기업가들은 막강한 자금과 조직력을 가지고 정부를 마음대로 주물렀다. 또 독점을 비난하는 여론에 밀린 정부가 지나친 독점 행위를 규제하려 하자 지주회사*를 통해 다른 회사를 지배하는 교묘한 방법으로 뒤로 숨었다. 결국 그 피해는 국민 모두에게 고스란히 돌아갔다. 이들 독점 자본가들에게 맞설 노동자들은 아직 어떤 조직도, 힘도 갖추지 못한 상태였다.

노동자들의 투쟁

자본 투자가 늘어나고 공업이 발전하는 만큼 노동자의 수도 폭발적으로 증가했다. 외국에서 몰려온 이민자들이나 남부의 농장을 떠나 일자리를 찾아 나선 흑인 노동자들은 대부분 하루 12~16시간의 고된 노동을 감수해야 했다. 공장이 기계화된 덕분에 그들이 하는 일은 단순 반복적인 노동에 불과했다. 그런데도 일자리를 찾는 노동자는 차고 넘쳤다. 생계를 위해 여성들과 어린아이들까지 노동 시장에 뛰어드는 형편이었다. 지독하게 적은 임금일지라도 일자리를 구해 허름한 판잣집에서나마 몸을 누일 수 있는 것을 다행스럽게 여겨야 했다. 노동자들의 빈곤 덕에 자본가들은 점점 부유해졌고, 빈부의 격차 또한 더욱 커져 갔다.

● **지주회사** | 다른 회사의 주식을 소유함으로써 그 회사의 사업 활동을 지배하고, 간섭·관리하는 회사를 말한다.

결국 노동자들은 싸우기 시작했다. 곳곳에서 임금 인상과 노동 조건 개선을 위한 노동자들의 투쟁이 이어졌다. 그 과정에서 자본가가 고용한 인부들 또는 경찰과 군대에 의해 죽고, 다치고, 투옥되는 등 많은 노동자가 희생되었다. 또 많은 이들이 질서를 어겼다는 이유로 사형 선고를 받기도 했다.

마침내 노동자들은 단결해야 살 수 있다는 생각을 하게 되었다. 노동조합을 만든 것이다. 이제 노동자들의 운동은 미국 도시 곳곳에서 '8시간 노동제 확보'를 목표로 널리 퍼져 나갔다.

1886년 헤이마켓 시위 1886년 5월 4일, 시카고 헤이마켓 광장에서 벌어진 8시간 노동제를 위한 노동자들의 평화로운 시위는 원인을 알 수 없는 폭발과 경찰의 총격으로 비극적인 유혈극으로 끝나고 말았다.

1886년 5월 1일, 미국 노동자들은 8시간 노동을 요구하며 총파업을 시작했다. 중심은 시카고였다. 기계와 차가 멈추었고, 공장 굴뚝의 연기도 더 이상 피어오르지 않았다. 상가도 문을 닫았다.

자본가들은 공장 문을 닫고 인부들을 동원해 폭력으로 맞섰다. 또 5월 3일에는 성난 노동자 시위대를 향해 경찰이 총을 쏘았다. 그 과정에서 어린 소녀를 포함한 노동자 여섯 명이 죽었다. 다음날, 경찰이 총을 쏜 사실에 분노한 30만 명의 노동자가 헤이마켓 광장에 모였다. 그때 집회 도중 어디선가 폭탄이 터졌다. 경찰의 체포와 총격이 시작되었고, 또다시 수백 명의 노동자가 죽고, 다치고, 체포되었다. 아무 증거도 없이 파업 지도자들이 테러 주모자로 몰려 징역 또는 사형을 선고받았다.

전 세계의 노동자들은 120년이 지난 오늘날에도 이날을 그리고 그들을 기억한다. 우리가 기념하는 메이데이 즉 노동절이 바로 이날이다.

대량 소비 사회의 도래

산업 발달의 혜택이 모두에게 골고루 돌아가지는 못했지만, 전체적으로 소득 수준을 상승시킨 것은 분명했다. 특히 '화이트칼라'라고 불리는 사무직 노동자가 빠르게 등장해서 중간 계층을 형성했다. 또 노동자들의 피어린 투쟁 결과, 노동 계급의 소득도 점차 높아졌다. 값싸고 풍부한 물건이 구매력이 높아진 사람들을 향해 손짓함으로써 미국은 이제 대량 소비 사회로 접어들었다.

사람들은 맞춤복 대신 값싸고 질 좋은 기성복을 입고 멋을 냈다. 통조림이 만들어지면서 멀리서 나는 음식도 값싸게 먹을 수 있었다. 냉동열차가 등장하고, 아이스박스가 보급되면서 식품의 질도 더 좋아졌다. 연쇄점이 생겼고, 우편 주문 판매도 이루어졌다. 시카고에 최초의 백화점이 들어선 이래 뉴욕과 보스턴, 필라델피아도 뒤를 이었다.

이처럼 사회가 발전하자 사람들의 여가 시간도 늘어났다. 사람들은 여가 시간에 술집과 찻집, 클럽을 찾았다. 또 스포츠가 중요한 오락으로 등장했다. 프로야구팀이 탄생했고, 각 팀이 겨루는 리그전에 사람들의 관심이 집중되었다. 미식축구, 농구, 골프, 테니스가 인기를 끌었다. 에디슨이 발명한 후 발전을 거듭한 영사기를 이용해 극장에서 영화를 관람할 수 있게 되었다. 도시에는 지친 사람들을 위한 휴식 공간으로 센트럴파크 같은 큰 공원이 들어섰고, 도서관과 미술관, 오페라극장, 콘서트홀도 만들어졌다.

● 전 지구적 이민 행렬

미국은 흔히 인종의 전시장이라고 불린다. 원주민부터 초기 미국에 정착한 백인들, 아프리카에서 노예로 끌려온 흑인들은 물론 세계 곳곳에서 모여든 이민자들이 섞여 살고 있는 나라이기 때문이다.

1830년 전후부터 미국으로 몰려든 이민 행렬은 이민 바람이라고 불릴 만했다. 특히 흉년이 계속되던 아일랜드에서는 많게는 1년에 수십만 명씩 미국으로 몰려왔다. 이들은 주로 북부의 공장 지대에 정착해서 싼값의 노동력을 제공했다. 초기에 영국, 프랑스, 독일, 아일랜드 등 주로 서부 유럽 이민자들이 왔던 것에 비해 1800년대 말에는 점차 이탈리아, 러시아, 폴란드 등 남부와 동부 유럽의 가난한 농촌 지역 출신들이 주를 이루었다. 아시아, 아프리카, 인도, 중국, 태평양 여러 섬에서도 이민을 떠나는 사람이 많았다. 가히 전 지구적인 이민 행렬이었다.

이들은 대부분 맨주먹에다 이렇다 할 전문적인 교육을 받은 적도 없기에 도시에 정착해서 비숙련 노동자로 일했다. 1890년 무렵 미국 주요 도시 인구의 대부분은 미국에서 태어나지 않고 다른 나라에서 건너온 이민자였다. 1800년대 말 미국 경제가 비약적으로 발전한 것은 바로 이들의 희생을 딛고 일어선 결과였다.

이민자들은 미국의 과학 기술 혁명에도 중요한 한 축을 담당했다. 1790년, 미국에 건너왔던 영국인 기술자 새뮤얼 슬레이터는 기억을 더듬어 가며 영국이 한사코 외부에 알리고 싶어 하지 않아 하던 방직기를 똑같이 만들어 내는 데 성공했다. 미국 최초의 면방직 공장이 세워졌고, 미국 산업 혁명의 시작을 알리는 순간이었다.

3 | 보다 민주적인 미국을 건설하기 위해 노력하다

어두운 곳에 주목하기

급속한 산업 발전의 화려한 빛 뒤에 숨겨진 그늘도 만만치 않았다. 이익에만 눈이 먼 기업들은 통합과 독점을 통해 기업의 규모를 키워서 시장을 마음대로 움직이려 했고, 돈의 힘을 빌려 정치권과 언론에까지 손을 뻗쳐 자신들에게 유리한 법과 여론을 만들려고 애썼다. 반면에 일자리나 잠자리가 없어 떠돌아다니는 사람도 적지 않았고, 오랜 시간 노동으로 지친 노동자들의 핏기 없는 얼굴도 여전했으며, 작업 도중에 다치고 죽는 노동자의 수도 적지 않았다. 생계를 위해 여성들과 어린이들도 일자리를 찾았으며, 약자였던 이들은 더 낮은 임금을 받고도 오랜 시간 일을 해야 했다.

일자리를 찾아 도시로 몰려드는 행렬도 끊이지 않았다. 경제적인 여유가 있는 이들은 도심의 멋진 저택이나 철도가 연결되는 교외 주택 지구에서 살았지만, 집을 마련할 여유가 없는 대부분의 사람은 도시의 빽빽한 벽돌집이나 얼기설기 엮은 판잣집에 세들어 살았다. 난방 시설은 물론 창문도 제대로 갖추지 못한 초라한 집이었다.

1800년대 말, 이처럼 어두운 면에 주목하고 문제를 해결하려는 움직임을 보인 각 분야의 노력을 '혁신주의 운동'이라고 부른다. 단체도 중심 계층도 구체적인 목표도 달랐지만, 모두 미국 사회를 보다 민주적인 사회로 바꾸려는 노력이었다. 독점 기업의 문제점을 끈질기게 고발하기도 하고, 정치인의 부정부패를 없애기 위해 정열을 바치기도 했다. 또 가난에서 벗어나기 위해 노력하고, 여성들의 권리를 찾기 위해 힘을 다하는 이들도 있었다. 어린이의 노동 조건을 개선하기 위해 애쓰는 사람들도 있었다. 언론을 통해 기업인들의 비윤리성, 정치인과 짜고 옳지 못한 일을 꾸미려는 움직임을 폭로하기도 했다.

정치 개혁 운동

"돈을 받고 술 판매 조직을 감싸고 보호하려 한 시의원은 당장 공직에서 쫓아내야 합니다. 그는 우리 LA 시민들을 배신했습니다."

"맞습니다. 그를 계속 시의원 자리에 있도록 하는 건 고양이에게 생선 가게를 맡기는 것과 다를 바가 없습니다."

"잘못을 인정하고 용서를 빈다면 내쫓을 것까지야 없지 않습니까? 그는 지난번에 가난한 우리 마을 사람들에게 양식과 연탄 같은 구호물자를 보내 주기도 했습니다."

"뭐, 자기 호주머니 털어서 인심 썼겠습니까? 뇌물 받아 챙겼던 것

중 떡고물 조금 돌린 걸 가지고 뭘 그렇게까지……"

"어쨌거나 주민들이 그에게 표를 준 건 분명하잖아요. 최소한 법에 보장된 임기는 채울 수 있게 해 줘야지요. 죄가 있다면 다음 선거에서 뽑아 주지 않으면 되지 않습니까?"

"우리 시의 진정한 주인은 주민입니다. 주민이 그 자리에서 끌어내리겠다고 투표로 결정하면, 임기까지 그 자리에 앉아 있지 못하지요."

이와 같은 주민 소환 제도는 미국 캘리포니아 주 로스앤젤레스(LA) 시에서 처음 채택되었다. 이 제도로 시 정치에 참여하는 주민들의 목소리가 더욱 커졌다.

혁신주의 운동은 시 정부의 개혁 운동에서도 일어났다. 시민들은 5~6명의 위원회에 맡겨 시 행정을 책임지고 관리하게 하기도 하고, 아예 행정 전문가를 뽑아서 시의 행정을 맡기기도 했다. 그렇게 함으로써 부정부패를 일삼던 정치가와 기업인들을 몰아내고 특권과 특혜를 없앴다.

주민들의 뜻을 직접적으로 반영하기 위한 제도적인 장치도 마련되었다. 1902년 오리건 주에서 주민들이 주 의회에 자신들이 원하는 법을 제정하거나 수정하도록 청원서를 낼 수 있게 하는 주민발의제가 채택된 것이다. 물론 주 의회에서 이를 받아들이지 않을 때는 주민들이 직접 투표를 통해 자신들의 의사를 반영시킬 수도 있었다. 바로 주민투표제를 통해서였다.

이러한 민주화의 바람은 정당에도 불어왔다. 정당의 후보자를 일반 당원들의 투표를 통해 선출하는 예비 선거 제도가 채택되어, 몇몇 힘 있는 간부가 후보자를 선정하던 이전의 방식을 대신했다.

공정한 거래 정책

그즈음 독점 기업이나 트러스트에 대한 규제를 강화해야 한다는 목소리도 높아졌다.

"연방 정부는 특정 이익 집단의 대리인이 아닙니다. 국가는 공공의 이익을 위해 필요하다면 법적인 강제를 취할 수 있어야 합니다. 또한 정부는 어느 쪽에도 치우치지 않는 공정한 중재자여야 합니다."

1901년 9월, 암살당한 맥킨리 대통령에 이어 부통령 시어도어 루스벨트가 대통령직을 이어받았다. 42세의 젊은 새 대통령 재임기는 그동안 진행되었던 혁신주의 운동이 결실을 맺은 시기였다. 그는 미국 사회에 뿌리내리고 있던 독점 기업의 횡포를 막고, 기업과 부자들에게 치우쳤던 정부 정책의 균형을 잡기 위한 정책을 폈다.

먼저, '트러스트 금지법'을 만들어 철도를 마음대로 운영했던 거대 철도 기업 연합을 해산시켰다. 덕분에 그는 '트러스트 파괴자'라는 별명을 얻었다.

또 연방통상위원회를 설치해서 기업을 감시하도록 했다. 연방통상위원회는 기업의 행위를 조사하고 불공정 거래 행위를 고발할 수 있는 권한까지 가지고 있었다. 이윤을 위해 지저분하게 처리되는 식품이나, 약효도 분명하지 않은 약품이 유통되는 것을 막기 위해 각종 규제법을 만들기도 했다.

● **시어도어 루스벨트** | 미국 역사에는 루스벨트 대통령이 두 명 있다. 한 사람은 제26대 대통령이었던 시어도어 루스벨트이고, 또 한 사람은 제32대 대통령이었던 프랭클린 루스벨트다.

시어도어 루스벨트 제26대 대통령 루스벨트는 공정하고 균형 있는 정책을 펴려고 노력해 국민들의 큰 환영을 받았다. 1905년 러일 전쟁이 끝나자 포츠머스 조약을 주선하고 모로코 문제의 해결을 알선하여 1906년 미국인 최초로 노벨 평화상을 수상했다.

노동 분쟁이 일어날 경우 늘 고용주 편을 들어 왔던 과거 정부와는 달리, 적극적인 실태 조사와 중재에도 나섰다. 때로는 정부의 중재안이 고용주들의 반발을 사기도 했으나, 정부는 단호한 태도로 밀어붙여 노동자들에게 큰 힘을 실어 주기도 했다. 나아가 하루 8시간 노동제와 산업 재해를 입은 사람들에 대한 보다 광범위한 보상을 규정한 법안 등을 제안하기도 했다. 또 누진소득세를 도입해서 연 소득이 4000달러가 안 되는 저소득층에는 세금을 면제해 주고, 그 이상부터는 소득이 늘어남에 따라 세율이 높아지도록 함으로써 조세 부담을 공평하게 하기 위해 애썼다. 또한 그는 자연 보호 운동에 적극적인 관심을 기울인 대통령으로도 유명하다.

루스벨트의 이 같은 개혁 정책은 보수파들의 큰 반발을 샀지만, 많은 미국인의 열렬한 환영을 받았다. 덕분에 그는 러시모어 산에 조각되어 있는 존경받는 네 명의 미국 대통령 가운데 한 사람이 되었다.

여성 참정권 운동

혁신주의 운동은 여성의 참정권을 확보하기 위한 운동으로도 이어졌다.

"자신의 운명을 스스로 결정하고 조정하는 것은 여성들 역시 마찬가지입니다. 여성을 한 사람의 시민으로, 위대한 우리나라의 구성원으로 여긴다면, 여성 또한 다른 모든 구성원과 같은 권리를 가져야 합니다. 여성들에게도 똑같이 투표하고 정치에 참여할 수 있는 권리를 주어야 합니다."

그러나 여성 참정권 운동에 반대하는 주장도 만만치 않았다.

"여성들에게는 사회 구성원으로서 정치에 참여하는 임무보다 훨씬 더 중요한 일이 있지 않습니까? 어머니와 아내로서의 역할을 충실히 해내는 것이야말로 여성이 이 사회에 가장 크게 기여하는 일입니다."

어머니나 아내로서의 역할이 훨씬 더 중요하다고 생각하는 많은 남성들, 그리고 여기에 동조하는 여성들은 여성 참정권 운동을 과격하

여성 참정권 운동 참정권을 얻기 위한 여성들의 투쟁은 수십 년에 걸쳐 끈질기게 전개되었다. 마침내 1920년 21세 이상의 여성은 남성과 똑같은 참정권을 갖게 되었다.

고 급진적인 것으로 여겨 조직적인 반대 운동을 펴기도 했다.

공장제 기계 공업의 발달, 대량 소비 사회로의 진입, 새로운 여가 산업의 발달은 여성들의 사회 진출을 더욱 활발하게 했다. 1800년대 말에 이르면, 비록 방직 공장 등의 비숙련 노동자가 대부분이기는 했지만 전체 제조업 노동자의 약 20퍼센트가 여성이었다. 또 판매원이나 종업원 같은 새로운 직업군에는 특히 여성들이 한꺼번에 많이 진출했다. 이처럼 생산 활동에 참여하는 여성이 늘어나면서 여성들에게도 남성들과 똑같은, 인간으로서의 합당한 권리를 보장해 주어야 한다는 목소리가 점점 높아졌다.

1869년 와이오밍 주에서 여성의 참정권을 처음으로 인정한 후, 이 같은 움직임은 점차 다른 주로도 퍼져 나갔다. 1890년에는 워싱턴·캘리포니아·캔자스·오리건 주 등이, 1893년에는 콜로라도 주가, 1896년에는 아이다호·유타 주 등이 차례로 여성 참정권을 인정했다.

여성 참정권 운동은 점차 연방 정부의 법 개정 운동으로 이어졌고, 제1차 세계대전이 끝난 직후인 1920년, 마침내 21세 이상의 여성은 남성과 똑같은 참정권을 갖게 되었다.

1920년 여성 참정권법 개정을
축하하는 퍼레이드

4 제국주의 국가가 되다

식민지를 찾아라

독립 전쟁 이후부터 미국의 영역은 끊임없이 서부로 서부로 확대되었다. 그 결과 19세기 후반에 이르자 북아메리카에는 더 이상 넓힐 땅이 없어졌다. 이제 미국의 눈길은 더 먼 곳으로 옮겨졌다. 이미 유럽 열강은 제국주의 국가로 변모해, 새로운 상품 시장과 원료 공급지를 찾아 세계 곳곳에 식민지를 건설하고 있었다. 식민지 건설을 둘러싼 이들 국가간의 경쟁은 점점 치열해졌다.

1890년대에 접어들면서 미국도 곧 이 대열에 합류했다. 미국의 공장에서도 미국 국민이 다 쓰고도 남을 만큼의 상품이 쏟아져 나오고 있었다. 농산물도 마찬가지였다. 농기계가 발달하고 새로운 땅이 농경지로 개척됨으로써 농산물 생산량이 크게 늘어나, 미국 국민이 다 소비하고도 남을 정도였다. 미국도 공산품과 농산물을 팔 새로운 시장이 필요했다. 또 더 많은 이익을 낼 수 있는 새로운 투자처를 찾는 자본가들도 있었다. 뉴프런티어˙가 강조되었다. 다른 나라를 점령해 미국적인 문화와 가치를 전파하는 것이 신이 부여한 '명백한 운명'이라는 이야기가 또다시 들먹거려졌다.

미국도 다른 나라를 식민지로 만들어 원료 공급지나 상품 시장으로 삼으려는 제국주의 국가의 충실한 일원이 되었다. 식민지의 저항을 누르고 다른 제국주의 국가와 경쟁하기 위해서는 강력한 군사력, 특히 막강한 해군력이 가장 중요했기에 미국도 함정을 만들고 해군력을 키웠다. 그 결과 1900년 즈음에 이르러 미 해군은 세계 3위의 막강한 전력을 자랑하게 되었다. 그 힘을 바탕으로 미국은 하와이로, 쿠바로, 필리핀으로 그 세력을 뻗어 나갔다.

하와이, 미국 땅이 되다

1867년, 미국은 러시아로부터 알래스카를 720만 달러에 사들였다. 강대국 러시아를 아메리카 땅에서 몰아내고 싶었고, 캐나다를 미국 땅 사이에 끼인 땅으로 만들어 영향력을 키우려는 생각에서였다.

이제 미국의 눈길은 하와이로 옮겨졌다. 하와이는 태평양 한가운데 있는 섬으로, 위치상 19세기 초 이래 중국을 오가던 미국 상선의 중요

● **뉴프런티어** | '새로운 변경'이라는 뜻으로, 신 개척자 정신 또는 정책을 말한다. 1893년 F. J. 터너 교수가 미국 역사회 모임에서 연설한 내용으로, 북아메리카 모든 지역이 개발되었으니 이제 눈길을 돌려 보다 멀리 새로운 목표를 갖자는 의미에서 주장한 것이다. 후에 케네디 대통령도 대통령 선거전의 표어로 내걸었다.

한 근거지였다. 이후 무역상과 선교사 등 하와이에서 사는 미국인이 점차 늘어났다. 그런데 미국인들과 함께 전염병이 전해지면서 면역력이 없던 원주민들 반 이상이 목숨을 빼앗기고 말았다.

하와이는 사탕수수를 재배하는 데도 좋은 자연조건을 갖추고 있었다. 미국인들은 하와이에 토지를 사서 원주민들을 일꾼으로 부려 대규모의 사탕수수 농장을 만들기도 했다. 하와이에 뿌리를 내리는 미국인들이 점점 많아졌고, 이들의 영향력 또한 점점 커졌다. 미국인 정착민인 주드는 하와이의 수상 지위에까지 올라 큰 활약을 하기도 했다. 사탕수수 농장은 늘어 갔고, 미국으로 사탕수수를 수출해서 얻는 수익이 하와이의 주된 수입원이었다. 1875년에는 하와이가 다른 나라와는 미국에 준하는 관계를 맺지 않기로 약속하는 대신, 미국은 하와이산 사탕수수를 관세 없이 미국에 수출할 수 있도록 허용했다.

19세기 말, 한참 제국주의로 성장하며 아시아 쪽으로 뻗어 나가던 미국에게 하와이는 해군 기지로서도 최적의 장소였다. 1887년 미국은 하와이 군주를 설득해서 진주만에 미국 해군 기지를 건설하기로 조약을 맺었다.

하와이의 사탕수수 농장에 일꾼이 더 많이 필요해지자 중국이나 우리나라 등 아시아에서 하와이로 건너가는 사람들이 많아졌다. 미국인 농장주들은 하와이 원주민들보다 싸게 부릴 수 있는 아시아 이민자들을 많이 고용하게 되었다. 그러면서 원주민들과 미국인 사이가 점점 나빠졌다.

이제 하와이의 운명도 텍사스 같은 주들과 마찬가지였다. 똑같은 길을 밟아 결국 미국 땅이 되고 말았다. 1890년, 하와이산 사탕수수에 대한 무관세 혜택이 무효가 되자 하와이의 릴리우칼라니 여왕은 이에 대한 보복으로 하와이에 사는 미국인의 정치적 권리를 박탈한다고 선언했다. 그러자 이미 하와이에 뿌리를 내리고 있던 미국인들이 들고 일어났다. 결국 1894년, 하와이는 공화국이 되었다. 다음 순서도 똑같아, 하와이 공화국은 미국에 합병을 요청했다. 미국은 합병 조약을 받아들였고, 1900년 하와이는 미국의 준주(準州)가 되었다. 그 뒤 1959년에 미국의 50번째 주가 되었다.

에스파냐와의 전쟁

1898년, 쿠바의 아바나 항에 정박 중이던 미국 전함 메인호에서 원인을 알 수 없는 폭발 사고가 일어났다. 사망자는 260명이었다. 미국은 쿠바를 식민지로 삼고 있던 에스파냐를 의심했다. 증거는 없었지만 미국인들은 점점 에스파냐인들의 짓이라고 믿었다. 나중에 기관실 내부에서 일어난 우연한 폭발이었을 것이라는 증거가 나왔으나 소용없었다. 미국 내의 《모닝 저널》, 《월드》 같은 신문, 잡지들은 여러 날을 계속 이런 내용을 부추기는 기사를 실어 에스파냐에 대한 적개심을 불러일으키며 당장 선전 포고를 하라고 주장했다. 《모닝 저널》의 발행인 허스트는 "당신이 사진만 제공하면 전쟁은 내가 제공할 것이다"라고 공개적으로 말할 정도였다. 상황이 이렇게 되자 전쟁을 지지하는 이들이 점점 많아졌다. 미 정부는 에스파냐에 쿠바의 독립을 요구했다. 그러나 요구는 거부되었고, 미 의회는 만장일치로 5000만 달러의 군비 지출을 승인했다. 1898년 4월, 미국은 에스파냐에 전쟁을 선포했다.

　메인호 사건은 구실에 불과했다. 메인호 사건이 있기 열흘 전, 이미 미국 정부는 중국 연안에 파견되어 있던 미 해군 함대에게 필리핀 해역으로 이동하라는 명령을 내려 놓은 상태였다. 필리핀은 에스파냐의 식민지였다.

　전쟁은 필리핀에서 먼저 시작되었다. 미국 함대는 전쟁을 선포한 후 며칠 만에 마닐라 만에서 에스파냐 함대를 격파했다. 또한 원주민들을 자기들 편으로 끌어들이기 위해 독립운동 지도자 아기날도®를 "땅도 재화도 풍부한 미국은 식민지가 필요 없다. 필리핀의 독립을 인정하지 않을 이유가 없다"는 말로 유혹했다. 아기날도의 지휘 아래 필리핀인들은 육상에서 에스파냐인들과 싸웠다. 전투는 너무나 싱겁게 끝났다. 한 명의 사상자도 없는 미국의 완전한 승리였다.

　이는 쿠바에서도 마찬가지였다. 먼저, 미 해군은 쿠바 연안의 교통을 막고 에스파냐 함대를 고립시켰다. 그 후 특공대가 침투해서 에스파냐군의 후방을 공격했다. 너무나 손쉽게, 일방적으로 미군이 승리를 거두었다. 1898년, 파리에서 에스파냐와 미국 사이에 다음과 같은 내용으로 강화 조약이 체결되었다.

● 이때 신문 판매 부수를 늘리기 위해 퓰리처의 《월드》와 허스트의 《모닝 저널》이 벌인 기사 경쟁에서 유래된 용어가 '황색 저널리즘'이다. 정확한 증거도 없이 선동적이고 비이성적인 기사를 써서 대중의 호기심을 유발하거나 불건전한 감성을 자극하는 범죄 또는 좋지 못한 소문을 과장하거나 지나치게 취재, 보도하는 신문의 경향을 말한다.

● **아기날도** | 필리핀의 독립운동 지도자로 에스파냐가 점령하던 시절부터 독립운동을 펼쳤다. 미군이 필리핀을 점령하자 대통령에 올라 미국에 맞서 독립운동을 지휘했다.

에스파냐-미국 전쟁 1898년, 미국은 에스파냐와 '소풍같은' 전쟁을 치른 후 에스파냐로부터 필리핀과 괌을 빼앗고, 쿠바를 보호국으로 만들었다. 이로써 미국은 제국주의의 면모를 갖추게 되었다.

'에스파냐는 쿠바의 독립을 받아들인다. 푸에르토리코와 괌은 미국에게 넘겨준다. 2000만 달러를 받고 필리핀도 미국에 넘긴다.'

세계 무대에서 쇠락해 가는 에스파냐 제국 대신 미국이 새로운 강국으로 등장하는 순간이었다. 필리핀인들과 쿠바인들은 이제 미국에 맞서 새로운 싸움을 시작해야 했다.

쿠바와 필리핀에서의 미국

미국은 에스파냐로부터 독립한 쿠바에서 주인 행세를 하려 들었다. 전쟁 후 3년에 걸쳐 미 군정을 실시하며 쿠바의 완전한 독립을 차일피일 늦추었다. 쿠바인들의 저항이 거세지자, 1901년 마지못해 쿠바의 독립을 인정했다. 하지만 미국과 쿠바 사이에 맺은 조약에는 쿠바의 완전한 독립을 인정하고 싶어 하지 않는 미국의 욕심이 그대로 드러나 있었다. '쿠바는 다른 나라와 조약을 체결할 수 없다', '미국은 자기 나라의 이익을 위해 쿠바 문제에 개입할 수 있고, 쿠바 영토에 해군 기지를 만들 수 있다'는 조항이 포함된 것이다.

　미국의 투자자들은 사탕수수 농장과 공장, 철도 등을 사들였다. 미국인이 운영하는 대규모 사탕수수 농장이 늘어 갈수록 경제적으로 더 심하게 미국의 지배를 받아야 했다. 미국으로 사탕수수를 수출하는 것이 쿠바의 주된 수입원이었기에 수출길이 막히면 쿠바 경제 전체가 파탄 날 정도였다. 사탕수수 농장을 소유한 사람은 미국인들과 소수의 대지주들이었고, 사탕수수 농장에서 일하던 대부분의 쿠바인들은 매우 가난했다. 미국은 쿠바인들이 반란을 일으킬 때마다 미 국민의 목숨과 재산을 보호한다는 명목으로 군대를 투입해 이를 진압했다.

　1952년, 바티스타가 쿠데타를 일으켜 미국의 보호 아래 국민의 의

● 현재 포로 수용 시설로 사용하는 쿠바 관타나모 만에 있는 미군 기지는 이때 맺은 조항에 따라 만들어진 것이다. 이 조항에는 이 기지를 미국이 '영원토록 사용'할 수 있다는 내용이 들어 있다.

필리핀 혁명 정부 1899년 혁명 정부를 수립한 아기날도(앞줄 가운데)와 대표자들이 말롤로스 바라소아 성당에서 포즈를 취했다.

사를 저버리고 독재 정치를 이어 갔다. 미국을 등에 업은 바티스타 정권은 1959년 쿠바 혁명에 의해 무너졌다.

에스파냐와 오랜 독립 투쟁을 벌여야 했던 필리핀 민중은 다시 독립을 위해 미국과 싸워야 했다. 저항은 끈질겼다. 미국 입장에서 볼 때 싱거울 정도였던 에스파냐와의 전쟁에 비해 필리핀 민중과의 싸움은 결코 쉽지 않았다. 수천 명의 미군이 포로로 잡히거나 죽었다. 필리핀 땅의 2/3가 아기날도가 이끄는 필리핀 민중의 수중에 떨어졌다. 미국은

● **바티스타의 쿠데타** | 바티스타는 이전에도 '중사들의 반란'(1933년)을 일으켜 마차도 정권을 몰아내고, 1940년 대통령에 당선되었다. 이후 물러났으나, 1952년 쿠데타로 다시 정권을 잡아 미국을 등에 업고 독재 정치를 폈다.

20만이 넘는 군대를 필리핀 땅에 보냈다. 정글에서 펼쳐진 게릴라전은 미군을 끈질기게 괴롭혔다. 3년이 넘는 세월 동안 5000명에 가까운 미군이 사망했다. 물론 필리핀인은 적어도 5만 명 이상이 사망하는 등 그 피해가 더 컸다. 더구나 미군이 취한 조치는 아주 잔인했다. 포로로 잡은 게릴라는 즉시 처형하고, 작전을 펴는 지역의 주민은 강제 수용소에 몰아넣었으며, 마을은 철저히 파괴했다. 1901년 아기날도가 체포되면서 필리핀 민중의 저항은 줄어들었지만, 미국은 필리핀 지역의 자치를 인정할 수밖에 없었다.

제2차 세계대전 중 일본군에 의해 점령되기도 했던 필리핀은 1946년 7월 4일, 드디어 그 오랜 외세의 지배를 벗고 독립을 얻었다.

결국 제1차 세계대전에 참전하다

참혹한 세계대전이 시작되다

1914년 6월 8일 발칸 반도의 도시 사라예보 거리, 구름 한 점 없이 맑은 하늘에 몇 발의 총성이 울려 퍼졌다. 오스트리아−헝가리 제국의 황태자 부처가 세르비아 청년이 쏜 총에 맞아 쓰러졌다.

7월 28일, 오스트리아−헝가리 제국 정부가 세르비아에 선전 포고를 했다. 7월 29일, 세르비아의 수도 베오그라드에 오스트리아−헝가리 제국군이 쏜 포탄이 쏟아졌다. 같은 슬라브족 국가인 러시아가 즉각 세르비아 편에 섰다.

당시 독일−오스트리아−이탈리아는 삼국동맹으로, 영국−프랑스−러시아는 삼국협상으로 편을 나누어 서로 날카롭고 팽팽한 긴장 상태를 이루어 온 터였다. 어느 한 나라에서 전쟁이 터지면 유럽 강대국 대부분이 자동으로 전쟁에 휘말릴 수밖에 없는 상황이었다.

전쟁이 시작된 계기는 몇 발의 총성이었지만, 이면에는 영토와 경제적인 영향력 확대를 둘러싼 제국주의 국가 간의 치열한 대립이 숨어 있었다. 영국과 프랑스는 일찌감치 산업혁명을 거쳐 세계 곳곳에 식민지를 건설하면서 세력을 뻗치고 있던 제국주의 국가였다. 독일은 늦게 출발했지만 급속한 경제 발전으로 이들 나라와 어깨를 겨룰 정도로 성장해 있었다. 또한 독일은 영토와 자원을 둘러싼 경쟁에서 밀리지 않기 위해 군비를 늘려 군대를 키우고 새로운 무기를 만들어 놓았다. 사실 프랑스와 독일은 이전부터 영토와 패권을 싸고 으르렁거려 온 사이였다. 러시아는 발칸 반도로 세력을 확대하고 싶어 했다.

이처럼 제국주의 국가 간의 엇갈린 이해관계로 말미암아 전쟁은 걷잡을 수 없이 확대되었다. 유럽 대부분의 나라는 물론, 곧 아시아의 나라들까지 두 편으로 나뉘어 싸웠다. 이때 독일 편에 선 국가들을 동맹국, 영국 편에 선 국가들을 연합국이라고 불렀다. 제1차 세계대전이 벌어진 것이다.

미국의 중립 선언

"우리 미국은 공평해야 합니다. 우리는 중립을 지킬 것입니다."

미국 대통령 윌슨은 유럽을 쑥대밭으로 만들고 있는 전쟁에 관여하지 않고 중립을 지킬 것임을 선언했다. 대부분의 미국인은 이를 적극 환영했다. 바다 건너서 들려오는 참혹한 전쟁 소식을 듣고 공포에 떨었으며, 평화로운 자신들의 일상에 감사했다.

사실 미국은 내부 요인 때문에도 처신하기가 쉽지 않았다. 수많은 이민자들로 구성된 다인종 국가였기에, 자칫 잘못했다기는 내부적인 분열과 싸움에 휘말릴 수도 있었기 때문이다. 독일계 미국인이나 영국으로부터 독립하기 위해 싸우고 있던 아일랜드계 이민자들은 동맹국 편에 서고자 할 것이며, 영국계와 프랑스계 미국인들은 당연히 연합국 측을 지지할 것이다.

그런데 전쟁이 일어난 후 영국과 프랑스에 대한 미국의 수출은 점차 늘어났다. 이에 비해 독일에 대한 수출액은 훨씬 줄어들었다. 중립을 선언한 것과는 달리 경제적으로 연합국 측과의 관계가 훨씬 긴밀해졌다. 미국은 연합국이 필요로 하는 전쟁 물자를 대는 창고 역할을 했다. 시간이 지나면서 미국의 여론도 점차 연합국 측으로 기울고 있었다. 같은 뿌리를 가진 영국에 훨씬 큰 유대감을 느끼고 있음은 물론, 독립 전쟁 때 미국을 도와주었던 프랑스에 대해서도 호의적이었다. 미국이 전쟁에 참가하는 데는 명분과 시간이 필요했을 뿐이다.

참전을 선언하다

전쟁은 점점 치열해졌다. 특히 독일과 영국은 바다를 놓고 치열한 공방전을 벌였다. 영국은 독일에 타격을 주기 위해 바다를 막아 독일로 드나드는 배를 통제했다. 가끔씩은 다른 나라로 향하는 중립국 선박마저 수색하고 화물을 몰수해 불만을 사기도 했다. 이 조치로 독일은 식량 등의 물자가 부족해서 큰 어려움에 빠졌다.

그러자 독일은 영국의 해상 봉쇄를 뚫고 연합국과 미국 사이에 전쟁 물자가 오가는 것을 막기 위해 잠수함 작전을 폈다. 영국 해안 주

윌슨 대통령 참전 연설 윌슨 대통령은 전쟁에서 중립을 지키겠다는 약속을 포기하고, 1917년 4월 2일 상하 양원 합동 회의에서 참전을 승인해 줄 것을 요청했다. 의회는 만장일치로 대통령의 요청을 승인했다.

변의 바다를 전쟁 지역으로 설정해 중립국의 선박도 이 지역을 지나가지 못하도록 하고, 중립국의 여행자도 연합국 측의 선박을 이용하지 말 것을 선언한 것이다.

1915년 5월 7일, 1200여 명의 승객과 탄약, 식량을 싣고 뉴욕을 떠나 영국으로 향하던 루시타니아호가 독일 잠수함의 공격을 받아 침몰했다. 사망자 중에는 미국인도 128명이나 있었다. 미국은 분노로 들끓었다. 하지만 미국의 참전은 미국도, 독일도 바라는 바가 아니었다.

그로부터 2년 후, 전쟁이 막바지에 접어들자 초조해진 독일은 무제한 잠수함 작전을 펴 전쟁의 물줄기를 자신들에게 유리하게 돌리고자 했다. 연합국과 중립국을 가리지 않고, 여객선이든 상선이든 전쟁 선포 지역을 지나는 모든 선박은 사전 경고 없이 공격할 것이라고 선언했다. 아예 연합국의 보급선을 끊어 버리겠다는 의도였다. 상황이 이쯤 되자 미국의 여론은 점차 참전해야 한다는 쪽으로 움직였다.

때마친 여기에 기름을 부은 사건이 일어났다. 독일이 멕시고에 보내는 비밀 전문이 영국 첩보 기관을 거쳐 미국에 전달된 것이다.

'멕시코가 독일과 동맹을 맺고 미국에 대항한다면, 독일은 예전에 미국에게 빼앗긴 영토를 되찾도록 멕시코를 돕겠다.'

이제 독일에 전쟁을 선포하라는 여론이 높아졌다. 또한 전쟁을 결심한 정부도 여론을 형성하기 위해 나섰다. 언론은 정부가 원하는 방향으로 전쟁에 대한 소식을 전하고, 독일의 야만성을 과장해서 알렸다. 전쟁을 반대하는 목소리는 억압될 수밖에 없었다.

당시 윌슨은 의회에서 이렇게 연설했다.

"정의는 값진 것이기에 우리는 마음속 깊은 곳에 소중히 간직해 온 것들을 위해 싸우려고 합니다. 민주주의를 위해, 그들 정부에 대해 발언권을 갖기 위해, 권위에 복종한 이들의 권리를 위해, 약소국들의 권리와 자유를 위해, 자유민들의 완벽한 협조로 모든 나라에 평화와 안위를 가져다주고 최소한 세계를 자유롭게는 해줄 그 같은 보편적 권리를 위해 싸울 것입니다."

미국의 참전은 제1차 세계대전의 승패를 갈랐다. 미국의 엄청난 물적·인적 자원이 보태짐으로써 전쟁은 연합국 측에 유리해지고 있었다.

전쟁, 그 후

전쟁이 막바지를 향해 치닫고 있을 즈음인 1918년 1월 8일, 미국 대통령 윌슨은 의회에서 이렇게 연설했다.

"모든 식민지의 문제는 식민지 주민의 이해에 바탕해서 자유롭고 편견 없이, 그리고 절대적으로 공평무사하게 해결되어야 한다."

그는 이 자리에서 제1차 세계대전의 전후 처리를 위한 14개 조항의 평화 원칙을 제시했다. 일제의 식민 통치를 받던 우리나라 종교 지도자와 지식인들에게도 알려져 3·1 운동의 계기가 되기도 했던 '민족 자결주의'도 그중 하나였다. 물론 패전국의 식민지에만 적용될 뿐, 승전국의 식민지와는 전혀 상관이 없었다.

전쟁의 패전국인 독일이 입은 피해는 막대했다. 특히 독일에 지워진 엄청난 액수의 배상금은 새로운 갈등의 불씨를 안고 있었다. 세계를 주름잡던 영국도 전쟁을 치르면서 서서히 쇠락의 길을 걷기 시작했다.

참전했던 미국 역시 수많은 사상자를 냈지만, 다른 한편으로 보면 제1차 세계대전은 미국에게 커다란 기회였다. 유럽 전 지역이 전쟁터로 쑥대밭이 되어 있는 동안 미국의 공장은 쉴 새 없이 돌아갔다. 그렇게 만든 군수 물자를 유럽에 팔아 엄청난 이익을 챙겼다.

미국은 전쟁을 거치면서 갚을 빚이 많은 채무국에서 빌려 준 돈이 훨씬 많은 채권국으로 바뀌었다. 이제 경제적으로도 군사적으로도 세계를 이끄는 최강국으로 떠올랐다.

전쟁은 다른 나라에도 큰 변화를 가져왔다. 전쟁 중에 일어난 러시아 혁명은 최초의 사회주의 국가를 탄생시켰다. 새로이 탄생한 소련은 제국주의에 반대하는 모든 식민지의 민족 해방 운동을 지원하겠다고 선언했다.

전쟁이 일어난 책임은 모든 나라에 있었지만, 전쟁에서 이긴 나라들은 그 모든 책임을 철저히 패전국에 돌렸다. 독일은 엄청난 배상금을 물어야 했고, 오스트리아―헝가리 제국은 산산조각이 났으며, 오스만 제국에 속해 있던 서남아시아 지역은 승전국들이 모두 나누어 가졌다. 또한 발칸 반도의 체코슬로바키아, 유고슬라비아, 폴란드는 새로이 독립 국가를 세웠다. 그러나 전승국이 점령하고 있던 식민지에서의 독립 요구는 철저히 무시되었다. 전승국을 중심으로 한 세계 질서 개편, 그 속에 제2차 세계대전의 싹이 자라고 있었다.

◉ 온몸을 다해 전쟁에 반대합니다

맹인이자 귀머거리였으나 설리번 선생님의 헌신적인 지도로 다시 태어난 위인전의 대표적인 주인공 헬렌 켈러. 그녀는 또한 사회 진보를 위해 노력했던 운동가였다. 전쟁에 반대하는 운동을 벌이다 감옥에 갇힌 한 정당 지도자에게 보낸 편지에는 미국의 제1차 세계대전 참전에 반대하는 그녀의 신념이 잘 드러나 있다.

내가 전쟁을 혐오한 것과 온 힘을 다해 전쟁에 반대했던 행위에 대해 대법원이 나를 기소한다고 하더라도 나는 결코 움츠리지 않고 당당하리라는 것을 당신이 아셨으면 하는 마음에서 이 편지를 씁니다. 옛날에 있었던 모든 사악한 전쟁에서 고통을 겪었던 수많은 이들을 생각하면 참을 수 없는 분노로 가슴이 떨려 옵니다. 나는 살아 있는 생명을 파괴하고 인간의 정신을 말살하는 그 모든 야만적인 힘에 맞서기 위해 나를 던지고 싶습니다.

최초의 여성 참정권 운동가, 수잔 B. 앤터니

엘리자베스와 수잔

1873년 6월 17일, 뉴욕 주에서 주목을 받을 만한 재판이 열렸다. 피고는 법을 어기고 투표했다는 죄로 법정에 선 한 여성이었다. 그녀는 당당하게 외쳤다.

"미국 시민이 투표한 게 죄입니까? 나에게 죄가 있다면, 그것은 투표를 한 것이 아니라 여성이기 때문입니다."

그녀의 이름은 수잔 B. 앤터니였다.

그녀는 1820년 2월 15일, 매사추세츠 퀘이커교도인 아버지와 침례교도인 어머니 사이에서 태어났다. 그의 부모는 흑인 노예 해방을 위한 운동에도 적극 참여했으며, 딸들을 독립적인 인간으로 키우고자 했던 열린 사람들이었다. 당시 여자들은 교육을 거의 받지 않았으나, 그녀의 아버지는 딸들을 가르치기 위해 직접 학교를 짓기도 했다.

1848년 어느 날, 수잔은 엘리자베스 캐이디 스탠턴과 루크레티아 모트가 주최한 '여성의 사회적, 시민적, 종교적인 자유와 권리에 대한 토론 모임'에서 나온 글을 보게 된다.

"남성과 여성은 모두 평등하게 태어났다. 남성과 똑같이 교육받고 직업을 선택할 수 있게 하라. 투표할 수 있게 하라."

수잔은 이처럼 시대를 앞서가는 주장들을 놀라움에 차서 읽어 내려갔다.

1851년, 수잔은 이후 평생 가장 가까운 친구이자 동지가 될 엘리자베스를 만났다. 수잔은 엘리자베스를 통해 여성 문제에 새롭게 눈을 떴다. 엘리자베스는 이렇게 말했다.

"지난번 세계 노예제 반대 대표자 회의에 미국 대표단의 한 사람으로 참여한 일이 있었어요. 하지만 그 회의에서 난 한마디도 할 수 없었어요. 여성이라는 이유로 조용히 듣기만

해야 했죠. 노예도 똑같은 인간이라고 주장하는 모임에서 여성을 그렇게 대우하다니……. 우리 여성들도 흑인들처럼 권리를 빼앗기고 있다구요."

1853년, 둘은 '결혼한 여성의 재산권을 보장하는 법' 제정 운동을 시작했다. 곳곳에서 강연회를 열었고, 법 개정 탄원서에 서명해서 뉴욕 주 의회에 제출했다. 주 의회 의원들을 상대로 끈질긴 설득 작업도 벌였다. 1860년 3월 20일, 7년 동안의 노력 끝에 드디어 뉴욕 주 의회에서 '결혼한 여성의 재산권법'이 제정되는 결실을 맺었다. 소중한 승리였지만, 그 과정에서 수잔은 새로운 사실을 절절히 깨달았다. 여성의 참정권이 필요하다는 사실이었다.

"우리 손으로 뽑은 의원이었다면 우리를 이렇게 무시하지 않았을 것입니다. 우리도 투표해야 합니다."

수잔은 노예 해방 운동에도 열심히 참여했고 1865년, 드디어 노예 제도가 폐지되었다. 이제 다시 참정권을 확보하기 위한 운동에 모든 힘을 기울여야 했다. 1866년, 마침내 흑인에게 참정권이 주어졌다. 하지만 여성은 여전히 제외된 상태였다. 두 사람은 다시 시작했다. '전국여성참정권협회'를 만들고, 여성의 참정권 획득을 위해 열심히 활동을 폈다. 대통령 선거가 코앞에 다가와 있었다.

어느 날, 수잔은 깊은 생각에 빠졌다.

'내가 투표를 하면 어떻게 될까? 분명히 열네 번째 수정 조항에는 모든 미국 시민은 법률에 의해 평등한 보호를 받아야 한다고 되어 있어. 그럼 참정권 역시 마찬가지로 보호되어야 한다는 것이지, 여성이 투표할 수 없다는 말은 어디에도 없잖아. 그러니까 내가 투표하는 것 자체는 막지 못할 거야.'

수잔은 투표자 등록을 받던 관리에게 꼬치꼬치 따져 결국 등록을 마쳤다. 이 사실은 신문에 대서특필되었

다. 이후 수잔은 투표를 했다는 이유로 재판을 받았다. 그러나 그녀의 꿈은 점점 가까워 오고 있었다. 여성 참정권을 주 헌법, 나아가 연방 헌법으로 보호하고자 하는 운동이 더욱 활기를 띠었다.

1890년 와이오밍 주가 연방에 정식 가입하면서 미연방 최초로 여성에게 참정권을 준 주[●]가 되었고, 여성의 참정권을 보호하는 주들이 점차 늘어났다. 1918년까지 15개의 주가 여성의 참정권을 보장했고, 결국 1920년에 이르러 연방 수정 헌법 제19조에서 여성의 참정권 보장을 명시했다. 이제야 미국 여성들도 남성들과 똑같이 참정권을 갖게 된 것이다.

수잔은 이 역사적인 순간을 보지 못한 채 1906년 로체스터의 집에서 세상을 떠났다. 하지만 사람들은 여성의 참정권을 담은 이 조항을 '수잔 B. 앤터니 조항'이라고 부르며 그녀의 뜨거운 노력과 치열한 삶을 기억하고 있다.

● 와이오밍 주는 이미 1869년에 최초로 여성에게 참정권을 주었으나, 이때는 정식 주가 아니라 준주였다.

7장

대공황과 전쟁

전쟁 후의 번영, 그러나 그것은 또 다른 위기가 찾아올 기미였다. 검은 목요일, 미국을 강타한 위기는 곧 전 세계로 퍼져 나갔다. 사상 유래가 없는 경제 위기, 대공황을 맞은 것이다. 시장이 모든 것을 결정하게 한다는 자유방임주의는 포기되었다. 대신 국가가 적극적으로 개입해서 일자리를 만들고, 사회적 약자를 보호하는 혼합 경제 체제가 새로운 경제 체제로 등장했다. 또 한편으로 경제 위기는 제2차 세계대전이라는 참혹한 전쟁으로 이어졌다.

1920년 여성의 참정권 보장

1929년 증권 시장 붕괴, 대공황 시작

1932년 프랭클린 루스벨트 대통령 당선

1933년 뉴딜 정책 시작

1941년 일본의 진주만 공격, 제2차 세계대전 참전

1944년 노르망디 상륙 작전

1945년 일본에 원자탄 투하, 일본의 항복과 전쟁 종결, 국제연합 창설

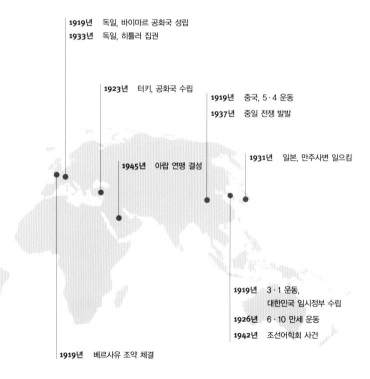

1919년 독일, 바이마르 공화국 성립

1933년 독일, 히틀러 집권

1923년 터키, 공화국 수립

1919년 중국, 5·4 운동

1937년 중일 전쟁 발발

1945년 아랍 연맹 결성

1931년 일본, 만주사변 일으킴

1919년 3·1 운동,
대한민국 임시정부 수립

1926년 6·10 만세 운동

1942년 조선어학회 사건

1919년 베르사유 조약 체결

1 | 1920년대,
번영과 위기의 징후가 보이다

자동차의 시대

일은 철저히 분업화되어 있다. 쉴 새 없이 돌아가는 컨베이어 벨트 한편에 서 노동자 찰리는 하루 종일 스패너로 나사못을 조이는 일만 한다. 정신없 이 밀려드는 일감 때문에 잠시도 쉴 틈이 없다. 화장실에 가는 일조차 교 대자가 있어야 가능하다. 돌아가는 벨트의 속도가 높아지면 노동자들은 더 바빠져야 한다. 늘 나사못 조이는 일만 했던 찰리는 이제 나사못처럼 생긴 것만 보면 무조건 스패너를 들이댄다. 동료 노동자의 코에도, 지나가 는 여인의 가슴 위 단추에도……

찰리 채플린의 영화 〈모던 타임스〉의 한 장면이다. 채플린은 인간이 마치 기계의 부속품처럼 되어 버린 산업 사회, 지나친 분업화로 인한 노동에서의 인간 소외, 대공황기의 도산, 실업, 노동자의 투쟁에 이르

모던 타임즈 1936년에 개봉한 영화로, 찰리 채플린이 감독, 각본, 주연을 맡았다. 이 영화는 당시 미국의 산업 혁명을 풍자하는 영화로, 인간을 도구로 여기는 자본주의의 비인간성을 풍자했다.

기까지 시대의 아픔과 슬픔을 이 영화에 고스란히 담아냈다.

컨베이어 벨트의 흐름에 따라 철저히 분업화된 작업 방식, 포드 자동차 회사에서 처음 개발한 이 작업 공정을 포디즘이라고 불렀다. 컨베이어 벨트가 멈추지 않는 한 노동자는 마치 기계의 부속품처럼 자신의 자리에 붙박이로 서서 한 치의 틀림도 없이 자신이 맡은 공정을 계속 반복해야 했다.

포드 시스템 덕에 자동차를 대량 생산할 수 있게 되었다. 단 2분 만에 자동차 한 대가 뚝딱 만들어졌다.• 자동차의 가격은 크게 내려 10여 년 만에 거의 1/3 수준으로 떨어졌다. 이제 자동차는 부자들만 살 수 있는 사치품이 아니었다. 포드 자동차는 날개 돋친 듯이 팔렸다. 세계 자동차의 반이 포드 자동차 회사에서 만들어졌다. 이제 이 회사

● 그 속도는 더 빨라져 1920년대 말에는 17초 만에 한 대가 만들어질 정도였다.

포드 자동차 생산 라인과 헨리 포드 포디즘 덕분에 자동차의 대량 생산 시대가 열렸다. 자동차왕으로 불리는 헨리 포드는 합리적인 경영 방식을 도입해 포드사를 미국 최대의 자동차 제조업체로 키워냈다.

의 노동자들도 자신이 만든 자동차를 가질 수 있게 되었다.

과학과 기술의 발전은 그 속도를 점점 더 빨리 했다. 통신, 농업, 교통, 의학, 가정생활, 군사, 산업 등 거의 모든 분야에서 눈부신 발명이 이어졌다. 그 성과로 사람들의 생활은 점점 풍요롭고 편리해졌다.

1920년대 미국 경제는 눈부신 번영의 시대였다. 10년 사이에 미국의 국민 총생산은 무려 40퍼센트의 증가율을 보였다. 또한 산업 생산은 거의 두 배로 증가했다.

1920년대 말 미국에서는 무려 3000만여 대의 자동차가 도로 곳곳을 누비고 다녔다. 따라서 곳곳에 고속도로가 만들어졌다. 자동차는 미국인의 생활을 완전히 바꾸어 놓았다. 사람들은 주말이면 자동차를 타고 교외로 여행을 떠났다. 아예 쾌적한 교외로 나가 살면서 자동차를 이용해 도시로 출퇴근하는 사람도 많아졌다.

이 같은 자동차 산업의 발전은 연관되는 다른 산업의 폭발적인 발전을 가져왔다. 자동차를 만드는 원료인 철강과 고무 산업, 자동차 연료로 필요한 석유 산업 등 그 파급 효과는 엄청났다. 교외에 집을 짓고 도로를 만들고, 도시에 화려한 고층 건물을 세우느라 건설업도 큰 호황을 누렸다. 전기는 공장에서 기계를 돌리는 동력으로 자리를 잡았다. 작업 공정이 훨씬 간편해져 수많은 물건이 공장에서 쏟아져 나왔고, 일자리는 더 많아졌다. 가정에도 전기가 보급되면서 수많은 전기 기구들이 만들어졌다. 전등은 물론 냉장고와 세탁기, 청소기가 가정에서도 사용되기 시작했다.

잃어버린 세대, 그 자유분방함

미국의 경제적인 성장과 번영에도 불구하고 전쟁을 겪은 젊은이들이 이 모두를 누리기에는 그 상처가 너무 컸다. 특히 전쟁터에서 돌아온 젊은이들의 고통은 더 클 수밖에 없었다. 전쟁은 이전의 가치와 도덕, 상식의 틀을 무너뜨렸다. 죽음이 너무나 가까이 있었고, 신앙은 아무런 힘이 되지 못했다. 물질적으로는 풍요로우나 눈앞의 이익에만 관심을 두는 속물주의적인 사회에서, 그들은 방황하고 절망했다. 소외감과 절망감을 이기지 못해 미국을 떠나 유럽으로 향한 젊은 작가들도 있었다. 그들의 발길이 머문 곳은 파리였으며, 이들을 '잃어버린 세대'•라고 불렀다. 그들은 유럽에서 배운 새로운 문체로 기존의 가치 체계와 도덕, 신앙, 미국 사회의 물신주의 등을 통렬하게 비판하는 작품을 썼다. T. S. 엘리엇은《황무지》, F. 스콧 피츠제럴드는《위대한

잃어버린 세대 사진 왼쪽부터 어니스트 헤밍웨이, 시드니 프랭클린(영화감독), 요리스 이벤스(영화감독), 존 더스패서스(작가)이다. 이들은 선배 세대에게는 능력 발휘의 기회를 빼앗겼다는 상실감과 동료 및 후배 세대와는 생존을 건 경쟁을 벌여야 한다는 중압감으로 전쟁 후유증에 비유할 만한 정신적인 공황을 겪었다.

개츠비》, 헤밍웨이는 《무기여 잘 있거라》 같은 작품을 남겼다. 그들의 작품에는 절망과 허무주의가 가득했지만, 절망과 허무는 또 다른 새로운 삶의 희망을 일깨우고 있었다. '해는 또다시 떠오른다'고.

1920년대는 광란의 시대로 불리기도 한다. 기존의 가치 체계와 도덕을 벗어난 자유분방한 젊은이들의 시대이기도 했다. 이런 허무주의 때문에 방황하던 젊은이들은 쾌락을 추구했다. 구세대의 사고방식이

● **잃어버린 세대**(lost generation) | 헤밍웨이가 유럽에 머물 때 자주 들렀던 살롱의 주인 스타인 여사가 헤밍웨이에게 "당신들은 모두 잃어버린 세대군요"라고 했던 말에서 유래한다. 후에 헤밍웨이가 자신의 책 《해는 또다시 떠오른다》의 서문에 인용함으로써 '잃어버린 세대'는 이들을 가리키는 말이 되었다.

나 생활 방식을 거부하고 솔직하고 자극적인, 짜릿한 것을 찾았다. 인생을 즐기는 것이 중요하다고 생각하며 파티를 열고 술을 마셨다. 종교적인 경건함, 예절과 도덕을 중요시하던 어른들은 젊은이들의 이 같은 행동을 아주 못마땅해 했다.

전통적이고 여성스러운 긴 머리 스타일 대신에 머리를 짧게 자르고, 무릎 아래를 드러낸 짧고 헐렁한 치마를 입은 자유분방한 젊은 여성들을 기성세대는 '플래퍼'라고 부르며 혀를 찼다. 그들은 여성 해방 운동의 상징으로 남성들처럼 머리를 짧게 자르고, 종 모양으로 생긴 모자 클로쉐를 썼다. 이전 세대의 코르셋으로 허리를 꽉 조여 가느다란 허리를 강조하는 옷도 외면했다. 이처럼 편안하고 자유로운 차림새가 마치 소년 같다고 해서 '보이시 스타일'이라고 불렀다. 당시 프랑스의 의상 디자이너 샤넬이 이러한 스타일을 잘 표현해서 패션계에 바람을 몰고 왔다. 짧아진 치마 덕분에 스타킹과 뾰족한 구두도 유행했다. 플래퍼의 또 다른 필수품은 담배였다. 따라서 이들의 환심을 사기 위해 남성들이 주는 가장 인기 있는 선물은 독특한 모양의 사치스러운 담배 케이스였다. 그들은 술집에 앉아 화려한 담배 케이스에서 담배를 꺼내 피우며 술을 마셨다. 이런 유행은 일본을 거쳐 우리나라에도 전해졌는데, 무용가 최승희가 우리나라의 대표적인 플래퍼로 꼽혔다.

플래퍼 당시 자유분방한 젊은 여성들이 입던 짧은 주름치마가 춤추며 회전할 때 넓게 퍼져 올라가 펄럭거리는 모습을 빗대어 붙인 이름이다.

대중문화가 보급되다

1920년대는 대중문화의 시대이기도 했다.

몸에 꽉 끼는 윗옷과 헐렁한 바지, 우스꽝스런 콧수염, 찌그러진 중절모를 쓴 채 지팡이를 든 떠돌이 찰리는 많은 사람들을 웃게 하고 울게 했다. 하지만 그의 희극에는 사람에 대한 따뜻한 연민도 담겨 있고, 날카로운 풍자와 비판도 숨어 있었다. 희극의 거장 채플린의 활약이 시작되던 시대 역시 1920년대였다.

에디슨에 의해 영사기가 발명된 이래 영화 산업은 발전에 발전을 거듭했다. 1911년 캘리포니아 남부 할리우드에 최초로 촬영장이 만들어진 이후 할리우드는 영화의 도시로 성장했고, 지금까지도 세계를 주름잡는 미국 영화의 산실이다. 많은 미국인이 극장을 찾아 여가를 즐겼다. 1920년 말경에는 영화 관람객 수가 전체 미국 인구에 근접할 만큼 영화는 모두가 즐기는 오락이 되었다. 영화 관계자들은 이러한 영화를 제작하는 데 큰 활약을 보인 이들을 격려하기 위해 아카데미상을 만들었다. 어떤 영화가 작품상을 받고, 각 부문의 상은 누가 받는가에 점점 더 많은 사람들의 관심이 쏠렸다.

당시에는 영화뿐만 아니라 풋볼, 야구, 권투도 큰 인기를 끌었고, 많은 관중이 경기장에 모여들었다. 프로야구장을 찾던 사람들에게 베이브 루스는 영웅이었다. 그는 메이저 리그에서 경기마다 통쾌한 홈런포를 날려 야구의 전설이 되었다.

가장 미국적인 음악이라고 일컬어지는 재즈가 퍼져 나가기 시작한 것도 이때였다. 재즈의 황제 루이 암스트롱과 희극의 거장 채플린, 홈

베이브 루스   찰리 채플린

런왕 베이브, 이들은 대중오락의 상징이자 대중의 영웅이었다.

뉴욕에 있는 브로드웨이는 연극과 뮤지컬의 중심지로 명성을 떨쳤다. 또한 대중매체도 크게 성장했다. 신문은 전국적인 보급망을 갖추고 퍼져 나갔으며, 라디오의 보급도 늘어나 1920년대 말에는 100만 가구 이상이 라디오를 가지고 있었다.

금주법과 마피아

여성의 지위가 높아지면서 여성들의 목소리도 커졌다. 주정뱅이 남편 때문에 고통받던 수많은 여성이 알코올의 제조, 운반, 판매를 금지하는 법을 만들자고 목청을 높였다. 여기에 금욕과 절제를 강조하던 예전의 청교도 정신으로 돌아가자는 보수주의자들의 주장도 더해졌다.

알 카포네와 금주법 시대 '금주법 시대'에 시카고를 주 무대로 활동했던 알 카포네는 술의 불법 제조와 판매를 통해 세력을 키워 밤의 대통령으로 불리기도 했다. 오른쪽은 금주법이 시행되면서 경찰의 감독하에 기존의 술을 버리는 모습이다.

먼저, 보수적인 경향을 가진 남부의 주에서 금주법이 제정되었다. 술의 제조, 수입, 판매가 금지된 것이다. 1920년 1월, 연방 의회가 같은 내용의 법을 통과시켰다.

그러나 술이 없어지기는커녕, 오히려 비밀리에 만들어지고 매매되었다. 그러자 술값은 치솟고, 경찰과 단속반의 눈을 피해 술을 만들고 판매하는 일에 갱단이라고 불리던 조직폭력배가 끼어들기 시작했다. 이후 밀조·밀매 조직을 둘러싼 세력 다툼으로, 걸핏하면 갱단끼리 죽고 죽이는 패싸움이 벌어져 총소리가 그치지 않았다.

이때 활동한 대표적인 갱단의 두목이 알 카포네였다. 그는 1920년대 시카고를 중심으로 활동했던 암흑가 폭력 조직 '마피아'의 두목이었다. 뺨에 흉터가 있어 '스카페이스'라는 별명으로 불리기도 하고, '밤의 대통령'으로 불리기도 하던 그는 수많은 폭력과 살인을 저질렀디. 그를 키운 것은 역설적이게도 금주법이었다. 그의 조직은 금주령 시절, 술의 불법 제조와 판매를 통해 확대되었다. 1927년에는 한 해 동안 그가 거둔 공식적인 수입만 1억 달러가 넘어, '세계 최고의 시민'으로 기네스북에 오르기까지 했다.

이렇게 되자 금주법은 '법은 지켜야 한다'는 준법 질서를 오히려 무너뜨리는 결과를 가져온다는 지적이 일기 시작했다. 결국 금주법은 연방 차원에서는 폐지되었고, 법을 지키느냐 폐지하느냐는 각 주에서 결정하기로 했다.

다가오는 위기

쏟아져 나오는 새로운 상품이 소비자들을 유혹했다. 광고가 등장해 소비를 부추기며 빚을 내서라도 사도록 소비자들을 들쑤셨다. 사람들은 '할부'를 통해 물건을 샀고, 버는 것보다 더 많은 돈을 쓰는 것을 대수롭지 않게 생각하게 되었다. 냉장고와 청소기, 라디오 등의 수요에 맞추어 대규모 공장이 건설되기도 했다. 아메리칸 스타일은 전 세계로 수출되어 유행을 이끌어 나갔다. 미국 상품은 세계로 팔려 나갔다.

1929년 3월, 후버 대통령은 취임식 연설에서 "이제 우리 사회에서 빈곤은 사라졌다. 미국은 번영의 길을 걷고 있다"고 선언했다. 그는 앞서 열린 대통령 선거에서 '집집마다 차고에 두 대의 자동차를, 냄비에는 날마다 한 마리의 닭을!'이라는 슬로건을 내걸고 당선되었다.

이때 미국 경제에 대해서는 장밋빛 전망이 넘쳤다. 너도나도 주식 투자에 열을 올려 "주식 투자는 전 국민의 스포츠"라는 말까지 있었다. 뉴욕 금융 시장의 본거지인 월가에서 주가는 하늘 높은 줄 모르고 치솟았다. 주식을 통해 많은 투자가들이 부자가 되었다. 평생 벌어 놓은 돈을 은행에서 빼내 몽땅 주식에 투자했으며, 빚을 얻어서라도 투자에 나섰다. 주식을 사는 데 필요한 돈의 10～20퍼센트만 갖고, 나머지는 대출을 받아서 투자할 수도 있었다. 은행이 투자가들에게 빌려 준 돈만 해도 엄청났다. 차츰 빚더미에 올라앉은 주식 부자가 늘어났다.

그런가 하면 도시를 중심으로 부동산 투기 열풍도 불었다. 주가도, 부동산도 실제 가치보다 부풀려서 평가되었다. 마치 터지기 직전의 풍선 같았다. 그러나 경제 전문가들과 정치가들은 "주식 가격은 아직도 싼 편이다"라고 소리를 높였다.

이 같은 상황이 계속되자 우려의 목소리도 간간이 흘러나왔다. 지나친 거품을 걱정한 연방 준비제도이사회가 이자율을 올려 대출을 억제하기도 했다. 팔리는 것보다 만들어지는 것이 지나치게 많은 과잉 생산의 위험성을 지적하는 이들도 늘어났다. 그러나 공장 설비의 자동화와 생산성의 향상으로 더 많은 상품이 쏟아져 나왔다. 당시 미국 국민의 수입은 쏟아져 나오는 상품을 모두 살 정도로 충분하지는 않았다. 팔리지 않는 재고 물품이 늘어나면서, 미국 경제에 서서히 먹구름이 드리우기 시작했다. 위기의 징후는 9월부터 나타나, 주가가 몇 번이나 떨어졌다 다시 올라가 겨우 현상 유지를 하고 있었다.

● 가장 미국적인 음악, 재즈

크고 두툼한 입술을 히쭉거리며 천진난만한 표정으로 미소를 띤 채 노래하는 루이 암스트롱. 그는 한 손에 트럼펫을 들고, 거칠면서도 강인하고 호소력 짙은 목소리로 'What a wonderful world!(얼마나 멋진 세상인가?)'를 멋지게 부른다.

재즈는 19세기 말에서 20세기 초에 뉴올리언스에서 시작되었다. 뉴올리언스는 미국 남부의 대표적인 도시로, 다양한 문화와 온갖 양식의 음악이 공존하는 곳이었다. 그곳에서 아프리카 출신 흑인들의 노동요와 종교 음악, 서인도의 리듬, 유럽인들의 음악 등 다양한 성격의 음악이 섞이고 영향을 주고받으면서 재즈라는 새로운 양식의 음악에 녹아들었다.

재즈 음악가들은 대부분 체계적인 음악 교육을 받지 못했으며, 많은

연주하는 루이 암스트롱 "미국 대중음악의 시작이자 끝"이라는 찬사를 받고 있는 루이 암스트롱. 그에 의해 재즈는 활짝 꽃피우기 시작했다.

사람이 악보도 볼 줄 몰랐다. 덕분에 그들은 특정 형식에 얽매이지 않고 즉흥적으로 연주를 했다. 또한 재즈 음악은 한 작곡가의 곡이라도 연주자에 따라 다르고, 같은 연주자의 곡도 연주할 때마다 다르다.

재즈를 가장 미국적인 음악이라고 하지만, 1920년대 중반까지만 해도 재즈는 미국에서조차 전혀 예술로 인정받지 못했다. 재즈는 귀로 듣는 음악이 아닌 '몸으로 듣는 음악', 박자에 맞추어 남녀가 어울려서 몸을 흔들기 좋은 '천박한 음악'이었다.

이후 제2차 세계대전 때 해외로 나갔던 미군 병사들에 의해 유럽으로 퍼져 나갔으나, 재즈가 흑인들의 음악에서 유래되고, 문화적 전통이 깊지 않은 미국에서 비롯되었다는 사실이 어엿한 예술의 한 장르, 음악의 한 장르로 자리 잡는 데 방해가 되기도 했다.

이런 재즈가 널리 알려진 데는 루이 암스트롱의 공이 절대적이었다. 재즈는 이제 흑인들의 음악을 넘어, 미국의 음악을 넘어 세계의 음악으로 자리 잡았다. 세계인들이 재즈를 즐기고 있다.

2 | 대공황으로 전 세계가 혼란에 빠지다

검은 목요일

1929년 10월 24일 '검은 목요일', 주가가 곤두박질쳤다. 팔겠다는 주문은 쏟아졌지만 사겠다는 주문은 사라졌다. 그날 하루 1400만 달러가 공중으로 날아갔다. 요즘의 주식 시장 규모와는 비교할 수도 없지만, 당시의 시장 규모로는 금융 사상 최악의 대폭락이었다.

금융가들이 모여 긴급회의를 열었다. 2000만 달러를 긴급 지원해서 주식 폭락을 막기로 했다. 이 일을 두고 대통령과 정부는 단기간의 조정에 불과할 뿐 위기 상황은 다시 찾아오지 않을 것이라고 큰소리쳤다.

잠시 주춤하던 주가는 그 다음 주인 29일, 다시 '검은 화요일'을 맞았다. 주가가 폭락하자 투매, 곧 '막 팔기'로, 손해를 무릅쓰고 주식들을 싼값에 팔아 버렸던 것이다. 한 달 안에 주가는 37퍼센트가 하락했고, 손실 총액은 300억 달러에 달했다.

미국 대공황 공포의 시작, '검은 목요일' 1929년 10월 24일, 주가 폭락으로 하루 동안 1400만 달러가 공중으로 날아가면서 위기가 다가오고 있었다. 사진은 미국 대공황의 공포가 시작된 검은 목요일을 소재로 다룬 신문기사(왼쪽)와 하루아침에 일자리를 잃었으나 양복까지 말끔하게 차려입은 노동자들이 끼니를 해결하기 위해 식량배급소 앞에 길게 줄을 선 모습(오른쪽)이다.

대출을 받아 주식을 산 투자가들은 휴지 조각이 되어 버린 주식을 쥐고 멍하니 정신을 놓았다. 그들에게 대출을 해준 은행들은 대출금을 거두어들일 수가 없었다. 은행 앞에는 맡겨 둔 예금을 찾으려는 사람들이 장사진을 치고 있었다. 하지만 은행에는 지불할 돈이 없었다. 1년 사이에 1300여 개, 3년 동안에 5000개의 은행이 문을 닫았다. 은행이 무너지자 힘들여 은행에 저축했던 돈은 공중으로 날아가 버렸다. 이에 기업과 공장들도 줄줄이 무너졌다. 일자리를 잃은 실업자들이 넘쳐 났고, 이들은 수입이 없어 물건을 살 수도 없었다. 자연히 물건 값은 더 폭락했고, 팔리지 않는 물건들이 창고에 가득했다. 문을 닫는 공장은 더욱 늘어나, 미국 경제는 가히 마비 상태가 되었다. 대공황의 시작이었다. 미국의 국민 총생산은 불과 몇 년 만에 반으로 줄어들었다.

1932년 말, 미국 전체 노동자의 25퍼센트가 일자리를 잃었다. 거리에는 정부가 무료로 나누어 주는 빵 한 조각으로 허기를 달래려는 사람들의 줄이 길게 이어졌다. 도심 공원에는 집세를 낼 수 없어 한뎃잠을 자는 사람들 천지였다. 고통의 악순환이었다. 부동산 시장도 폭탄을 맞았다.

미국발 공황은 곧 미국을 넘어 세계로 퍼져 나갔다. 1930년 여름 즈음, 세계 대부분의 산업 국가가 역사상 최악의 불경기 속으로 빠져들고 있었다.

루스벨트의 당선

"모든 개인은 자신의 이익을 위해 최선의 노력을 다합니다. 정부나 다른 어떤 기관의 간섭과 의도도 필요 없습니다. 경제는 시장에서의 보이지 않는 손에 의해 조절될 것이며, 사회는 조화를 이룰 것입니다. 국가는 질서와 안보 유지 외에는 더 이상 다른 역할이 필요 없습니다. 오히려 개인이 소망하는 목표를 추구하는 데 있어 일체의 규제와 간섭을 피하는 것이 국가의 사명입니다."

유럽과 미국에서는 오랫동안 경제 정책에서 국가는 전혀 간섭할 필요 없이 시장에 맡겨야 한다는 자유방임주의가 대세를 이루었다. 대공황의 혼란 속에서도 공화당 후버 정권은 여전히 국가가 적극적으로 끼어드는 것을 꺼렸다. 연방 정부가 어려운 사람들을 직접 도와주고 보호해야 한다는 목소리가 높아져도 꼼짝하지 않았다. 국가가 적극적으로 나서서 실업 수당 같은 것을 지급해 가며 구제하면 사람들은 더 나태해지고 나약해진다고 생각했다. 더구나 정부는 이 불황이 한 차

선거 유세 중인 루스벨트 1932년 대선 당시 루스벨트가 웨스트버지니아의 한 광부와 악수를 나누고 있다. 대공황 이후 어려움을 겪고 있던 서민층이 그를 전폭적으로 지지하면서 당선되었다.

례씩 있었던 경기 순환의 일부로, 여느 때처럼 곧 회복되리라고 끊임없이 낙관론을 폈다.

그러나 상황은 조금도 나아지지 않고 점점 나빠져만 갔다. 이제 '국가가 어떤 노력을 하지 않아도 시장이 사회를 조화롭게 이끌 것'이라는 믿음은 철저히 무너졌다. '보이지 않는 손'은 위기 상황에서 아무런 역할도 할 수 없다는 사실을 인정할 수밖에 없었다.

이와 같은 대공황의 소용돌이 속에서 치러진 1932년 대통령 선거에서 민주당의 프랭클린 루스벨트 후보가 큰 승리를 거두었다. 공화당 후버 정권에 대한 심판이자 변화를 바라는 간절한 마음이 반영된 결과였다.

"우리 위대한 나라는 지금까지 그래 왔듯이 당면한 상황을 참아낼 것이고, 다시 일어날 것이며, 번영할 것입니다. 우리가 두려워해야 할 것은 두려움 그 자체일 뿐입니다."

루스벨트는 대통령 취임식에서 뛰어난 연설로 사람들을 감동시켰다. 이제 공황을 극복하기 위해 그가 내세웠던 새로운 처방, 즉 '뉴딜'을 실행해야 할 차례였다. 뉴딜, 그것은 경제 위기를 극복하기 위해 국가가 경제 활동에 적극적으로 관여하는 것을 의미했다. 시장의 보이지 않는 손에 의해서가 아니라, 국가의 보이는 손이 경기를 조정해야 한다는 새로운 관점이었다.

루스벨트가 내세운 뉴딜의 가장 첫 번째 사업은 사람들이 일을 할 수 있도록 국가가 나서서 일자리를 주는 것이었다. 사람들이 일자리를 얻으면 수입이 생기고, 물건을 구매할 능력이 생겨 물건을 사면 그 상품을 만드는 공장과 회사가 다시 가동되어 노동자들의 일자리가 많아지며, 이에 따라 구매력이 더욱 높아짐으로써 점차 경제 상황이 나아지기 때문이다.

또 한 가지 대표적인 뉴딜 정책은 테네시 강 유역 개발 공사였다. 7개의 남부 주가 포함되는 테네시 강 유역에 가난한 사람들이 많이 살았는데, 이들의 생활을 개선하기 위해 추진된 사업이었다. 이곳에서 가끔씩 발생하는 홍수로 강 주변에 사는 농민들의 피해가 막심하자, 정부가 테네시 강에 거대한 댐을 건설하기로 한 것이다. 이를 통해 홍수가 나는 것을 막고, 수력을 이용한 발전소를 세워 각 가정에 전기를 공급해 주었으며, 많은 일자리를 만들어 냈다.

뉴딜 정책은 그 경제적인 효과 못지않게, 절망과 좌절에 빠져 있던

사업 추진청 포스터 수많은 실직자들에게는 장기적인 사회보장뿐 아니라 즉각적인 사회보장이 필요했다. 이에 1935년 일자리를 잃은 농민과 산업 노동자에게 일을 제공하는 것을 주 임무로 하는 사업 추진청(Works Progress Asdministration)을 설립했다.

미국 사회에 희망을 불러일으켰다는 점에서 그 의미가 컸다.

사회보장제도

캘리포니아의 의사였던 프랜시스 타운센드는 어느 날 남루한 옷차림을 한 할머니 세 명이 먹을 것을 찾아 쓰레기통을 뒤지는 것을 보게 되었다. 충격을 받은 타운센드는 고민 끝에 '타운센드 플랜'을 짜서 제출했다. 이는 60세 이상의 모든 퇴직한 노인에게 연방 정부가 매달 200달러씩을 지급해 주자는 주장을 담은 것이었다.

그때 이미 유럽에는 어려운 처지에 놓인 사람이라도 최소한의 인간다운 생활은 할 수 있도록 국가가 보장하는 사회보험제도가 마련되어 있었다. 하지만 미국 사회는 자신의 생계는 스스로가 책임져야 한다는 분위기가 워낙 강했기에, 이 같은 타운센드 플랜이 큰 주목을 받지는 못했다. 많은 노력에도 불구하고 타운센드 플랜이 채택되지는 않았지만, 이를 계기로 다양한 방법의 사회보장제도에 대한 논의가 활발하게 이루어졌다.

그 뒤 1935년, 루스벨트 대통령이 사회보장법에 서명함으로써 결국 그의 노력은 결실을 맺었다. 사회보장제도를 갖춘 복지 국가 건설을 목표로 제2차 뉴딜이 닻을 올린 것이다.

한편, 노동자들과 고용주들은 매달 일정액의 기금을 정부에 내야 했다. 대신에 노동자가 직장을 잃으면 새로운 직장을 구할 때까지 정부 기금에서 돈을 지급받을 수 있었다. 또 병이 들거나 나이가 들어 더 이상 일을 할 수 없게 되었을 때는 남은 생애 동안 역시 정부 기금에서 정기적으로 돈을 지급해 주었다. 이제 미국인들은 완전하지는 않지만, 그리고 모든 직종에 종사하는 노동자들에게 다 적용된 것은 아니지만 실업과 장애, 노후에 대한 걱정을 어느 정도는 덜 수 있게 되었다. 물론 오히려 더 많은 돈을 내야 했던 부자들의 불만도 적지는 않았다.

뉴딜, 혼합 경제 체제 건설

"지금 이른바 '뉴딜' 정책으로 인해 나랏빚이 산더미처럼 늘어나고 있습니다. 국가가 파산할 지경이에요."

"이 정부는 노동계의 목소리에만 귀를 기울이고 있어요. 정부가 공정하지 못하고 이렇게 한쪽으로 치우치면, 노동계는 점점 지나친 요구들을 내놓을 겁니다."

"뉴딜은 우리 사회를 완전히 사회주의 사회로 뒤바꾸려는 정책이에요. 이건 미국 헌법에도 위배됩니다."

이와 같이 뉴딜을 비판하고 반대하는 목소리도 적지 않았다.

그러나 1936년 대통령 선거에서 압도적인 표 차이로 루스벨트가 재당선되면서 힘을 잃고 말았다. 연방 의회 상원, 하원 모두 루스벨트의 민주당이 압도적인 다수를 차지함으로써 루스벨트는 더욱 강한 추진력을 갖고 정책을 펼 수 있게 되었다.

뉴딜이 대공황의 위기를 해결해 낸 것은 아니었다. 루스벨트의 시도는 부분적인 성공을 거두었을 뿐이다. 하지만 뉴딜은 국가의 역할에 대한 새로운 모델을 제시했다. 특히 경제적인 면에서 국가가 간섭을 최소화하는 방임주의가 최선이라는 이전의 인식을 뒤바꾸었다. 오히려 국가가 관리해서 경제적인 위기를 극복하고, 가난한 사람들을 위한 경제 정책을 마련하는 데 직접적으로 나선 것이었다. 소득 분배의 공평성, 저소득층과 사회적 약자를 보호하기 위한 사회보장제도, 주당 노동 시간과 최저임금제 규정 마련, 노동 관계법 제정 등 경제적인 정의를 실현하기 위한 국가의 역할이 더욱 강조되기 시작했다. 이미 19세기 말부터 혁신주의자들이 소리 높여 외치던 것들이었다. 하지만 대공황이라는 위기 상황을 맞아 이와 같은 국가의 역할 변화가 보다 급격하게, 더 광범위하게 이루어질 수 있었다. 뉴딜은 자본주의에 사회주의적인 요소를 결합한 혼합 경제 체제라는 새로운 형태의 경제 체제를 등장시켰다. 이제 정부의 힘은 국민의 삶과 생활 구석구석에까지 영향을 미치게 되었다.

뉴딜은 미국의 정치 지형에도 큰 영향을 끼쳤다. 미국 정치에서 민주당은 오랫동안 소수이자 분열되고 약한 세력이었다. 그러나 뉴딜로 그 후 몇십 년 동안이나 민주당이 정치적으로 공화당보다 우위를 차지하게 되었다. 특히나 흑인들은 1932년만 하더라도 대부분 공화당을 지지했으나, 1936년 선거에서는 대다수가 오히려 민주당에 표를 던졌다. 지금도 대부분의 흑인이나 미국 내 소수 민족, 노동자 조직 등 사회적 약자들이 민주당의 주요 지지 기반이다.

3 | 제2차 세계대전이 일어나다

유럽에 드리운 전쟁의 먹구름

미국발 공황은 전 세계의 대공황으로 확대되었다. 제1차 세계대전의 패전국인 독일의 고통은 더욱 컸다. '600만 명 실업자 시대'라는 위기 상황에서 히틀러의 나치당이 권력을 잡았다. 그는 군사력을 강화하는 한편, 주변에 있는 폴란드, 체코슬로바키아, 오스트리아 등의 독일인이 살고 있는 땅을 내놓으라고 으름장을 놓았다. 무솔리니가 집권하고 있던 이탈리아도 히틀러의 독일과 동맹을 맺고 에티오피아를 침공했다. 유럽에 다시 전쟁의 먹구름이 몰려들고 있었다.

아시아에서도 상황은 마찬가지였다. 일본은 군국주의가 강화되면서 영토를 확장하는 데 더욱 열을 올렸다. 우리나라를 식민지로 삼은 일본은 1937년 드디어 거대 중국에까지 침략의 손길을 뻗쳤다.

대공황에서 탈출하기 위해 모든 힘을 기울이고 있던 미국은 이번에는 결코 다른 나라끼리의 전쟁에 휘말리지 말자는 분위기가 지배적이었다. 괜히 끼어들었다가 골치 아픈 일에 말려들지 않도록 다른 나라와 동맹을 맺거나 상호 간섭하지 않는다는 '고립주의' 원칙이 미국이 내세우는 대외 정책의 기본 노선이었다. 물론 라틴아메리카 등지에서 미국의 이익을 위해서라면 이 원칙은 기꺼이 포기되었다. 고립주의는 제1차 세계대전 후 미국 대통령 윌슨의 주장에 따라 만들어졌던 국제 연맹에 가입하는 것마저도 가로막을 정도로 미국 국민의 지지를 받았다.

미국 국민 상당수가 미국이 제1차 세계대전에 참전한 것은 실수였다고 생각했다. 미국의 참전이 거대 군수 업체들의 입김 때문이라는 주장도 설득력을 얻고 있었다. 연방 의회는 미국이 전쟁에 휘말리는 것을 막기 위해 '중립법'을 통과시켰다. 전쟁을 벌이고 있는 나라들에 전쟁 물자 판매하는 것을 금지하고, 미국의 선박으로 전쟁 물자를 수송하지 않으며, 미국인이 전쟁 중인 나라의 배를 타고 여행하는 것을 금지한다는 내용이 담겨 있었다.

독일의 침공

1939년 9월 1일, 독일이 폴란드를 기습 침공했다. 이틀 뒤, 영국과 프랑스가 독일에 선전 포고를 했다. 수많은 사람이 그토록 두려워하던 제2차 세계대전이 터진 것이다.

독일군은 거침없는 기세로 유럽 각지를 점령했다. 노르웨이, 덴마크, 네덜란드, 벨기에를 거쳐 프랑스로 진격했다. 1940년 봄, 독일군은 드디어 파리를 점령했다. 유럽의 절반이 독일군의 수중에 떨어졌

무기대여법 미국은 무기대여법의 제정을 통해 뛰어난 성능의 탱크나 전투기, 함선을 빌려주고 무료로 제공하는 등 연합국을 적극 지원하였다.

다. 이제 나치 독일에 맞서 버티고 있는 나라는 영국뿐이었다.

미국은 전쟁에 끼어들지 않고 중립을 지키겠다는 태도를 보이긴 했지만, 전쟁이 일어나기 전부터 이미 전쟁에 대비하고 있었다. 엄청난 예산을 들여 새로운 함선을 만들고 공군을 창설했다.

독일은 공군기를 동원해서 영국에 엄청난 양의 폭탄을 퍼부어 댔다. 런던을 비롯한 영국의 중심 도시들이 폭격으로 쑥대밭이 되었고, 수많은 사람이 희생되었으며, 전투력의 손실 또한 엄청났다. 어찌될지 모르는 위급한 상황에 놓이자 영국 수상 처칠은 루스벨트에게 편지를 보냈다.

"우리에게 도구를 주십시오. 그러면 우린 일할 것입니다."

루스벨트는 기자 회견을 열어 사람들을 설득했다.

"침대 속에서 이불을 뒤집어쓰고 틀어박혀 있다고 해도 우리는 위험에서도, 공포에서도 벗어날 수 없습니다. 이웃집에 불이 났습니다. 이웃집 주인이 우리 집 정원에 있는 호스를 가져다 자기 집 수도에 연결해서 불을 끄겠다고 한다면 어찌해야 합니까? 이웃집 주인에게 내가 15달러나 되는 돈을 주고 샀으니 15달러를 내고 가져가라고 해야 합니까? 나는 그렇게 하지 않겠습니다. 그냥 불을 끄게 한 뒤에 호스를 돌려받을 것입니다."

전쟁에 휘말리는 것은 원치 않았지만 영국이 당하는 것도, 연합국이 패배하는 것도 그대로 두고 볼 수만은 없었다. 루스벨트는 '무기대여법안'을 의회에 제출했다. 전쟁이 끝난 뒤에 되돌려 주겠다는 약속만 하면 탱크나 전투기, 함선을 빌려 줄 수 있다는 내용이었다. 의회는 거의 만장일치로 법안을 통과시켰다. 이제 루스벨트는 '자기 나라의 방위에 필요하다고 생각'되면 어느 나라라도 지원할 수 있는 권한을 갖게 되었다.

미국의 중립 포기

1941년 6월, 나치군은 소련을 침공했다. 독일군의 기세로 보아 소련의 항복은 시간 문제였다. 그러나 소련의 저항은 끈질겼다. 미국은 소련에도 무기를 대여해 줄 수 있도록 의회를 설득했다. 이제 영국과 소련 두 전선에서 미국의 지원이 절대적이라, 미 해군은 바빠졌다. 독일은 지원 물자를 싣고 유럽으로 향하는 미국 선박을 공격하기 시작했다. 이를 계기로 루스벨트도 미 해군에 독일 잠수함이 발견되면 즉시

대서양 헌장 발표 1941년 8월 14일, 북대서양에서 열린 5일간의 선상회의 끝에 미국 대통령 루스벨트와 영국의 총리 처칠이 공동 선언을 발표했다. 미국이 공식적으로 중립을 포기한 선언이었다.

발포하라는 명령을 내렸다.

1941년 8월 14일, 영국 수상 처칠과 미국 대통령 루스벨트는 대서양 뉴펀들랜드 앞바다의 선상(영국 군함 프린스 오브 웨일스호)에서 회담을 갖고 공동 선언을 발표했다. 흔히 '대서양 헌장'이라고 불리는 성명으로, 미국의 공식적인 중립 포기 선언이었다.

"좀 더 나은 세계의 미래를 위해 확고한 공동 원칙을 발표하는 것이 필요하다고 생각되어 다음과 같이 선언한다. …… 나치의 폭정이 완전히 멸망한 뒤에는 모든 국가가 자기 국경 안에서 안전하게 살 수 있는 수단을 제공해 주고, 전 세계인에게 두려움과 가난으로부터 벗어나 자유 속에서 일생을 살 수 있도록 평화가 확립되기를 바란다. 또한 모든 평화를 사랑하는 국민들을 위해 힘겨운 군비 부담을 덜어 줄 실천 가능한 모든 조치를 지원하고 권장할 것이다……."

루스벨트는 미국이 '민주주의의 무기고'가 되어야 한다고 주장했다. 하지만 미국이 전쟁에 참가하는 것에 대해서는 여전히 반대하는 목소리가 훨씬 컸다. 유대인들이 끔찍한 가스실에서 죽어 가도, 독일군이 유럽 전 지역을 쑥대밭으로 만들고 있어도, 대부분의 미국인에게 전쟁은 너무 먼 바깥 세계의 일이었다. 미국의 참전은 예고도 없이 갑자기 이루어졌다.

일본의 진주만 공습

일본은 1937년부터 중국을 차지하기 위해 전쟁을 벌였다. 미국은 중국에 재정 지원을 하는 한편, 일본이 전쟁을 하는 데 꼭 필요한 석유나 고철 등의 수출을 금지해 일본을 압박했다. 일본은 중국 정부에 대한 미국의 지원을 중지하라고 요구했고, 미국은 일본에게 중국에 대한 침략을 중지하라고 맞받아쳤다. 미국과 일본은 점점 사이가 나빠졌다.

1941년, 일본은 프랑스가 장악하고 있던 베트남의 수도를 차지하고, 석유가 풍부한 동인도 제도를 넘보았다. 이에 미국은 미국에 있는 모든 일본 자산을 사용하거나 이동시키지 못하도록 했다. 또한 일본이 중국에서 물러날 것을 요구했다. 그러자 일본은 사절단을 보내 미국과 협상을 진행했다. 하지만 뒤로는 미국과 전쟁을 치를 준비를 하고 있었다.

1941년 12월 7일, 일본의 폭격기들이 하와이의 진주만에 있는 미해군 기지를 기습 폭격하기 시작했다. 모두가 휴일의 느긋함을 누리는 평화로운 일요일 새벽이었다. 미국 태평양 함대는 불과 두 시간 만에 결정적인 타격을 입었다. 전함 8척을 포함해 순항함, 군함 등의 선박 20여 척과 188대의 비행기가 순식간에 파괴되었다. 2000명이 넘는 병사가 죽었고, 1000여 명이 다쳤다.

다음날, 미국 대통령 루스벨트는 의회에서 분노에 찬 연설을 했다.

"1941년 12월 7일, 수치스런 날로 기억될 그날에 우리 미국은 뜻밖에, 그러나 계획적인 일본 제국의 기습을 받았습니다. …… 어제의 공격으로 우리 해군과 육군은 심각한 손실을 입었고, 수많은 미국인이 생명을 잃었습니다. …… 어제 일본은 말레이시아, 홍콩, 괌, 필리핀 제도, 웨이크 섬, 미드웨이 섬을 공격했습니다. 태평양 전 지역에 기

진주만 공습 평화로운 일요일 새벽의 기습, 이로써 미국도 제2차 세계대전, 그 전쟁의 불길 한가운데로 뛰어들었다.

습을 가했습니다. …… 나는 육군과 해군의 총사령관으로서 우리를 방어하기 위해 모든 조치를 취할 것을 지시했습니다. …… 우리 미국 인들은 정당하게 싸워서 절대적인 승리를 얻을 것입니다."

이에 상원은 만장일치로, 하원도 388 대 1로 일본에 대한 선전 포고 를 승인했다.

그러자 12월 11일, 일본과 동맹을 맺고 있던 독일과 이탈리아도 미국에 선전 포고를 했다. 이제 미국도 전쟁의 불길 한가운데로 뛰어든 것이다. 그들은 외쳤다.

"진주만을 기억하라!"

4 | 가장 참혹했던 전쟁이 끝나다

미국의 참전

18세에서 45세까지의 모든 남성에게 징집 명령이 내려졌다. 자동차와 기계 공장은 전차나 배, 전투기 생산 공장으로 탈바꿈했다. 멈추었던 다른 공장들도 전쟁에 필요한 물품을 생산하느라 쉴 새 없이 돌아갔다. 유럽의 공장들은 거의 파괴되거나 나치가 차지했기 때문에 대부분의 전시 물품은 미국에서 만들어야 했다. 특히 미국의 자동화된 생산 라인 덕분에 아주 빠른 속도로 이들 물건을 만들어 낼 수 있었다.

순식간에 실업이 사라지면서 모든 물자와 인력이 총동원되었다. 일자리는 전쟁터에 나간 남성들을 대신해서 여성들이 채웠다. 전쟁 중에 정부의 지출은 거의 10배가 늘어났다. 또한 국민 총생산도 몇 년 사이에 거의 두 배가 늘어났다. 덕분에 미국은 공황을 완전히 벗어났다. 제2차 세계대전, 역사상 가장 참혹했던 전쟁이 미국을 공황으로부

여성들의 전쟁 참여를 독려하는 포스터 제2차 세계대전 중 많은 여성이 군대에 들어가 군인이 되거나 전쟁터에 나간 남성들을 대신해 가정에서 벗어나 공장에 나와 일을 했다.

터 탈출시킨 가장 큰 공로자였다.

1941년 6월 22일, 히틀러는 불가침 조약[*]을 깨고 갑자기 소련을 침공했다. 위낙 공산주의를 싫어했던데다가, 전쟁을 계속하기 위해서는 흑해의 석유와 우크라이나의 밀 같은 소련의 풍부한 자원이 필요했기 때문이다. 히틀러는 엄청난 군사력을 동원해서 소련으로 밀고 들어갔다. 그는 짧은 시일 안에 모스크바를 점령하겠다며 자신만만해 했다. 그러나 모스크바 점령을 코앞에 둔 상황에서 찾아온 지독한 추위와 스탈린 정권의 완강한 저항에 부딪쳐 목적을 이루기는커녕 큰 피해를 입었다. 독일군은 후퇴할 수밖에 없었고, 기세는 완전히 꺾였다.

연일, 미국과 영국 전투기들이 독일의 대도시에 맹렬한 폭격을 퍼부었다. 도시는 순식간에 폐허로 변했고, 수많은 사람이 죽거나 다쳤다. 이들 대부분은 군인이 아닌 일반인이었다. 독일은 아프리카에서도 연합군에 밀리기 시작했다. 연합군의 유럽 탈환이 시작되었다. 1943년 연합군이 이탈리아 시칠리아 섬에 상륙하자 무솔리니가 권력의 자리에서 쫓겨났다. 이제 히틀러는 강력한 동맹을 잃어버렸다.

노르망디 상륙 작전과 독일의 항복

연합군은 전투에 전파 탐지기(레이더)와 수중 음파 탐지기 등을 이용해 독일군의 공습과 잠수함 공격을 효과적으로 막아 내기 시작했다. 또 독

● **독소 불가침 조약** | 히틀러는 공산주의자들을 유대인만큼이나 증오했다. 하지만 동서 양쪽에서 전쟁을 벌여야 하는 것에 부담을 느껴 전쟁 초기인 1938년 8월 소련의 스탈린과 서로 침략하지 않겠다는 약속을 하고, 프랑스·영국과의 서쪽 전선에 집중했다.

일의 암호를 분석해서 정보를 알아내는 데 중요한 역할을 했던 컴퓨터 기술을 발전시킴으로써 정보 수집에서도 월등한 우위를 보였다.

1944년 여름 무렵, 소련은 드디어 독일군을 소련 영토에서 완전히 몰아냈다. 그러고는 달아나는 독일군을 쫓아 유럽 쪽으로 추격을 계속했다.

그해 6월 6일이 공격 개시일, 결전의 날이었다. 이날 새벽, 수많은 함선과 항공기, 특수 장갑차로 구성된 15만 명이 넘는 연합군 부대가 프랑스 노르망디 해변으로 몰려들었다. 연합군의 작전은 치밀했다.

노르망디 상륙 작전 1944년 6월 6일, 프랑스 노르망디 해변에서 이루어진 미국과 영국 지상군의 대규모 상륙 작전. 이 작전의 성공으로 연합군은 확실하게 반격의 기회를 잡았다.

사전에 이미 독일군 측에 거짓 정보를 흘려 놓은 상태였다. 그 거짓 정보에 속은 독일군은 주력 부대를 엉뚱한 지역에 배치한 채 연합군의 상륙을 기다렸다. 그러나 연합군의 상륙은 그들의 예상과는 달리 수백 킬로미터나 떨어진 곳에서 이루어졌다. 비행기와 함께 해안에 도착한 전함이 나치의 해안 방어 진지에 폭격을 퍼부었다. 그 틈을 타 수천 척의 함선에서 내린 군사들이 해안으로 상륙했다. 앞으로 있을 독일군과의 치열한 전투에서 쓰일 막대한 양의 군수품도 해안을 통해 도착했다. 작전은 대성공이었다. 오마하 해변에서 벌인 치열한 전투와 값비싼 희생을 제외하고는 큰 어려움 없이 노르망디 해안을 장악할 수 있었다. 이 노르망디 해안으로 더 많은 연합군이 상륙했다.

드디어 그해 8월, 연합군은 프랑스와 벨기에를 도로 찾았다. 미군과 영국군은 서쪽에서, 소련은 동쪽에서 히틀러의 독일군을 몰아붙였다. 그러자 독일 부대의 대열은 빠른 속도로 무너졌다. 동서쪽의 연합군은 독일 엘베 강 근처에서 만났다. 전 세계를 전쟁터로 만들었던 히틀러는 이처럼 연합군이 독일 본토까지 진격해 오자 지하 벙커에서 스스로 목숨을 끊었다. 1945년 5월 8일, 독일은 연합군에게 무조건 항복했다.

태평양 전쟁

일본의 진주만 기습 공격으로 미국 태평양 함대가 입은 손실은 엄청 났다. 기동 훈련을 떠나 진주만에 없었던 항공모함이 피해를 입지 않은 것이 그나마 다행이었다. 일본군은 더 이상 거칠 것이 없었다. 순식간에 싱가포르, 인도네시아, 미얀마를 점령했고, 이듬해에 필리핀까지 함락했다. 일본군의 침략은 뉴기니와 솔로몬 제도에까지 이어졌다. 그들은 이 전쟁이 '서양 제국주의의 침략에 맞서 동아시아 민족을 해방시키려는 전쟁'이며, '동아시아 각 민족의 생존과 번영', 즉 '대동아공영권' 건설을 목표로 하고 있다고 선전했다.

미국의 반격은 1942년 4월부터 일본의 심장부 도쿄를 직접 공습하는 것으로 시작되었다. 그리고 그해 6월, 태평양 전쟁에서 결정적인 전투가 벌어졌다. 미국이 점령하고 있던 미드웨이 군도를 일본이 공격한 것이다. 거대한 항공모함에서 이륙한 비행기가 상대편의 배를 공격했다. 해상 전투는 치열했다. 이날 전투에서 일본은 항공모함 4척이 침몰당하는 결정타를 입었다. 일본은 바다에서도 하늘에서도 크게 뒤진 상태에서 전쟁을 치를 수밖에 없었다.

미군은 일본군이 차지하고 있던 태평양의 섬들을 하나하나 점령하기 시작했다. 일본군의 주력 부대가 모여 있는 섬은 직접 공격하지 않고, 가까운 해상을 장악해서 고립시키는 전술을 썼다. 전투는 치열했다. 1945년 1월, 필리핀 루손 섬이 드디어 미군의 수중에 들어왔다.

미군은 일본의 외곽을 점령하면서 서서히 봉쇄망을 좁혀 갔다. 그 결과 1945년 4월, 드디어 일본 오키나와 섬을 점령했다. 미군은 결국 전투에서는 승리했지만, 큰 희생을 치러야 했다. 일본군은 마지막 순간까지 저항을 포기하지 않았다. 독일은 이미 항복했고 미군의 외곽 봉쇄로 일본의 물자는 완전히 바닥난 상태였음에도 일본은 항복을 거부했다. 전쟁 막바지에 일본군은 가미카제라는 자살 특공대를 조직해 폭탄을 가득 실은 전투기를 몰고 미 군함으로 돌진하는 전술을 펴기도 했다. 이제 일본 본토를 공격하는 일만 남아 있었다.

미국의 무기는 파괴력에서 발전을 거듭했다. 특히 4개의 엔진을 달아 더 많은 폭탄을 싣고 더 높이 더 멀리 비행할 수 있고, 목표 지점을 정확히 알 수 있도록 전자 장치까지 단 폭격기는 격추당할 위험이 훨씬 적은 상태에서 임무를 완성할 수 있는 강력한 무기였다.

이에 비해 일본은 전쟁 무기가 별로 남아 있지 않은 상태였다. 배도, 비행기도 거의 다 파괴되었다. 더구나 미군이 도쿄에 엄청난 폭격을 가해 도시 전체가 불바다가 되었다. 일본의 패배가 눈앞으로 다가오고 있었고, 저항 의지는 눈에 띄게 약해졌다. 일본 안에서도 전쟁을 끝낼 길을 찾는 사람들이 생겨났다. 그런데 이들의 노력이 결실을 맺기도 전에 엄청난 재앙이 찾아오고 말았다.

원자폭탄과 일본의 항복

"오 하느님, 방금 저희들이 무슨 일을 저질렀습니까?"

히로시마에 핵폭탄을 떨어뜨린 뒤 폭격기 부조종사는 이렇게 절규했다.

1945년 8월 6일, 미국 B-29 폭격기가 일본의 산업 중심 도시 히로시마에 원자탄을 떨어뜨렸다. 길이가 3미터인 단 하나의 폭탄이었다. 폭탄은 공중에서 폭발했다. 거대한 불덩이가 솟구쳤고, 거대한 버섯구름이 피어올랐다. 히로시마 시 중심부 주변 12킬로미터가 초토화되었다. 8만여 명의 민간인이 그 자리에서 사망했고, 멀리서 빛나는 섬광을 바라본 사람들은 눈이 멀었다.

그 후에도 화상과 방사능 피해를 입은 희생자들이 수없이 생겨났

원자폭탄 투하 후 히로시마 상공의 버섯구름 단 하나의 폭탄이 떨어지고 버섯구름이 가라앉은 뒤에 드러난 히로시마는 참혹함 그 자체였다. 도시는 초토화되었다. 8만여 명의 민간인이 그 자리에서 사망했고, 멀리서 빛나는 섬광을 본 이들은 눈이 머는 등 화상과 방사능 피해는 헤아릴 수 없이 컸다. 후유증은 그 자녀들에게도 이어지고 있다.

다. 후유증은 그 자녀들에게도 이어져, 원자폭탄의 참혹함은 오늘날까지 계속되고 있다.

제2차 세계대전이 시작될 무렵, 과학자들은 우라늄 연쇄 반응을 이용하면 핵분열 때 엄청난 위력을 지닌 무기를 만들 수 있다는 사실을 알게 되었다. 그것은 원자탄, 즉 핵폭탄이었다. 미국은 독일보다 먼저 이 폭탄을 만들고 싶어 했다. '맨해튼 프로젝트'라는 이름이 붙여진 이 사업에 몇 년 동안 엄청난 예산을 쏟아부었다. 수년 동안 수많은 과학자들이 연구를 거듭한 끝에 가공할 만한 무기, 원자탄이 만들어졌다. 그런데 독일은 이 무기가 만들어지기도 전에 항복해 버렸다.

미국 대통령 트루먼은 일본에 원자폭탄을 떨어뜨리라고 명령했다. 히로시마에 첫 원자탄이 떨어진 지 사흘 뒤인 8월 9일, 또 한 발의 원자탄이 나가사키에 투하되었다. 엄청난 살상과 파괴가 이어졌다. 8월 14일, 일본 정부는 마침내 항복을 발표했다. 태평양 전쟁이 끝났다. 아울러 전 세계에서 무려 4000만 명이 목숨을 잃은 인류 역사상 가장 참혹했던 전쟁, 제2차 세계대전이 막을 내렸다.

◉ 인류의 재앙, 핵무기

제2차 세계대전 중 독일이 원자탄을 만드는 데 따르는 위험성을 경고하는 편지 한 통을 받은 미국 대통령 루스벨트는 즉각 원자탄 개발을 위한 '맨해튼 프로젝트' 추진을 결정했다. 수많은 과학자가 동원되었다. 특히 히틀러의 탄압을 피해 유럽에서 망명 온 과학자들이 대거 참여했다.

1945년 7월 16일, 뉴멕시코 주의 한 사막에서 핵폭발 실험이 이루어 졌다. 핵 실험이 있기 전부터 많은 과학자와 일부 군 지도자, 심지어 핵무기를 만드는 데 참여했던 과학자들까지 핵무기 제조와 사용에 대해 깊은 우려를 나타냈다. 핵무기가 죄 없는 수많은 어린이, 여성, 민간인을 가리지 않고 희생시키는, 그 대가가 너무나 큰 가공할 파 괴력을 지녔기 때문이다.

그러나 핵폭탄은 결국 사용되었다. 그리고 미국의 핵폭탄 사용이 정 당한가에 대한 논란은 지금까지도 이어지고 있다. 일본인은 죽을 때 까지 싸우도록 훈련을 받았기에 일본 본토를 향해 들어갈 때 미군의 희생을 줄이기 위해서는 어쩔 수 없는 선택이었다는 시각도 있다. 하지만 비판적인 이들은 미국이 몇 주만 더 기다렸다면, 또는 미국 이 일본의 천황제 유지를 인정했다면 그처럼 큰 희생을 치르지 않고 일본의 항복을 받아 낼 수도 있었으리라고 주장한다. 더구나 나가사 키에 떨어뜨린 두 번째 원자탄 사용에 대해서는 더욱 비판적이다. 일본의 항복은 기정사실인 상황이었다는 것이다.

어쨌거나 미국은 인류 역사상 핵무기를 실제로 사용한 유일한 나라 이며, 일본은 핵무기 피해를 입은 유일한 나라다. 아직도 지구상에 는 인류를 멸망시키고도 남을 만큼 엄청난 핵무기가 있으며, 인류는 핵무기의 공포에서 벗어나지 못하고 있다.

모터 시티
디트로이트의 쇠퇴

　미시간 주에 있는 공업 도시 디트로이트, 한때 미국의 5대 도시였던 자동차의 도시다. 그러나 그 도심에는 버려진 빌딩들이 즐비하다. 창문은 모조리 깨져 있고, 주위 공터에는 함부로 버려진 쓰레기와 잡초만 무성한 건물들 투성이다. 이중에는 한때 명성을 자랑하던 건물들도 꽤 있다.

　제너럴 모터스(GM)의 본사가 이곳에 있고, 도시권 안 북쪽으로 한 시간 정도 걸리는 거리에 크라이슬러 본사가, 서쪽으로 30분 거리에는 포드 본사가 자리 잡고 있다. 그러나 도

1942년 번화한 디트로이트의 모습

폐허가 된 미시간 중앙역 미시간 중앙역은 1988년 1월 5일에 떠난 열차를 마지막으로 방치되었다. 첫 열차가 도착한 1913년 12월 26일부터 75년 동안 열차가 오갔지만 지금은 철거 위기에 놓여있다. 두 개의 기둥들로 형성한 정면의 거대한 아치는 그리스의 코린트 양식을 본 딴 것이다. 폐허가 되기 전까지 디트로이트의 건축미를 자랑하는 건물로 손꼽혔다.

심의 폐건물들 속에서 그 흔적을 찾기는 쉽지 않다.

도심을 둘러싸고 있는 주택가 역시 버려지고 부서져 텅 빈 폐허 같다. 1950년대에는 한때 185만 명에 달했던 디트로이트의 인구는 이제 80만 명이며, 그중 80퍼센트 이상이 흑인이다. 실업률도 미국의 도시 중 최고 수준이다. 무엇이 디트로이트를 이렇게 만들었을까?

자동차왕 포드가 세운 하일랜드파크의 공장은 디트로이트에 둘러싸여 있었다. 또 컨베이어 시스템을 도입해 모델 T 자동차를 대량 생산한 곳도 디트로이트 교외에 있는 디어본 공장이었다. '포디즘'으로 훨씬 더 빨리, 훨씬 더 많은 자동차를 생산할 수 있게 된 덕분에 자동차 값은 크게 내렸고, 포드 공장의 노동자들도 할부로 자신들이 만든 자동차를 장만할 수 있었다. 자동차 산업은 미국 공업 발전의 견인차 구실을 했다. 자동차 산업의 발달은 타이어를 만드는 고무, 창을 만드는 유리, 정유 회사, 그리고 도로 건설 등 다른 산업이 발달하는 데도 큰 영향을 미쳤다. 미국은 세계 제1의 공업국으로 우뚝 섰다.

한편, 디트로이트 도심의 쇠퇴는 자동차 보급이 늘어나면서 이미 시작되었다. 자동차가 늘어나고 도로가 발달하면서 돈 많은 백인들은 도심을 벗어나 쾌적한 교외에 살 집을 마련했다. 도심은 자동차도, 교외에 값비싼 집도 살 능력이 없는 가난한 흑인들 차지였다. 자동차 공장들도 점차 교외로 빠져나갔다.

게다가 포드와 크라이슬러, GM의 자동차 회사들이 생산 공장을 해외에 건설하면서부터 디트로이트의 쇠퇴는 가속화되었다. 자동차 회사들은 더 많은 이익을 얻기 위해 제반 비용이 낮은 외국에 수십 개의 공장을 세워 자동차를 만들었다. 당연히 미국 내의 생산 라인은 줄여 갔다. 따라서 디토로이트 도시권의 자동차 공장들도 생산 라인을 줄이거나 아예 없애 버렸다. 이와 함께 자동차 공장의 일자리 또한 점점 줄어들었으나 자동차 3사의 매출은 오히려 늘어났다.

하지만 금융 위기 이후 미국의 자동차 회사는 파산 위기에 몰려 있다. 21세기 초에 미국에서 시작된 경제 위기는 단순히 금융 시스템의 위기에서 비롯된 일시적인 것이 아니라 미국 제조업의 위기에서 비롯된 근본적인 것임을 지적하는 목소리가 높다. 미국의 천문학적인 무역 적자는 미국 제조업의 공동화에 따른 결과다. 미국의 제조업체가 원가를 낮추기 위해 해외로 이전한 공장에서 생산된 물건들이 도리어 미국으로 수출된다. 미국의 제조업은 점점 쇠퇴해 가고, 미국 내 일자리는 줄어들고 있다. 미국의 경제 위기가 일시적인 것이 아니라 탈출하기 쉽지 않은 길고 긴 터널로 보이는 이유다. 디트로이트는 이러한 미국 경제의 현주소를 생생히 보여 준다.

8장

세계 최강국 미국의 시대

제2차 세계대전 후 세계는 미국과 소련을 두 축으로 하는 냉전 체제로 다시 편성되었다. 이념이 지배하는 시대였다. 미국은 베트남에서 치욕을 당하지만, 반전 평화 운동과 흑인 민권 운동의 물결 속에서 보다 전진하고 있었다. 데탕트의 시대를 거치고, 드디어 소련과 동구권이 몰락하면서 미국은 라이벌이 없는 명실공히 세계 최강국이 되었다. 그러나 미국 앞에 놓인 과제 또한 만만치 않다. 이 과제를 어떻게 해결할 것인가? 과연 미국은 어떤 선택을 할 것인가?

1947년　트루먼 독트린

1950년　한국 전쟁 참전, 매카시 의회 연설

1955년　몽고메리 버스 승차 거부 운동

1963년　워싱턴 행진, 케네디 대통령 암살

1965년　베트남 파병

1969년　닐 암스트롱 달 착륙, 최대 규모의 반전 시위

1972년　닉슨, 중국 방문

1973년　베트남에서 철수, OPEC의 미국에 대한 석유 수출 금지 조치

1976년　카터 대통령 당선

1980년　레이건 대통령 당선

1991년　걸프 전쟁

2001년　9·11 테러, '테러와의 전쟁' 선포

2003년　이라크 침공

2008년　금융 위기 시작, 오바마 대통령 당선

2016년　트럼프 대통령 당선

1979년　소련, 아프가니스탄 침공

1992년　소련 해체

1967년　제3차 중동 전쟁

1949년　나토(NATO) 창설

1949년　중화인민공화국 수립

1989년　중국, 톈안먼 사건

1956년　일본, UN 가입

1960년　일본, 미·일 안보 조약 성립

1989년　베를린 장벽 붕괴, 냉전 종식

1990년　독일 통일

1959년　쿠바 혁명

1957년　가나 독립, 제1차 아프리카 국가 회의

1972년　7·4 남북 공동성명,
　　　　10월 유신

1980년　5·18 광주민주화운동

1987년　6·10 민주항쟁

1 냉전 시대, 양극으로 치닫다

사회주의의 확산과 트루먼 독트린

미국이 아직 태평양에서 일본과 전쟁을 벌이고 있을 즈음, 히틀러가 사라진 유럽에서는 소련의 영향력이 날이 갈수록 커지고 있었다. 1945년 제2차 세계대전이 끝날 무렵을 전후해서, 소련의 적극적인 지원과 간섭 아래 동유럽 각 나라에 잇따라 사회주의 정권이 들어섰다.

한편, 1947년 3월에는 그리스에서 공산당이 반란을 일으켜 친서방 정부가 무너질 위험에 처했다. 또한 터키도 소련의 위협을 받고 있었다. 소련이 이스탄불 주위의 바다에 대한 군사적 권리를 요구했기 때문이다.

미국은 이처럼 소련의 영향력이 커지는 것을 그냥 보고 있지만은 않았다. 미국 대통령 트루먼은 '트루먼 독트린'이라는 중대한 선언을 발표했다.

"나는 미국이 소수의 무장된 (공산) 세력이나 외부의 압력에 굴복하지 않으려고 투쟁하는 자유민들의 노력을 지원하는 정책을 펴야 한다고 믿습니다. 자유민들이 그들 자신의 방법으로 자신의 운명을 결정할 수 있도록 도와주어야 한다고 믿습니다."

트루먼 독트린은 한마디로 공산주의에 대항하는 모든 나라를 적극 지원하겠다는 것이었다. 미국은 터키에 막대한 물자 지원과 함께 군대를 파견했고, 터키는 친서방 진영에 가담했다. 그리스도 미국의 막대한 지원을 받아 공산주의 세력을 몰아낼 수 있었다. 그러나 미국의 지원을 받아 그리스에 들어선 정부는 민주주의 국가와는 거리가 먼 억압적인 군사 정부였다.

트루먼 독트린은 이후 30여 년간 미국 외교 정책의 기본 방향이 되었다. 미국은 소련과 공산주의에 반대하기만 하면 국민의 지지를 받지 못하는 억압적인 독재 정권도 지원하는 일이 적지 않았다. 이런 미국의 행위는 미국이 자기 나라의 이익을 위해 다른 나라 국민을 희생시킨다는 이유로 큰 반발을 사기도 했다.

마셜 플랜과 나토

전쟁은 유럽을 폐허로 만들었다. 경제적으로 어려운 상황은 사회 변혁을 주장하는 사회주의가 자라기에 좋은 토양이었다. 미국은 유럽에서 급속하게 자라고 있는 사회주의 세력을 약화시키고 친미 정권을 강화하기 위해 시급히 유럽을 경제적으로 다시 일으켜 세울 필요가 있다고 느꼈다. 또한 미국의 상품을 지속적으로 팔기 위해서라도 유

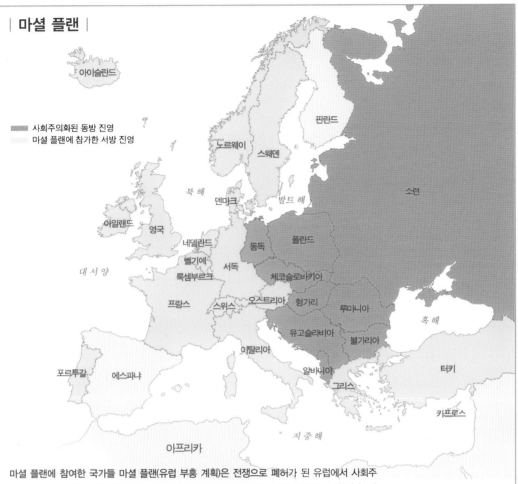

| 마셜 플랜 |

■■■ 사회주의화된 동방 진영
　　　마셜 플랜에 참가한 서방 진영

아이슬란드

노르웨이　스웨덴

핀란드

북해　덴마크　발트해

소련

아일랜드　영국

네델란드　동독　폴란드

벨기에　서독

대서양　룩셈부르크　체코슬로바키아

프랑스　스위스　오스트리아　헝가리　루마니아

흑해

유고슬라비아　불가리아

이탈리아　알바니아　터키

포르투갈　에스파냐　그리스

키프로스

아프리카　지중해

마셜 플랜에 참여한 국가들 마셜 플랜(유럽 부흥 계획)은 전쟁으로 폐허가 된 유럽에서 사회주의가 팽창하는 것을 막기 위해 서유럽 16개 국가에 대규모 경제 지원을 한다는 계획이다. 이에 따라 1948년부터 1951년까지 120억 달러가 투입되었다. 불과 4년이지만, 서유럽의 생산은 크게 증가했고 유럽에서 사회주의 세력은 급격히 감소했다.

1948년 4월 3일, 마셜플랜 서명을 마친 트루먼 대통령
(사진의 맨 왼쪽)

럽 시장이 빨리 안정되어야만 했다.

마침내 1947년 6월, 당시 미 국무장관이던 조지 마셜이 유럽의 경제 부흥 계획, '마셜 플랜'을 발표했다. 프로그램에 참여하는 모든 국가에게 미국이 경제적 지원을 하겠다는 계획이었다. 그러나 미국의 입김이 강해질 것을 우려한 유럽과 동유럽 사회주의 국가들은 참여를 거부했다. 미국은 북서부 유럽에 막대한 원조를 제공해 주었다. 불과 몇 년만에 유럽의 산업 생산은 크게 증가했고, 서유럽에서의 사회주의 세력은 급격히 감소했다.

미국은 소련과 사회주의 세력의 위협에 공동 대처하기 위해 서유럽 동맹국과 북대서양 조약기구(NATO)라고 하는 군사 동맹도 맺었다. 조약에 가입한 회원국에 군사적 공격을 하는 것은 회원국 전체에 대한 도전으로 여기겠다는 내용이다. 나토에 포함된 상비군도 두었다.

소련도 이에 질세라 동유럽 동맹국들과 바르샤바 조약기구를 결성했다. 이 기구는 나토에 대항하는 것을 목적으로 삼았다.

이제 유럽은 자본주의 세계와 사회주의 세계로 나누어졌고, 세계는 미국과 소련, 두 나라를 중심으로 빠르게 다시 편성되었다.

군비 경쟁과 냉전

1949년 가을, 소련이 마침내 원자폭탄 실험에 성공했다. 아시아의 거대 제국 중국에서는 마오쩌둥을 중심으로 한 중국 공산당이 장제스가 이끄는 국민당 정부를 몰아내고 사회주의 국가인 중화인민공화국을 세웠다. 당시 미국 지도자들이 느낀 위기감은 매우 컸다.

미국과 동맹국들의 군사력 증강은 소련과 그 위성국들의 힘보다 더 우월해질 때까지 계속되어야 한다.…… 이 계획의 성공은 냉전이 사유세계의 생존이 걸린 실질적인 전쟁이라는 사실을 정부와 국민, 그리고 모든 자유민이 인식하는 데 달려 있다.

위의 글은 이와 같은 분위기에서 미국 정부에 의해 1950년에 작성된 '국가안보회의 문서' 중 일부분이다. 이 문서는 이후 20여 년간 미국의 안보 지침서 역할을 했다. 미·소를 중심으로 양극화된 국제 사회에서 소련과 사회주의의 팽창을 막을 수 있는 방법은 강력한 군사력밖에 없고, 따라서 대대적으로 방위비를 늘려야 하며, 더 강력한 무기를 개발해야 한다는 것이었다.

미국과 소련의 대립은 더욱 치열해졌다. 이러한 대립을, 직접 서로를 향해 총을 쏘지는 않았지만 전쟁이나 다름없다는 뜻으로 '냉전'이라고 한다.

1950년, 냉전이 격렬해지면서 마침내 한국에서 실제 전쟁으로 발전했다. 미국이 남한을 도와 소련과 중국, 사회주의 북한 정권과 전쟁을 치르는 동안 미국 내에서 방위비를 늘리고 강력한 무기를 개발하자는 주장은 더욱 설득력을 얻었다. 또 군의 목소리도, 무기와 군수품을 만드는 기업의 영향력도 점점 커졌다. 이어서 원자폭탄보다 더 강력한 수소폭탄이 개발되었다. 그로부터 1년도 채 지나지 않아 소련도 뒤를 이어 수소폭탄을 개발하는 데 성공했다. 수소폭탄의 위력은 히로시마에 떨어뜨린 원자폭탄이 지닌 위력의 1000배에 달했다. 핵무기 개발 경쟁은 인류를 멸망시킬 수도 있다는 경고의 목소리도 점점 높아져 갔다.

1952년 대통령 선거에서 공화당은 '20년 동안이나 정권을 잡고 있던 민주당이 공산주의에 대해 지나치게 소극적인 정책을 펴서 상황을 더 나쁘게 만들었다'고 공격했다. 선거 결과, 공화당의 아이젠하워가 압도적인 표 차이로 대통령에 당선되었다. 공산주의의 확산과 냉전, 그리고 한국 전쟁은 많은 미국 유권자들이 공화당에 표를 던지게 했다.

매카시즘의 광풍이 일다

공산주의가 확산되고 냉전이 격렬해지면서 미국 국민의 공산주의에 대한 공포감과 적대감은 극에 달했다. 많은 정치가들이 공산주의를 맹렬하게 공격함으로써 인기를 얻었다. 조지프 매카시 상원의원도 그중 한 사람이었다. 1950년 2월, 매카시는 한 여성 단체 모임에서 종이 한 장을 머리 위로 흔들면서 말했다.

"지금 내 손에는 국무부에서 비밀리에 활동하고 있는 공산주의자 205명의 명단이 있습니다."

그의 폭탄 발언에 미국 전체가 벌집을 쑤신 듯했다. 미국의 대외 정책을 담당하는 국무부를 공산주의자들이 주무르고 있다니! 매카시는 자신의 주장을 뒷받침할 만한 어떤 구체적인 증거도 제시하지 않았다. 숫자도 때마다 오락가락했다. 합리성과 이성이 살아 있었다면 사람들은 당연히 매카시에게 그 증거를 요구했을 것이다. 그러나 공포와 놀라움이 이성을 마비시켰다. '합리적이고 엄격한 증거에 따른 사실 인정'이라는 민주 법률의 기본 원칙마저 간단히 무시되었다.

상원에서 진상조사위원회를 구성해 직접 조사에 나섰다. 그러나 별

메카시 풍자 만화 유명한 풍자화가 허벌트 블록이 1954년 5월 7일자 《워싱턴 포스트》에 실은 만화이다. 메카시즘, 그것은 현대판 마녀사냥이었다. 어떤 증거도 없이 단지 의심받고 있다는 이유만으로 공산주의자로 몰렸고, 직장에서 쫓겨나야 했다.

다른 증거를 발견할 수가 없었다. 마침 한국 전쟁이 터지자 매카시는 날개를 달았다. 심지어 미국 국방장관이 미국을 무너뜨리려는 음모를 꾸민 공산주의자 우두머리였다고 주장했다. 그의 이런 방식을 '매카시즘'이라고 부른다. 그런데 매카시즘은 매카시 한 사람의 작품은 아니었다. 냉전 논리를 이용해 정치적으로 출세하려는 보수적인 정치인, 이 기회에 한몫 잡아 보려는 군수업자, 사람들을 부추겨 명성을 얻고 판매 부수를 늘리고 싶어 했던 언론의 합작품이었다.

매카시의 주장은 여러 날 계속해서 신문의 머리기사를 장식했다. 무려 1만 명이 아무 증거도, 해명할 기회도 없이 의심받고 있다는 이유로 직장에서 쫓겨났다. 매카시가 이끄는 반미활동조사위원회의 증언대에 선 사람들은 자신의 정치적 성향을 밝히고, 자신이 공산주의자로 몰리지 않기 위해 다른 사람을 공산주의자로 지목해야 했다.

매카시즘의 광풍은 할리우드에서도 예외가 아니었다. 대표적인 희생자는 영국 출신의 할리우드 거장, 찰리 채플린이었다. 그가 자신의 영화 시사회에 참석하고자 가족을 데리고 영국에 다니러 간 동안, 반미활동조사위원회는 〈모던 타임스〉 등 그의 작품이 사회주의적인 불순한 의식을 담고 있다고 지목했다. 그 후 채플린은 20년이 지난 1972년에야 미국 영화 아카데미가 수여한 특별상을 받기 위해 잠깐 미국을 방문했을 뿐, 망명지 스위스에서 '공산주의자'라는 멍에를 쓰고 불운한 여생을 보내야 했다.

그런가 하면 어린이들에게 큰 인기를 끌고 있는 애니메이션 제작자 겸 감독이자 '꿈의 공장' 디즈니랜드를 만든 월트 디즈니는 동료를 공산주의자로 고발하고 살아남았던 대표적인 인물이다.

또 〈초원의 빛〉, 〈에덴의 동쪽〉 등의 영화를 만든 할리우드의 대표적인 거장 엘리아 카잔 감독은 매카시의 피해자이자 동조자였다. 반미활동조사위원회에 불려가 자신이 공산주의자임을 고백하고 다른 당원의 이름을 대고 풀려났던 것이다.

'현대판 마녀사냥'● 또는 '빨갱이 사냥'으로 불리는 매카시즘의 광풍은 1950년대 중반에 가서야 잦아들었다. 그가 육군 장교를 공산주의자로 지목하면서 육군과 매카시의 한판 대결이 펼쳐졌고, 오랫동안 계속된 의회 청문회에서 매카시는 드디어 자신의 근거 없는 무차별적인 공격이 잘못되었음을 인정했다.

● **현대판 마녀사냥** | 중세 말기부터 근대까지 유럽에서 과부나 사회적 약자였던 수많은 여성이 아무 증거도 없이 마녀라는 혐의를 쓰고 고문, 재판, 형벌을 받았던 사건들. 식민지 시대 미국에서도 벌어졌다.

매카시의 터무니없는 선동이 미국 전역을 휩쓸 수 있었던 것은 미·소의 대립, 즉 냉전이라는 또 다른 전쟁 상황 중이었기 때문이다.

◉ 이스라엘과 미국

수천 년 동안 나라 없이 세계를 떠돌던 유대인들이 1948년 팔레스타인 땅에 이스라엘이라는 국가를 세웠다. 그러나 그곳에는 과거 수천 년 동안 뿌리를 내리고 살아온 팔레스타인 아랍인들이 있었다. 이스라엘이 독립 국가를 세운 것은 이들에게는 자신들의 땅에서 추방되는 것을 의미했다. 그들은 이웃 아랍 국가들과 힘을 합쳐 이스라엘과 싸웠다. 이런 아랍-이스라엘 분쟁에서 미국은 이스라엘 편을 들어 많은 아랍인들의 분노를 샀다. 미국의 일방적인 이스라엘 지지는 지금도 계속되고 있어, 아랍인들의 반미 감정이 매우 높다.

2 치욕과 저항, 미국을 강타하다

쿠바에서의 위기

1959년, 쿠바에서 사회주의 혁명이 일어났다. 카스트로와 체 게바라를 지도자로 하는 사회주의자들이 미국의 지원을 받고 있던 부패·독재 정권을 몰아내고 정권을 잡았다. 카스트로는 쿠바 내의 미국인 소유의 땅과 재산을 몰수했다. 미국은 큰 충격에 빠졌지만 쿠바와 비슷한 상황에 놓여 있는 다른 라틴아메리카 국가와 가난한 민중은 열렬히 환호했다. 미국은 쿠바와 모든 경제 관계를 중단함으로써 보복을 했다. 쿠바로부터의 설탕 수입을 95퍼센트나 줄인 것이다. 설탕 수출이 주된 수입원이었던 쿠바는 결정적인 타격을 입었다. 미국과 쿠바 사이는 더욱 나빠졌다. 쿠바는 미국의 라이벌인 소련과 통상 조약을 맺고 급격히 가까워지기 시작했다.

1960년, 존 F. 케네디가 제35대 미국 대통령에 당선되었다. 이듬해 대통령에 오른 케네디는 쿠바와의 국교까지 완전히 단절했다. 그러고는 카스트로 정권을 무너뜨리기 위해 쿠바에서 망명한 사람들로 군대를 만들어 미국에서 훈련시켰다. 미국은 이미 과테말라에서 쿠데타를 지원해 친미 정권을 세우도록 한 전력이 있었다. 미국은 이들 부대를 쿠바에 상륙시키면 쿠바인들도 카스트로 정권에 대항하는 봉기를 일으킬 것이라고 생각했다. 1961년, 이 부대를 동원해서 쿠바 피그스 만을 공격했다. 그러나 미국의 기대와는 달리 쿠바인들은 카스트로 정권을 지지했고, 봉기는 일어나지 않았다. 오히려 미국 부대가 카스트로군에게 전멸당하고 말았다.

미국의 위신은 땅에 떨어졌고, 쿠바는 소련과 점점 더 밀착되었다. 1962년, 미국 정부는 소련이 쿠바에 미사일 기지를 만들어 핵탄두를 배치한다는 정보를 입수했다. 불과 15분 만에 미국의 대도시가 폐허가 될 수 있는 거리였다.

케네디는 정면 대결을 하기로 결정했다. TV 연설을 통해 쿠바의 미사일 기지 폐쇄를 단호하게 요구하고, 쿠바의 배가 항만에 드나들지 못하도록 해상 교통을 막아 버렸다. 미 전함들이 쿠바 해역으로 모였고, 전 세계의 미군은 경계 태세에 들어갔으며, 핵무기를 실은 전폭기들은 출발 명령만 기다리고 있었다. 약 2주 동안 세계는 숨죽인 채 이 상황을 지켜보고 있었다. 미·소 두 나라 사이에 은밀한 접촉이 계속되었다. 마침내 미국은 쿠바의 주권을 존중하고 다시는 침공하지 않겠다는 약속을 했고, 소련은 미사일 기지를 폐쇄했다. 자칫하면 핵전쟁이 되었을 제3차 세계대전의 위기 상황에서 벗어나는 순간이었다.

베트남과 전쟁을 벌이다

제2차 세계대전 전까지 베트남은 60여 년 동안 프랑스의 지배를 받다가 제2차 세계대전 중에는 일본군의 지배를 받았다. 프랑스의 지배 아래 있을 때부터 오랜 시간 끈질기게 독립운동을 벌여 온 베트남의 지도자는 호치민이었고, 사회주의자들이 독립운동의 중심 세력이었다.

제2차 세계대전에서 패한 일본군이 물러가자 베트남인들은 크게 환호했다. 이제야말로 독립을 이룰 수 있다고 생각한 것이다. 그런데 프랑스가 다시 돌아왔다. 독립을 위한 베트남인들의 투쟁은 계속되었다. 프랑스와 베트남이 전쟁을 벌이자 미국은 프랑스를 적극 지원했다. 베트남이 사회주의 국가가 되는 것을 원하지 않았기 때문이다. 8년에 걸친 전쟁이 끝난 뒤 프랑스군은 북베트남에서 물러났다. 이후 북베트남은 베트민(베트남 독립 동맹)이라 불리는 사회주의자들이 차지했고, 남쪽에는 미국의 지원을 받는 고딘디엠 정권이 들어섰다.

1964년, 미국은 북베트남이 베트남 통킹 만에 있던 미 함정을 공격

베트남전의 참상 미국은 10년간 전비 2000억 달러에 달하는 엄청난 물자와 군대를 투입했다. 이 전쟁에서 어린아이를 포함한 숱한 민간인들이 희생되었고, 국제 사회는 물론이고 미국 내에서도 반전의 목소리가 높아졌다.

했다는 구실로 북베트남에 전쟁을 선포했다. 1968년에는 무려 53만 명의 미군이 베트남 땅에서 전쟁을 벌였다. 미국의 요청으로 우리 국군도 무려 32만 명이 베트남에 파견되었고, 이중 5000여 명이 목숨을 잃었다.

미군은 무기나 물자 면에서 북베트남을 완전히 압도했다. 그러나 국민들은 부패한 남베트남 정권을 지지하지 않았고, 오히려 호치민을 존경하는 남베트남인들이 많았다. 남베트남 사회주의자들은 북베트남의 지원을 받아 '베트콩'이라 불리는 게릴라 부대를 만들어 고딘디엠 정권과 미국을 상대로 전투를 벌였다. 전선이 따로 없었다. 열대 밀림에서 불쑥 나타난 베트콩은 상대에게 기습 공격을 퍼붓고 재빨리 빠지는 게릴라 전술을 폈다. 누가 적인지 누가 민간인인지 모르는 전쟁터에서 수많은 민간인이 억울하게 희생되기도 했다.

미군은 밀림을 없애기 위해 비행기를 이용해서 풀과 나무를 말라죽게 만드는 고엽제를 뿌렸다. 고엽제로 베트남 국민들도, 밀림을 누벼야 했던 병사들도 큰 고통을 겪었다. 그 후유증은 지금도 계속되고 있

다. 수많은 사람들이 전쟁터에서 죽어 갔다. 미국은 10여 년 동안 엄청난 물자와 군대를 투입하고도 고전을 면치 못했다.

반전 운동이 휩쓸다

복싱 헤비급 세계 챔피언 무하마드 알리는 1967년 베트남전 징집을 거부했다.

"왜 내가 나와 내 민족을 공격하지 않는 이들을 공격해야 하는가? 베트콩과 싸우느니 흑인을 억압하는 세상과 싸우겠다."

덕분에 그는 챔피언 자격을 박탈당하고 3년간 출전 금지 처분을 받아야 했다.

처음에는 '평화를 수호하고 남베트남을 돕겠다는 미국의 약속을 지킨다'는 명분으로 전쟁을 지지하는 미국인들이 많았다. 그러나 전쟁이 이어지면서 전쟁에서 이기리라는 희망도, 그 끝도 보이지 않을 정도로 미국은 수렁에 깊이 빠져든 듯했다. TV를 통해 여러 날 계속 폭격으로 파괴된 마을, 치명적인 네이팜탄을 맞고 죽은 사람들, 화상을 입고 신음하는 어린아이들의 모습 등 베트남전의 비참하고 끔찍한 상황이 생생하게 전달되었다. 미국은 자랑스러워 했던 조국의 군대가 힘없는 민간인들에게 저지른 만행에 대한 보도를 접하고 경악했다. 이 전쟁이 정당한가에 대한 보다 근본적인 질문을 하는 이들이 점점 많아졌다. 또한 전쟁에 반대하는 목소리도 점점 커져 전국적으로 수백만 명이 모여 반전 시위를 벌이기도 했다. 반전 시위의 중심에 선 것은 젊은 대학생들이었다. 이들은 군대에 가야 할 나이였고, 베트남

베트남전 반전 시위운동 1965년 12월, 캘리포니아 주의 버클리-오클랜드 시에서 베트남 전쟁에 반대하는 시민들의 시위 모습이다.

으로 파견될 가능성이 컸다.

1970년, 오하이오에서 시위를 벌이던 학생 네 명이 이를 진압하던 민병대의 총에 맞아 죽는 사건이 발생했다. 분노와 반전의 목소리가 여러 계층으로 확산되었다. 학생들은 동맹 휴교를 했고, 징집 대상인 청년들은 캐나다나 영국으로 도망쳤다. 전쟁에 쓰이는 세금을 낼 수 없다고 납세 거부를 통해 반전 운동을 편 이들도 있었다. '부도덕하고 부당한' 베트남 파견을 거부한 군인, 폭격 명령을 거부한 공군 조종사도 있었다. 또 징집 명령을 거부한 이들에게 무죄를 선고한 판사도 있었다. 그토록 자랑스러워 하던 조국, 미국을 떠나 다른 나라로 이민을 가고 싶어 한다는 여론 조사 결과는 많은 사람들에게 충격을 주었다.

전쟁 중단에 대한 논의가 이어지는 중에도 미군은 베트남에 무차별 폭격을 가했다. 이 소식은 타오르던 반전 운동에 기름을 부은 격이었다.

1973년, 미군이 애초의 목적을 이루지 못한 채 베트남을 완전히 떠났다. 1975년 4월, 북베트남 군대가 남베트남의 수도인 사이공을 점령했다. 10년 동안 계속된 베트남 전쟁에서 5만 명의 미군 병사가 목숨을 잃었고, 300만 명의 베트남인이 죽었다. 이중 200만 명이 민간인이었다. 미국이 최초로 겪어야 했던 패배였다.

나에게는 꿈이 있습니다

1950년대와 1960년대는 반전 운동과 함께 흑인 민권 운동이 세상을 바꿔 가고 있었다.

남북 전쟁이 끝나고 흑인 노예들이 해방된 지 100년이 가까워 오지만 흑인들은 여전히 큰 차별을 받고 있었다. '분리 평등'이라는 모순된 정책에 따라 흑인들은 백인들과 다른 공간을 써야 했다. 자신들만의 거주지에 살면서 백인들과 다른 학교를 다녀야 했고, 다른 목욕탕을 사용해야 했다. 백인들과 같은 스포츠 팀에서 경기를 할 수도 없고, 병원이나 열차, 버스에도 전용 공간을 따로 두었다. 노예 해방에 반대했던 남부 주는 더욱 심했다.

1955년 12월, 앨라배마 주 몽고메리에서 흑인 여성 로자 팍스가 버스를 탔다. 여느 버스처럼 앞쪽에는 백인 전용이라는 글자가 붙어 있어서 그녀는 뒤쪽 자리에 앉았다. 그 뒤 몇 정류장을 지나면서 백인들이 버스를 탔다. 백인 전용석에 자리가 없자 버스 기사는 뒤쪽의 흑인용 좌석에 앉아 있던 흑인들에게 자리를 비켜 줄 것을 요구했다. 다른 사람들은 이 말에 따랐으나 하루 종일 일하느라 피곤했던 로자 팍스

체포된 로자 팍스 용기 있는 행동 덕분에 경찰에 체포된 로자 팍스가 지장을 찍고 있다. 오른쪽은 로자 팍스가 탔던 버스이다.

는 이를 거부했다. 이 일로 그녀는 결국 경찰에 체포되고 말았다.

이 사실이 전해지자 분노한 몽고메리의 흑인들은 '버스 안 타기 운동'을 벌이기로 했다. 이 운동의 지도자는 마틴 루터 킹이었다. 흑인들은 버스를 타지 않고 걷거나 흑인이 소유한 택시 또는 카풀을 이용했다. 그러는 동안 운동을 주도했던 100여 명이 체포되었다. 백인 인종 차별주의자들은 지도자 킹 목사의 현관문에 총을 쏴서 부숴 버리기도 했다.

운동이 시작된 지 1년여의 세월이 지나자 연방 대법원은 버스에서의 인종 차별은 헌법 위반이라는 판결을 내렸다. 그러나 차별은 곳곳에 뿌리내리고 있었다. 인종 차별에 반대하는 이들과 단체들은 학교

흑인 민권 운동 흑백 차별 철폐를 외치는 시위와 투쟁이 이어졌다. 흑인들이 아프리카에서 끌려와 미국 땅에 첫발을 디딘 이래 노예로 살아야 했던 아픈 세월을 겪었고 노예 해방 이후에도 흑백 차별은 계속되었다. 흑인 민권 운동은 분노의 표출이자 용기 있는 도전이었다.

의 흑백 분리를 철폐하기 위해 학교와 싸우고, 흑인들에게 주문을 받지도 않는 백인 전용 식당에 들어가 버티고 앉아 있었으며, 수많은 집회와 시위를 통해 투쟁을 계속했다. 무력까지 동원한 강경한 투쟁을 해야 한다고 주장하는 이들도 있었다. 투쟁은 흑인들만이 아니라 정의롭고 평등한 미국이 되기를 바라는 많은 백인들도 함께했다. 이런 투쟁은 해당 주 정부의 탄압을 받기 일쑤였다. 평화로운 행진을 벌이던 이들은 물론 여성들과 어린아이들까지 경찰에 의해 짓밟히고 쓰러지는 모습을 TV를 통해 생생히 지켜본 수많은 사람들이 큰 충격을 받았다. 이후 흑인 민권 운동은 점점 많은 사람들의 지지를 받았고, 더욱 확대되었다. 케네디 대통령도 인종 차별 문제를 해결하기 위해 적극 나섰다.

그 뒤 공공시설이나 학교, 식당, 극장 등에서의 차별 대우와 인종에 따른 고용 차별이 금지되었다. 그러나 그에 따른 반발 또한 거셌다.

1963년 8월, 인종 차별에 반대하는 20만 명의 시위대가 워싱턴의 링컨기념관 앞에 모였다. 이들 중 1/4이 백인이었다. 킹 목사가 연설을 시작했다.

"나에게는 꿈이 있습니다. 언젠가 조지아의 붉은 언덕 위에서 과거에 노예였던 사람의 자식들과 그 노예의 주인이었던 사람의 자식들이

킹 목사와 워싱턴 링컨기념관 앞 광장에 모인 시위 군중. 그들은 노래 불렀다. "우리 승리하리라 / 우리 승리하리라 / 우리 승리하리 그날에 / 오, 한 마음으로 나는 믿네 / 우리 승리하리라 그날에." 그리고 킹 목사는 군중들 앞에서 피부색이 아닌 인격으로 평가되는 날에 대한 꿈을 이야기했다.

형제가 되어 한 식탁에 둘러앉는 날이 오리라는 꿈입니다. 나에게는 꿈이 있습니다. 네 명의 내 아이가 자신이 가진 피부색이 아니라 인격에 따라 평가되는 나라에서 살게 되는 꿈입니다.……"

1964년, 미국 내에서 흑인에 대한 모든 차별을 철폐할 것을 정한 민권법이 통과되었다. 그러나 그것은 또 다른 시작에 불과했다. 차별 철폐는 법률상의 조항이었을 뿐, 일상생활 전반에 걸친 눈에 보이지 않는 차별이 없어지기 위해서는 더 오랜 세월을 싸우며 기다려야 했다. 워싱턴 D.C. 국회의사당 앞에서 버락 오바마가 미국의 제44대 대통령에 취임하던 날, 오랜 차별 속에서 눈물을 삼켜야 했던 흑인들과 차별을 없애기 위해 애써 왔던 민권운동가들의 눈에서는 뜨거운 감격의 눈물이 흘러내렸다.

◉ 암살당한 케네디 대통령

1963년 11월 22일, 케네디 대통령은 부인 재클린 여사와 함께 오픈카를 타고 텍사스의 댈러스 중심가를 천천히 지나고 있었다. 정오가 조금 지난 시간, 요란한 총소리가 울렸고, 대통령이 두 발의 총탄에 맞았다. 황급히 병원으로 옮겼지만, 바로 사망했다. 미국은 물론 전 세계가 충격에 빠졌다. 조사위원회는 24세의 리 하비 오즈월드가 암살자이며, 단독 범행이라는 결론을 내렸다. 그러나 그는 체포된 지 이틀 뒤, 댈러스 경찰서 지하실에서 잭 루비라는 술집 주인의 총에 맞아 죽고 말았다. 케네디 암살 사건의 배후를 둘러싸고 많은 논란이 있었지만, 오즈월드의 죽음으로 인해 이 사건은 증거 없는 의혹으로 남겨졌다.

당시 케네디는 미국 역사상 가장 젊은 대통령이자 소련에 맞선 패기만만한 대통령이었다. 비록 재임 기간은 1000여 일에 불과했지만 핵실험 금지 조약을 성사시켰고, 여성들과 흑인들의 민권에 대한 획기적인 조치를 취하는 등 개혁의 성과도 적지 않았다. 여기에 그 비극적이고 갑작스런 죽음까지 더해져, 그는 지금까지도 미국인들에게 많은 사랑을 받는 역대 대통령 가운데 한 사람이다.

3 | 미국의 권위가 흔들리다

데탕트 시대

1972년 2월, 닉슨이 미국 대통령으로는 처음으로 사회주의 국가 중국 땅에 발을 디뎠다. 냉전 시대에서 데탕트(긴장 완화)의 시대로 역사의 물줄기가 바뀌는 순간이었다.

변화는 이미 1960년대 말부터 시작되었다. 소련에서는 스탈린이 사망한 후에 등장한 흐루쇼프가 '평화 공존'을 내세우며 미국과 서방 세계에 화해의 손짓을 보내고 있었다.

미국과 대결하기 위해 무기를 만드는 데 지나치게 많은 돈을 쓰는 것은 소련에게 경제적으로 너무 큰 부담이었다. 당시 서독과 일본이 경제적으로 급성장하며 세계 무대에 등장했다. 또한 영국과 프랑스, 중국도 핵무기를 갖게 되었다. 이로써 핵전쟁에 대한 공포는 더욱 커졌다.

동과 서 어느 진영에도 가담하지 않은 제 3세계 국가들도 자신들의 목소리를 내기 시작했다. 이념에 따라 같은 목소리를 내던 시대는 끝났다. 같은 자유 진영 국가 중에서도 독자적인 노선을 걷는 나라가 있고, 같은 사회주의 국가였던 소련과 중국의 관계도 예전 같지 않았다. 또 저마다 자국의 이익을 위해서라면 이념과 체제가 다른 국가와도 기꺼이 협력했다. 이제 세계는 미·소 양극 체제가 아니라 다극 체제로 변했다.

사람을 죽이거나 상처 입히고 시설을 파괴하기 위해 만들었던 무기를 줄이자는 협상도 진행되었다. 미국과 소련의 정상들은 서로의 나라를 방문해 무기 감축 협상에 서명했다. 유럽에서는 냉전의 상징이던 동독과 서독이 협력의 시대를 열었다. 아시아에서도 미국의 가장 절친한 동맹이던 일본의 총리가 중국을 방문했다. 1975년, 유럽 대부분의 나라 정상들과 미국, 캐나다까지 포함된 '유럽안보협력회의 35개국 정상회담'에서 상호 인정, 불간섭 원칙을 선언함으로써 데탕트 시대는 활짝 꽃을 피웠다. 물론 미·소 두 나라의 대결이 완전히 끝난 것은 아니었다. 두 나라의 대결은 곳곳에서 여전히 이어지고 있었다.

오일 쇼크와 경제 위기

1974년, 미국의 한 주유소에는 기름을 넣으려는 차량 행렬이 길게 이어져 있었다. 그나마 자동차 번호판에 따라 기름을 살 수 있는 날짜가 따로 있어, 돈이 있어도 해당 일이 아니면 살 수도 없었다. 하늘 높은 줄 모르고 오른 기름 값 때문에 차를 몰고 다니기도 조심스러웠다.

'오일 쇼크(석유 파동)'가 불러온 풍경이었다. 석유의 공급 부족과 가격 폭등으로 세계 경제가 큰 혼란과 어려움을 겪은 오일 쇼크는 미국의 영향력이 아랍 세계에서 더 이상 통하지 않는다는 것을 보여 주는 상징적인 사건이었다.

1973년, 이스라엘과 아랍 국가 간의 전쟁이 다시 시작되었다. 벌써 네 번째였다. 서남아시아 지역은 석유 매장량과 생산량이 가장 많은 지역이었다. 이번에도 미국과 서방 세계는 아랍 세계의 눈치를 살피면서도 이스라엘 편을 들었다. 그해 가을, 아랍 국가가 중심이 된 석유수출국기구˙는 석유 생산량을 대폭 줄였고, 이스라엘을 지원하는 미국과 일본, 서유럽으로의 석유 수출을 금지했다. 석유는 연료 외에도 플라스틱이나 섬유, 고무, 비료 등 수많은 제품의 원료로 사용된다. 따라서 석유는 이제 세계 경제를 위협할 수 있는 무기가 되었다. 이에 따라 석유 가격이 치솟기 시작해 다음 해 봄까지 무려 5배나 뛰어올랐다. 심지어 돈을 주고도 석유를 구하지 못하는 상황까지 생겼다. 그 영향은 금방 전 세계로 파급되었다.

석유를 많이 수입하는 나라들은 엄청난 경제적인 어려움에 빠졌다. 생산비가 높아져 물가가 하늘 높은 줄 모르고 치솟았다. 사람들은 지갑을 닫을 수밖에 없었다. 문 닫는 회사가 늘어나면서 실업자 또한 늘어났다. 물가는 오르고 경기는 침체하는 악순환이 거듭되었다. 성장률도 크게 떨어졌다. 이런 사정은 우리나라도 마찬가지였다.˙ 또한

● **석유수출국기구(OPEC)** | 1960년 바그다드에서 사우디아라비아, 이란, 이라크, 쿠웨이트, 베네수엘라의 5대 석유 수출국이 중심이 되어 국제 석유 자본에 대한 발언권을 강화하기 위해 결성한 기구. 주로 석유 생산량을 조절해서 가격을 결정한다.

오일 쇼크 미국의 주유소에 기름을 넣으려는 차량 행렬이 길게 이어져 있다. 하늘 높은 줄 모르고 치솟는 기름 값 때문에 차를 몰고 다니기도 힘들었지만, 돈이 있어도 기름을 구하기가 어려웠다.

미국에도 예외 없이 영향을 미쳤다.

연료를 절약하기 위해 자동차 제한 속도도 낮아졌고, 연료 소비가 많은 크고 비싼 자동차는 인기가 뚝 떨어졌다. 자동차 회사들은 생산량을 줄였고, 수많은 노동자가 공장에서 해고되었다. 자동차 산업과 연관되는 대부분의 업종에도 비슷한 상황이 이어졌다. 가히 제조업 전체의 위기였다. 실업률은 치솟고 인플레이션 또한 심각해, 대공황

● 우리나라도 물가상승률이 1973년의 3.5퍼센트에서 1974년에는 24.8퍼센트로 치솟았고, 경제성장률은 12.3퍼센트에서 7.4퍼센트로 떨어졌다. 무역 수지 적자도 2.5배나 증가했다.

이후 최대의 경제 위기였다.

1976년 선거에서는 공화당 후보를 누르고 민주당의 지미 카터가 대통령으로 당선되었다. 카터의 당선은 워터게이트 사건●으로 말미암아 공화당의 인기가 떨어진 이유도 있지만, 오일 쇼크로 인한 경제 위기가 한몫했다.

오일 쇼크로 석유의 위력을 실감한 아랍 국가들은 더욱 목소리를 높여, 이후에도 아랍 세계의 정치 상황이 변화됨에 따라 오일 쇼크는 몇 차례나 반복되었다.

작은 정부를 내세운 레이건 시대

"국가의 안전을 유지하기 위해 행동이 필요할 때 우리는 행동을 시작할 것입니다. 충분한 군사력을 유지하는 것이 무력을 쓸 기회를 방지하는 최선의 방법이라는 것을 알기에, 필요하다면 상대방을 설득시키기 위해서라도 충분한 전략적 힘을 유지할 것입니다."

레이건은 취임 연설에서 강력한 미국을 건설하겠다고 힘주어 말했다. 한마디로 강력한 군사력을 바탕으로, 힘으로 상대방을 굴복시키겠다는 의지를 표현한 것이었다.

카터 정부 때도 계속되었던 경제적인 어려움, 이란에서 벌어졌던

● **워터게이트 사건** | 닉슨 대통령(공화당)의 재선을 노리는 인물들이 민주당 선거 운동 본부인 워터게이트 호텔 사무실에 몰래 숨어 들어가 도청 장치를 설치하려다 발각된 사건. 《워싱턴 포스트》의 기자가 사건을 취재하는 과정에서 닉슨의 권력 남용과 부정도 함께 드러나, 1974년 결국 닉슨은 임기도 끝나기 전에 사임하고 말았다.

미 대사관 인질 사건* 등은 미국의 지위가 예전 같지 않음을 말해 주었다. 미국인들은 1980년 대통령 선거에서 '강한 미국'을 내건 철저한 보수주의자, 공화당 후보 레이건을 대통령으로 뽑았다. 사실 레이건의 당선은 1970년대부터 지속적인 흐름을 보이고 있었던 미국 사회의 보수화 경향이 낳은 결과였다. 자본의 자유로운 이윤 추구를 강조하는 신자유주의, 기독교 근본주의*, 절대적인 군사적 우위를 통한 미국의 패권을 꿈꾸는 보수 세력은 공화당에 깊숙한 뿌리를 내리고 미국 사회에서 그 영향력을 키워가고 있었다.

레이건 시대는 이러한 공화당의 성향이 정책으로 가장 뚜렷하게 드러난 시기였다. 전통적으로 공화당은 '작은 정부'를 내세웠다. 그러나 뉴딜 정책 이후 정부가 경제에 적극적으로 개입하는 흐름이 쭉 이어지고 있었다.

국내에서의 경제적인 어려움은 계속되었는데, 레이건이 내세운 해법은 '세금을 큰 폭으로 줄이고 국가의 개입을 최소화한다'였다. 레이건 정부는 정부 예산을 대폭 줄였다. 정부가 세금을 덜 걷고 그만큼

● **미 대사관 인질 사건** | 1979년, 이란에서 이슬람 혁명이 일어나 미국의 지원을 업고 독재 정치를 펴던 팔레비 왕정이 무너지고, 팔레비 왕은 그동안 자신을 적극적으로 보호해 주던 미국으로 도망갔다. 그해 11월 4일, 수백 명의 학생이 이란에 있는 미국 대사관에 함부로 뛰어들어 58명의 미국인을 인질로 잡고 팔레비의 송환을 요구했다. 사건의 배경에는 팔레비 독재 정권을 지원하던 미국에 대한 강한 반감이 있었다. 미국은 이란에 여러 압력을 넣고 인질을 구출하기 위한 군사 작전 계획까지 세웠지만 실패하고 말았다. 인질들은 새로 당선된 공화당 출신 레이건이 대통령에 취임하던 날, 444일 만에 풀려났다.

● **기독교 근본주의** | 성경을 문자 그대로 해석할 것을 주장한다. 주로 국수주의나 반공주의적인 색채를 지니는 경우가 많아, 기독교 우파라고 불리기도 한다.

덜 쓴다는 것이었다. 세금을 대폭 줄이면 세금을 덜 내게 된 개인은 더 열심히 일하고, 감세로 돈이 많아진 기업은 더 많은 돈을 새로운 생산에 투자할 수 있어 결국 경제가 활성화될 것이라는 주장이었다.

물론 세금을 줄여 준다는 데 마다할 사람은 없었다. 하지만 감세의 혜택을 크게 받은 것은 부자들과 대기업들이었다. 반면에 정부가 덜 쓰게 된 예산은 주로 가난한 사람들에게 혜택이 돌아가는 사회 복지 분야였다. 결국 그의 정책은 가난한 사람들에게 돌아가는 혜택을 줄여 부자들에게 돌려준 셈이었다. 이러한 경제 정책을 '레이거노믹스'라고 한다.

덕분에 레이건 시대에는 미국 사회의 양극화가 더욱 심각해졌다. 부자는 더욱 부유해졌고, 가난한 사람은 더욱 가난해졌다. 빈부 격차가 커지면서 폭력, 범죄, 마약, 에이즈 등의 사회 문제도 터져 나왔다.

레이거노믹스가 떠안아야 했던 또 하나의 부담은 연방 정부의 엄청난 재정 적자였다. 레이건은 대외적으로 사회주의 진영에 대해 강경한 정책을 폈다. 실제로 레이건은 소련을 '악의 제국'이라고 불렀다. 이런 악의 제국을 응징하기 위해서는 강력한 국방력이 필요했으므로, 다른 분야의 정부 예산은 대폭 줄이면서도 국방 예산은 오히려 크게 늘렸다. 그의 임기 동안 국방 예산은 무려 2배 이상 증가했다. 전보다 훨씬 위력적인 새로운 무기가 더 많이 만들어졌고, 이를 위한 인력도 늘어났다. 국가가 걷는 세금은 줄었는데 씀씀이는 오히려 더 커진 셈이었다. 이에 따라 연방 정부의 재정 적자는 날이 갈수록 늘어나, 레이건 재임 기간 동안 부채는 무려 세 배 가까이 많아졌다. 한 해에 이자만 1500억 달러를 물어야 했다. 정부는 채권을 팔아 겨우 이를 해결해 나갔다. 연방 정부는 빚더미에 올라앉았고, 미국은 세계에서 가장 빚이 많은 나라가 되었다.

레이건은 미국의 이익이 걸려 있거나, 해당 국가의 정부가 공산주의에 반대하는 입장을 취하면 비록 독재 정부라 하더라도 적극적인 지원을 아끼지 않아 전 세계 민중의 많은 반발을 사기도 했다. 특히 그의 집권기에 벌어졌던 이란 콘트라 사건은 자기 나라의 이익을 위해 물불 가리지 않는 추악한 레이건 정부의 모습이 적나라하게 드러난 사건이었다. 라틴아메리카의 니카라과에서는 혁명이 일어나 대를 이어 가며 정권을 잡고 수십 년 동안 독재 정치를 펴던 소모사 정권이 무너졌다. 이때 미국은 자기 나라의 이익을 위해 소모사 정권을 지원하고 있었다. 소모사의 잔당들은 '콘트라'라는 군대를 만들어 새 정부에 맞섰고, 레이건 행정부는 콘트라 반군을 적극 지원했다. 놀랍게도 그 비용은 미국을 증오하고 미국인을 인질로 삼아 그토록 괴롭혔던 이란에 비밀리에 무기를 판 자금으로 충당했다.•

• 이란은 당시 이라크와 전쟁 중이었다. 미국은 이 전쟁에서 후세인이 통치하던 이라크를 지원하고 있었다. 그러나 뒤로는 이란에도 비밀리에 무기를 팔아 이익을 챙겼던 것이다. 나중에 사건이 발각되자 미국이 발칵 뒤집혔다. 그러나 레이건이 이끄는 국가안보회의 소속 노스 중령은 끝까지 자신이 사건을 주도했으며, 레이건은 사실을 전혀 알지 못했다고 주장했다.

4 탈냉전, 미국이 새로운 세계를 주도하다

미국, 소련의 해체로 세계 유일의 초강대국이 되다

1989년 11월 9일, 동독과 서독을 나누던 베를린 장벽이 무너졌다. 28년 만이었다. 사람들은 저마다 망치와 쇠막대기, 삽을 들고 나와 장벽을 부수기 시작했다. 동독인들도 서독인들도, 수만 명이 몰려나와 흥겨운 음악에 맞추어 박수를 치며 환호성을 질렀다. 사회주의 정권의 붕괴, 그리고 냉전의 끝을 알리는 함성이었다.

레이건이 집권할 당시 미국의 라이벌인 소련의 경제 상황도 여전히 어려웠다. 사회주의 계획 경제는 점점 경직되고 관료화되어 경제 발전을 가로막았으며, 개인의 일에 대한 열의는 점점 떨어지고 있었다. 군수 공업을 중심으로 한 중공업 위주의 경제 발전은 소비재 공업과 농업의 질을 형편없게 만들어 만성적인 물자 부족에 시달려야 했고, 국민은 일상적인 소비 생활마저 위협받아야 했다. 미국과 소련의 무기 개발 경쟁은 냉전 시대부터 이어지고 있었다. 레이건 집권기 미국의 강력한 군비 증강에 맞서기 위해 소련 역시 군사비를 점점 늘렸는데, 그 규모는 소련의 경제력에 비추어 볼 때 너무 큰 부담이었다. 소련으로서는 상황을 변화시킬 새로운 돌파구가 절실했다.

1985년, 미하일 고르바초프가 소련의 최고 권력자가 되었다. 그는 '페레스트로이카'라는 개혁 정책, '글라스노스트'라는 개방 정책을 통해 새로운 소련으로 변화시키겠다는 입장을 밝혔다.

경제적인 효율성을 높이기 위해 경제 활동에서의 자유와 경쟁을 도입했고, 정치 활동의 자유 역시 확대하기 시작했다. 경제에 부담이 되는 군사비 지출을 줄이기 위해서는 미국과의 대결 구도를 끝내야 했다. 고르바초프는 전략 핵무기를 50퍼센트 이상 감축하고, 20세기 말

베를린 장벽 동베를린과 서베를린을 가로막고 있던 장벽은 동서 냉전의 상징물이었다. 수많은 동독인들이 서독으로 탈출하기 위해 장벽을 넘다 체포되고 사살되었다. 그러나 사회주의권의 몰락과 함께 1989년 11월 9일, 베를린 장벽은 철거되었다. 이후 브란덴부르크문을 중심으로 남겨진 일부는 평화를 사랑하는 수많은 젊은이들의 축제의 장으로 변했다.

까지 핵무기를 완전히 폐기하자고 제안했다. 의심의 눈길을 거두지 않던 레이건은 당장 별 반응을 보이지는 않았지만, 정상 회담이 몇 차례나 이어졌다. 엄청난 무기에 비하면 단지 출발에 지나지 않았지만, 무기 감축을 위한 협상은 진전되고 있었다. 고르바초프는 유엔 총회 연설에서 병력을 크게 줄이겠다고 선언했고, 이어 아프가니스탄에서 소련군을 철수했다. 주변 사회주의 국가에 대한 지원도 대폭 줄였다. 덕분에 소련의 절대적인 영향을 받고 있던 동유럽 국가들이 소련으로 부터 정치적인 독립을 이어 갔다. 한번 터진 자유와 개혁의 물꼬는 걷잡을 수 없이 번져 폴란드, 체코슬로바키아, 헝가리, 루마니아, 유고슬라비아 등 대부분의 동유럽 국가에서 사회주의 정권이 무너졌다. 냉전의 상징 베를린 장벽이 드디어 무너지고, 사회주의 국가 동독은 서독에 흡수되었다.

소련도 예외는 아니었다. 1989년 12월 2일, 레이건에 이어 미국 대통령에 오른 부시와 고르바초프가 지중해의 말타섬에서 냉전 종식을 선언한 지 2년이 지난 뒤 소비에트 사회주의 연방, 즉 소련은 역사의 무대에서 사라졌다. 러시아 공화국을 중심으로 독립국가연합이라는 느슨한 형태의 연합체를 구성하지만, 이미 미국의 적수는 못 되었다. 이제 미국에 맞설 라이벌은 없었다. 미국은 적수가 없는 유일한 세계 초강대국이 된 것이다.

걸프전을 일으키다

1990년 8월 2일, 이라크군이 쿠웨이트를 전격 침공했다. 쿠웨이트는

20세기 초까지도 이라크 남부 바스라 주에 속해 있었다. 그런데 막대한 석유가 묻혀 있다는 사실이 알려지면서 이라크의 의사와는 전혀 상관없이 영국이 자기들이 통제하기 쉽도록 일방적으로 국경선을 긋고, 그 지방의 토호 가문을 왕가로 내세워 쿠웨이트 왕국을 독립시켰다. 하지만 이라크는 쿠웨이트를 독립국으로 인정하지 않고 있었다.

1980년부터 10여 년간 이어져 온 이란과 이라크 전쟁으로 이라크는 쿠웨이트에 막대한 빚을 진 상태였다. 이라크가 석유 생산량을 줄여 석유 값을 올리자고 주장하자 쿠웨이트가 반대하고 나서, 미국의 이해에 충실히 따른다는 비난을 받았다.

이라크가 쿠웨이트를 침공하자 초강대국 미국이 '세계의 경찰'을 자임하고 나섰다. 세계 최고의 석유 소비국인 미국으로서는 안정적으로 석유를 공급받아야 했기에 이라크 대통령 후세인의 행동을 보고만

걸프전 쿠웨이트를 침공한 이라크를 응징하기 위해 미국은 43만 명의 미 병력을 포함해 33개 국에서 파견된 68만 명의 다국적군 병력을 동원해서 '사막의 폭풍' 작전을 전개했다. 이라크는 45일 만에 항복하고 말았다.

있을 수가 없었던 것이다.

이듬해 1월, 미국은 32개국의 다국적군°을 이끌고 이라크를 공격했다. '사막의 폭풍' 작전이었다. 6주 남짓한 기간 동안 최첨단 무기를 이용해 이라크의 주요 시설에 대규모 공습을 퍼부었다. 폭격으로 이라크의 전력이 크게 약화되자 드디어 대규모 지상군을 투입했고, 이라크를 쿠웨이트에서 몰아내는 데 성공했다. 2월 28일, 이라크는 연합국의 휴전 조건을 받아들였다. 전쟁은 미국이 의도한 대로 성공적이고 신속하게 끝났다. 하지만 전쟁 후에도 후세인은 여전히 이라크의 통치권을 굳건히 지키고 있었다.

'테러와의 전쟁'을 선포하다

2001년 9월 11일, 세계가 경악했다. 전 세계인은 사람들을 가득 태운 여객기 두 대가 연이어 미국 부의 상징, 뉴욕의 세계무역센터 빌딩을 향해 돌진하는 장면을 대중 언론을 통해 지켜보았다. 곧이어 또 한 대의 비행기가 워싱턴 D.C.의 국방부 건물로 날아들었고, 백악관을 목표로 돌진하던 다른 한 대의 비행기는 들판에 떨어져 폭발했다. 잠시 후, 거대한 건물이 폭격을 맞은 듯 무너져 내렸다. 건물은 순식간에 철근과 콘크리트 무덤으로 바뀌었다. 건물 안에 있던 수천 명이 파묻혀 죽어 갔다. 사건의 범인들은 아랍 출신의 테러리스트였다.

● **다국적군** | 다국적군이라고 하지만 대부분이 미군이었다. 우리나라도 5억 달러의 전쟁 지원금을 분담하고 군 의료진 200명과 수송기 5대를 보내 다국적군의 일원으로 참전했다.

미국 대통령 부시*는 즉시 '테러와의 전쟁'을 선포했다. 테러 원인이 무엇인지 되돌아보아야 한다는 이성적인 목소리는 복수를 다짐하는 거대한 분노 속에 묻혀 버렸다.

미국 정부는 9·11 테러가 사우디아라비아 출신의 오사마 빈 라덴이 지휘하는 이슬람 테러 조직 '알카에다'의 짓이라는 결론를 내렸다. 부시 대통령은 빈 라덴이 숨어 있는 아프가니스탄에 폭격 명령을 내렸다. 5개월여의 무차별 폭격에도 불구하고 빈 라덴은 건재했다. 이전 소련의 침략으로 이미 피폐해질 대로 피폐해진 아프가니스탄 땅이었다. 아무 죄 없는 수많은 민간인의 피해만 커져 갔다.

테러와의 전쟁은 점점 확대되었다. 부시는 9·11 테러와는 아무 상관도 없는 이라크와 이란, 그리고 북한을 '악의 축'이라고 지목했다. 미국의 다음 공격 목표는 이라크였다.

2003년 3월 20일, 부시 대통령은 이라크에 대한 공격 명령을 내렸다. 이라크의 후세인 정권이 대량 살상 무기를 만들고 있으며, 알카에다 등의 테러 조직을 돕고 있다는 명분을 내세웠다. 유엔(UN)의 지지도 받지 못했고, 프랑스와 독일, 러시아, 중국 등의 반대도 아랑곳하지 않았다. 미국의 거듭되는 요청에 단지 몇몇 나라만이 미국을 돕기 위해 이라크에 군대를 보냈다.*

막강한 화력을 앞세운 미군은 한 달도 안 되어 이라크의 수도 바그다드를 함락했다. 죄 없는 수많은 민간인이 처참하게 죽어 갔다.

● **부시** | 아버지 부시는 제41대 대통령(1989~1993)이었고, 아들 부시는 제43대(2001~2009) 대통령으로 재임했다. 걸프전은 아버지 부시 시절, 9·11 테러 이후 '테러와의 전쟁'은 아들 부시 시절에 벌어진 전쟁이다.

5월 1일, '임무 완수'라는 플래카드가 걸린 항공모함 에이브러햄 링컨호에 오른 부시는 당당하게 전쟁의 목적이 달성되었음을, 이제 전쟁이 끝났음을 선언했다.

그러나 부시의 의기양양한 선언과는 달리 이라크에서의 본격적인 시련은 이제 막 시작되고 있었다. 전쟁의 명분이었던 대량 살상 무기는 이라크 어디에서도 발견되지 않았다. 이라크의 치안 불안은 더욱 심각해졌고, 미군을 향한 격렬한 테러도 끊이지 않았다. 종전 선언을 하기 전에 전투에서 사망한 숫자보다 훨씬 많은 미군이 테러로 희생되었다. 미군이 이라크인 포로들에게 가한 학대와 고문이 알려지면서 부시 정권은 국내는 물론 국제적으로도 큰 비난을 받았다. 전쟁 비용도 눈덩이처럼 늘어 갔다.

미국의 보호 아래 새 이라크 정부가 수립되었다. 이라크군과 경찰이 새로 선발되었지만, 이라크 내의 치안 불안은 나아지지 않고 있다. 오히려 이라크군과 경찰 내부에조차 미국에 적대적인 세력이 침투해 있는 경우도 있었다. 이라크 내의 다양한 종파와 민족의 이해관계가 엇갈려 이라크의 정치 상황은 점점 더 안개 속에 휩싸이고 있다. 미국은 단계적인 철군을 시작했다. 하지만 이라크의 상황은 더 나아질 기미를 보이지 않는다. 게다가 미국을 더욱 곤혹스럽게 만드는 것은 이 수렁이 언제 끝날지 기약도 없다는 것이다.

● 우리나라도 서희, 제마 부대에 이어 자이툰 부대를 파병했다. 파병 규모는 미국을 제외하고는 영국에 이어 2위였다.

경제 위기를 맞다

'결국, 시장이 스스로 문제를 해결해 줄 것이다.'

사회주의 국가들이 무너진 이후 경제를 시장에 맡겨야 한다는 주장은 더욱 힘을 얻었다. 국가는 경제 활동에서 각종 규제를 완화, 철폐하고 기업들은 더 많은 자유를 보장받았다. 이 시장 자유주의는 '세계화', '자유화'라는 이름으로 전 세계로 확대되었는데, 그 선두에 미국의 정부와 기업과 금융 기관이 있었다.

1994년 1월부터 발효된 북미자유무역협정(NAFTA)을 시작으로 자유무역협정(FTA)● 은 세계의 큰 흐름이 되었다. 무역의 장벽은 점점 낮아졌고, 시장은 점점 더 개방되었다. 미국의 제조업 기업들은 더 싼임금, 더 적은 규제, 더 큰 이윤을 찾아서 생산 기지를 해외로 옮겼다. GM도 포드도 멕시코, 인도, 중국 등지에 공장을 세웠고 미국 내 공장은 축소되거나 문을 닫았다. 경제가 발전하면 제조업에서 서비스업으로 그 비중이 옮겨가는 것이 당연한 일이라 여겨졌다. 미국의 제조업은 점점 비중이 줄어들었고 정보기술, 금융업과 서비스업 분야가 미국 경제를 주도하기 시작했다. 미국의 금융 기관들은 세계를 무대로 성장해 갔다. 부시 행정부를 거치면서 정부는 금융 기관에 대한 규제에서 거의 손을 놓았다.

2000년대 초 그동안 미국 경제를 이끌었던 정보기술(IT) 분야의 거품이 꺼지면서 경제가 어려워지자, 연방 은행은 기준 금리를 대폭 내

● **자유무역협정(FTA)** | 국가와 국가 사이의 무역에서 국내에서 거래하는 것처럼 관세의 장벽을 허물고 자유롭게 하자는 협정이다.

려 2퍼센트 이하로 유지했다. 금리를 내리면 이자 부담이 적어져 기업의 투자가 늘고 민간 소비도 늘어난다. 저금리로 시중에 자금이 풀려 돈은 넘쳐 났고, 집값은 폭등했다. 너도나도 부동산 투자에 나섰다. 돈이 없으면 빌려서라도, 심지어 자기 돈은 한 푼도 안 들이고 전액을 대출받아 집을 사기도 했다.

규제의 고삐가 풀린 금융 기관들은 온갖 파생 상품을 만들어 팔았다. 복잡한 공식을 동원해 도대체 그 줄기가 어느 쪽으로 얽혀 있는지조차 알 수 없는, 실제 가치보다 엄청나게 뻥튀기된 금융 상품들이었다.

2004년 6월, 연방 은행은 다시 서서히 금리를 올리기 시작했다. 달러가 너무 많이 풀려 달러 가치가 떨어지고, 집값을 비롯한 물가가 너무 많이 오르기 시작했기 때문이다. 때마침 전 세계적으로 석유 값과 곡물 가격이 크게 올랐다.

금리가 오르자 부동산 담보 대출 이자도 늘어났다. 하늘 높은 줄 모르고 오르기만 하던 미국 집값의 거품이 터졌다. 2005년 가을부터 샌프란시스코, LA, 샌디에이고 등의 집값이 떨어지기 시작하더니 이듬해부터 30퍼센트 가까이 추락했다. 이런 집값 거품의 붕괴는 다른 지역으로 번져 갔다. 이로써 오르기를 기대하며 왕창 대출을 받아 집을 샀던 사람들은 집을 팔아도 대출금을 갚을 수 없게 되었다. 이미 기업의 구조 조정과 대량 해고의 회오리로 서민층의 실질 임금은 크게 줄어든 상태였다.

빚을 갚을 수 없게 된 주택 담보 대출 업체들이 줄줄이 도산했다. 높은 이자에 혹해서 이곳에 투자했던 펀드, 보험사, 투자은행 등도 잇

따라 무너졌다. 금융 기관도 줄줄이 도산했다. 세계 금융의 중심지 월가가 폭격을 당한 듯 무너져 내린 것이다.

이는 대공황 이후 최대의 경제 위기였다. 도산한 금융 기관에서, 더 이상 집도 건물도 짓지 못하게 된 건설업체에서 실업자가 쏟아져 나왔다. 소비도 대폭 줄어들었고, 소비 감소는 또다시 경기 침체로, 고용 감소로 이어지는 악순환을 거듭했다. 세계화 시대, 위기는 더욱 빠르게 전 세계로 번져 갔다.

오바마, 그리고 트럼프

2008년 11월 4일, 미국인들은 제44대 대통령으로 버락 후세인 오바마를 선출했다. 케냐인 아버지와 백인 어머니 사이에서 태어난 그는 유색인 출신으로서는 미국 역사상 최초로 대통령이 되었다. 오바마의 대통령 취임으로 미국의 새 역사가 쓰였다.

오바마 정부는 아파도 병원 한번 제대로 못 가는 의료 보험제도를 개혁하여 국민 대다수가 의료 혜택을 받게 하는 '오바마 케어'●를 온갖 우여곡절 끝에 성사시켰다. 오랫동안 적대적인 관계로 눈엣가시로 여겼던 쿠바와 관계 정상화를 이루어 내 '아메리카 대륙의 베를린 장벽이 무너졌다'라는 환호를 받기도 했다. 나아가 이란과의 핵 협정 타결 ●, 기후 변화 방지 대책● 등을 주도해 지도력을 인정받았다.

● **오바마 케어** | 오바마 대통령이 공약으로 내세웠던 것으로, 정부와 기업이 비용 일부를 지원해서 무보험자 3,200만 명의 의료 보험 가입을 의무화하고 이를 이행하지 않으면 벌금을 부과하는 것을 내용으로 한다.

오바마 정부는 미국 제조업의 부활을 위해 나섰다. 미국의 금융 위기는 제조업이 경제와 일자리의 근간임을 다시 한번 일깨워준 셈이다. 대통령 취임식에서 '리메이킹 아메리카(Remaking America, 미국 경제 재건)'를 외쳤던 오바마는 해마다 제조업 살리기를 위한 다양한 정책을 내놓았다. 특히 생산비 절감을 이유로 외국으로 나갔던 기업이 미국으로 되돌아오면, 세제 혜택을 비롯하여 다양한 지원을 해 주는 리쇼어링(re-shoring) 정책을 대대적으로 추진했다.

그러나 제조업의 회생이 단기간에 성과를 낼 수 있는 과제는 아니었다. 이미 오랫동안 진행되고 있었던 미국 제조업의 쇠퇴는 심각하고 그 뿌리가 깊었다. 세계의 공장이던 미국의 공장들은 문을 닫았다. 공장에서 성실하게 일하면서 자녀들을 키우고 공부시키며 비교적 풍족하게 살 수 있었던 노동자들은 일자리를 잃고 빈곤해졌다. 그 자녀들 역시 희망을 잃고 자신들이 나고 자란 도시를 떠나야 했다. 텅 비어 가는 도시에서 분노와 절망감이 자라났다. 그 분노와 절망감을 비집고 도널드 트럼프가 외쳤다.

"미국이 어려워진 이유는 우리 일자리를 빼앗는 불법 이민자들과 미국에 수출을 많이 해서 돈을 벌어들이고 있는 중국 등 외국 때문이다.", "자유무역협정은 미국에 일방적으로 불리한 것이므로 폐기하거나 개정해야 한다.", "일자리를 되찾기 위해 강력한 보호 무역을 펴야

● **이란과의 핵 협정 타결** | 2015년 이란의 핵 개발 프로그램을 제한하고 대신 이란에 가해졌던 각종 제재를 해제하는 내용을 담은 합의이다.
● **기후 변화 방지 대책** | 지구 온난화 억제를 위해 탄소 배출량을 크게 줄인다는 계획. 석탄 천연가스 등의 화력 발전소 감축, 청정·재생 에너지를 이용한 전기 공급 증대, 자동차 배기가스 규제 등의 계획과 내용, 일정 등을 담고 있다.

정권 교체의 명암 미국 최초의 유색인 출신 대통령 오바마의 임기 말 지지율은 60퍼센트에 육박했다. 하지만 그의 지지율은 정권 유지로 이어지지 못했고, 트럼프는 공화당 대통령 후보 역사상 가장 많은 득표로 제45대 대통령에 당선되었다.

한다.", "불법 이민자들을 추방하고 무슬림의 입국을 금지해야 한다."

2016년 대통령 선거에서 민주당의 힐러리 클린턴이 승리할 것이라는 대다수의 예상을 깨고 공화당의 트럼프가 미국 대통령에 당선되었다. 오랫동안 민주당의 텃밭이었던 제조업 중심지, 오대호 주변의 러스트 벨트(rust belt, 녹슨 공업 지대)◦ 백인 노동자들의 압도적인 지지를 얻어낸 것이다. 2017년 1월 20일, 트럼프는 대통령 취임 연설에서 외쳤다. "미국이 우선이다."

트럼프의 미국 우선주의가 무역에서, 외교에서, 군사 측면에서 어떻게 구체화되고 그 영향은 어떠할지 전 세계가 긴장한 채 지켜보고 있다. 경제적 측면에서도 그렇지만, 북한 핵과 관련하여 트럼프의 선택에 큰 영향을 받을 수밖에 없는 한반도에 살고 있는 우리로서는 더욱 그렇다.

◦ 러스트 벨트(rust belt) | 미시간, 위스콘신, 오하이오, 펜실베이니아, 아이오와 등 제철과 제조업이 발달한 전통적인 공업 지대를 일컫는다. 이 지역 노동자들은 노동조합에 소속되어 민주당을 지지하는 경향이 강했다.

블루 아메리카,
레드 아메리카

미국은 지역별로 정치적인 성향이 뚜렷한 편이다. 대통령 선거 개표 방송에서 민주당 후보가 이긴 지역은 파란색, 공화당 후보가 이긴 지역은 붉은색으로 표시한 데서 유래한 것이 '블루 스테이트, 레드 스테이트' 또는 '블루 아메리카, 레드 아메리카'라는 말이다.

블루 아메리카에 해당하는 지역은 뉴욕, 보스턴, LA, 샌프란시스코, 시카고, 디트로이트 등의 주로 북부와 동서부 해안 지역의 대도시들이다. 반면 레드 아메리카는 주로 남부와 중부 지역이며, 대체로 농촌이나 부유한 사람이 많이 사는 지역들이다.

전통적으로 민주당과 공화당의 정책은 상당한 차이를 보이는데, 민주당은 국가의 적극적인 역할을 강조하며 사회보장제도나 의료보험, 공정한 분배, 개혁 등에 초점을 둔다. 이에 비해 공화당은 작은 정부를 내세우며 시장, 자유, 경쟁, 성장 등의 요소를 중시하고, 규제 철폐 및 감세 정책을 편다. 그러다 보니 부자들은 대부분 공화당 지지자들이고, 가난한 사람들은 대부분 민주당을 지지한다.

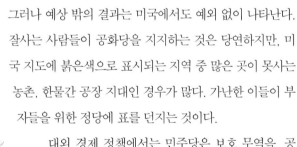

그러나 예상 밖의 결과는 미국에서도 예외 없이 나타난다. 잘사는 사람들이 공화당을 지지하는 것은 당연하지만, 미국 지도에 붉은색으로 표시되는 지역 중 많은 곳이 못사는 농촌, 한물간 공장 지대인 경우가 많다. 가난한 이들이 부자들을 위한 정당에 표를 던지는 것이다.

대외 경제 정책에서는 민주당은 보호 무역을, 공화당은 주로 자유 무역을 주장한다. 동성애, 낙태, 국제화, 진화론 같은 문제에서도 공화당은 이 모든 문제에 반대하는 보수주의적인 입장인 데 비해 민주당은

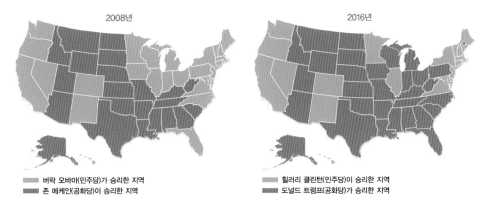

2008년   2016년

■ 버락 오바마(민주당)가 승리한 지역
■ 존 메케인(공화당)이 승리한 지역

■ 힐러리 클린턴(민주당)이 승리한 지역
■ 도널드 트럼프(공화당)가 승리한 지역

미국 대통령 선거 결과 전통적으로 민주당 지지 지역이었던 오대호 연안의 '러스트 벨트' 지역이 트럼프 지지로 돌아
서면서 트럼프가 힐러리를 꺾고 대통령에 당선되었다.

보다 유연하고 진취적이다.

인종적으로도 민주당과 공화당 지지자들은 확실하게 구분된다. 오바마 당선 때야 말할
것도 없지만, 그 전에도 90퍼센트에 가까운 흑인이 민주당 후보에게 표를 던졌다. 히스패닉
(미국에 사는 라틴아메리카인들)이나 아시아계 이민자들, 동 유럽 출신의 이민자들도 주로 민
주당 지지자들이다. 민주당이 이민자들에게 더 우호적이기 때문이다.

이에 비해 외국인 이민자들을 싫어하는 초기 이민자 출신의 백인
프로테스탄트들은 대부분 공화당 지지자들이다.

여성과 남성도 지지하는 정당이 엇갈리는 편이다. 여성
들은 민주당의 약자 보호, 어린이 정책, 교육 정책 등을
지지한다. 그러나 남성들은 여성보다 공화당 지지자들이
많다.

이 외에도 환경 운동, 반전 평화 운동을 펴는 이들은
민주당 지지자들이다. 반면에 군사 시설이나 장비 늘리기를
바라는 군수업자, 전쟁 지지자들은 당연히 공화당을 지지한다.

근현대사 속
미국과 우리나라

흔히 한국계 미국인이라고 불리는 미국 국적을 가진 한국인 이민자와 그 자손을 포함해, 미국 영주권 소유자와 주재원, 유학생 등 우리나라 국적을 가진 교민까지 합치면 현재 미국에 살고 있는 재미 동포의 수는 약 200만 명이 넘는다. 이들과 혈연으로 묶인 사람이 국내에 다섯 명쯤 된다고 할 때, 우리나라 전체 인구의 1/5은 미국에 사는 가족이나 친척이 있는 셈이다. 게다가 우리에게 미국은 그 숫자가 전해 주는 의미 이상의 영향력을 가지고 있다.

미국이 우리나라 역사책에 처음 등장하는 것은 신미양요 때다. 1871년 4월, 대포로 무장한 미 군함 다섯 척이 1000여 명의 병사를 싣고 강화도 앞바다에 나타났다. 5년 전 대동강 주위에서 소란을 피운 미국 상선 제너럴셔먼호를 불태운 사건을 빌미로 삼았지만, 실상은 조선을 개항시키고 통상 관계를 수립할 목적이었다. 미 함대가 수도인 한양으로 들어가는 길목, 강화도 손돌목에 나타나자 강화 포대에서 맹렬한 공격을 퍼부었다. 이에 미국 대표는 조선 조정에 항의하고 손해 배상까지 요구했다. 침략한 것은 미국이었고, 강화 포대의 공격은 침략자에 대한 당연한 대응이었는데도 말이다.

그 무렵 대원군이 집권하는 조선은 통상 거부 정책을 펴고 있었다. 대원군은 손해 배상은 커녕 오히려 미 함대의 철수를 요구했다. 일이 뜻대로 되지 않자 미군은 대포를 앞세워 초지진, 덕진진, 광성진을 공격했고, 조선군은 보잘것없는 구식 무기를 가지고도 끝까지 항전했다. 조선군의 끈질긴 저항에 놀란 미군은 결국 개항을 시키려던 계획을 포기한 채 후퇴하고 말았다. 이 사건 신미양요가 일어난 뒤로 조선의 통상 거부 정책은 더욱 강경해졌다.

이처럼 미국과의 첫 만남은 그리 우호적이지 않았으나, 1882년 조선은 미국과 서양 세력 최초로 통상 조약을 맺었다. 그 배경에는 청의 외교관 황쭌셴(黃遵憲)이 쓴 《조선책략》이라

신미양요 1871년 미국 함대가 강화도를 침략하였다. 6월 11일 광성진에서의 전투가 가장 치열했는데 결국 이날 조선군의 끈질긴 저항으로 미군은 철수하였다. 사진은 미군이 광성진을 점령하고 지휘관 깃발을 빼앗은 뒤 기념 촬영한 모습이다.

는 책이 있었다. 황쭌셴은 러시아의 남하 정책에 대비하기 위해 조선, 일본, 청나라가 장차 펴야 할 외교 정책에 대해 서술한 이 책을 통해, 미국과 손을 잡으면 조선에 큰 도움이 될 것이라고 주장했다. 우리나라를 방패로 삼아 청나라를 지키려는 황쭌셴의 의도를 알아차리지 못한 고종과 집권 세력은 이 책을 읽고 마음을 움직여 미국과 정식 수교를 맺기로 결정했다. 청나라의 중재로 맺은 '조미수호통상조약' 제1조에는 만일 두 나라 중 한 나라가 제3의 나라로부터 조롱이나 모욕을 당하면 서로 돕는다는 내용이 포함되어 있었다. 하지만 이는 허울 좋은 문구였을 뿐, 미국 역시 자기 나라의 이익에 충실한 제국주의 국가에 지나지 않았다. 물론 조약을 체결한 후 조선과 미국 사이에 외교 사절이 왕래하고 사람들의 교류가 조금씩 늘어나면서 민간 차원의 도움을 받기는 했다. 의사이자 선교사였던 알렌은 고종과 명성왕후의 두터운 신임을 바탕으로 최초의 서양식 병원인 광혜원을 설립했고, 아펜젤러·언더우드·스크랜턴 같은 개신교 선교사는 배재학당과 연희전문학교의 전신인 경신학교, 이화학당을 세우기도 했다.

그러나 러일 전쟁이 일어나자 당시 미국 대통령이었던 루스벨트는 "스스로를 다스릴 능력이 없는 한국에 대해 미국은 책임 질 수 없고, 일본이 한국을 지배해 법과 질서를 유지하면서 통치한다면 만인을 위해 보다 좋은 것"이라며 그 이중성을 드러냈다. 그러고는 얼마 지나지 않은 1905년 7월, 미국 대통령 특사 태프트와 일본 장관 카쓰라가 비밀리에 조약을 맺었다. 미국은 필리핀에 대한 지배권을, 일본은 조선에 대한 지배권을 갖는다는 내용이었다. 이제 일본은 영일 동맹을 맺어 영국의 지지를 얻은 데 이어, '카쓰라―태프트 밀약'을 통해 조선 침략에 대한 미국의 지지까지 얻은 셈이었다.

같은 해 9월, 우리나라 지배권을 놓고 벌인 러일 전쟁에서 예상을 깨고 일본이 승리를 거두자 미국이 중재에 나서 러시아와 일본의 대표단이 미국 뉴햄프셔 포츠머스 시에서 만났다. 그 자리에서 조선에 대한 일본의 독점적 지배권을 인정한다는 내용의 '포츠머스 조약'을 맺었다. 그해 11월, 일본은 을사조약을 강제로 체결해 조선의 외교권을 빼앗아 갔고, 이에 고종은 감리교 선교사이자 육영공원의 교사였던 미국인 헐버트를 특사로 미국에 파견해 을사조약의 불법성과 조약의 무효를 호소했다. 그러나 미국 정부의 반응은 냉랭했으며, 오히려 가장 먼저 외교관을 철수시키고 공관을 폐쇄하기까지 했다.

1919년 3월 1일, 대한 독립 만세를 외치는 만세 행렬이 우리나라 곳곳에서 터져 나왔다. '우리 민족의 운명은 우리 스스로 결정한다!'는 이 독립 선언의 외침은 미국 대통령 윌슨이 천명한 민족자결주의 원칙에 크게 고무된 결과였다. 그러나 윌슨의 주장은 제1차 세계대전 전후 처리를 위해 패전국 식민지에 적용시키기 위한 원칙이었을 뿐, 일본은 승전국에 속했기 때문에 우리나라는 아예 고려 대상이 아니었다. 윌슨의 민족자결주의에 환호했던 우리 민족에게 그것은 또 하나의 허울 좋은 문구에 불과했다.

1945년, 미국은 일제로부터 우리를 해방시킨 은인으로 찾아왔다. 하지만 민족이 분단되는 시련도 함께였다. 제2차 세계대전의 종결과 함께 미국과 소련을 두 축으로 하는 동서 냉전이 시작되었고, 한반도에서 마주친 미국과 소련은 북위 38도 선을 경계로 분할 점령하기로 결정했기 때문이다. 일제의 통치 기구였던 조선 총독부 건물에는 일장기 대신 성조기가 걸렸다. 그로부터 3년 동안 우리나라는 미국 군대의 통치를 받는 미군정 시기를 겪었다.

일장기를 내리고 성조기를 올린 조선 총독부 청사 1945년 9월 9일, 서울에 도착한 미군은 이날 일본 국기를 대신하여 미국 국기를 조선 총독부 건물에 게양하였다.

두 세력이 첨예하게 대결을 벌이던 한반도에서 결국 전쟁이 폭발했다. 소련의 지원을 받은 북한이 본격적으로 남침을 시작한 것이다. 남한이 속수무책으로 밀리고 있을 때 미국은 유엔군을 이끌고 다시 찾아왔고, 인천 상륙 작전의 성공으로 상황은 순식간에 뒤바뀌었다. 그러나 국군과 유엔군이 압록강을 눈앞에 둘 즈음 중국 군대가 강을 넘어오면서 전쟁은 더욱 치열해졌다. 수많은 사람이 다치고 목숨을 잃었다. 미군이 치른 희생도 엄청났다.

당시 미국은 북한의 침략으로부터 구해 주고, 전쟁 후 폐허가 된 땅에서 굶주리는 우리에게 원조를 아끼지 않은 구원의 손길처럼 생각되었다. 1964년 미국이 베트남 전쟁을 일으키자, 우리나라는 30만 명이 넘는 군인을 보내 미국을 도왔다. 미국이 한국전쟁 때 흘린 피에 보답하자는 분위기까지 생길 정도였다. 40여 년의 시간이 지났지만, 이라크 전쟁과 아프가니스탄 전쟁 등 미국이 시작한 전쟁에 우리 군대를 보내는 일은 지금도 계속되고 있다. 자기 나라의 이익을 위해서라면 쿠데타로 집권한 독재 정권에 대한 지원도 마다하지 않는 미국의 대외 정책을 두고 우리는 고민하지 않을 수 없다.

에필로그 │ # 이민자의 나라, 미국의 내일을 묻다

　상대성 이론으로 세상을 바라보는 새로운 눈을 제시했던 20세기 최고의 물리학자 아인슈타인, 미국의 원자폭탄 개발 계획인 맨해튼 프로젝트의 발상자 물리학자 레오 실라르드, 우주선 아폴로 11호를 달까지 쏘아 올리는 데 결정적 공헌을 한 나사(NASA)의 공학자 폰 브라운. 그들은 모두 제2차 세계대전을 전후하여 미국을 새로운 삶의 터전으로 삼은 이민자 출신 과학자, 기술자 들이다. 그들이 히틀러를 피해 혹은 미국 정부의 적극적인 권유로 미국으로 이주하면서 과학의 중심지는 유럽에서 미국으로 급격하게 이동하였다. 다른 어느 나라도 넘볼 수 없는 최고의 과학 기술 대국을 만드는 데 큰 역할을 한 것은 바로 이들 이민자, 혹은 이민 2세대들이었다.

　유니버설 픽처스, 콜럼비아 픽처스, 파라마운트 픽처스, 20세기 폭스, 워너브라더스 등 할리우드를 대표하는 이 영화사들은 모두 유대계 이민자들이 만들었다. 원래 미국 영화산업의 중심지였던 뉴욕에서 밀려난 이들은 사람이 거의 살지 않았던 황량한 할리우드에 새로운 보금자리를 마련했고, 할리우드를 미국을 넘어선 세계 영화계의 중심으로 키워 냈다. 전 세계 영화수입의 80퍼센트를 차지하는 최고의 경쟁력을 가진 할리우드 영화를 만든 스티븐 스필버그, 제리 브룩하이머, 시드니 폴락, 우디 앨런 등의 감독 역시 유대계 이민자이거나 그 후손들이다. 오늘의 미국을 만들어 낸 건 다양한 곳에서 온 이들 이민자들이었다.

뉴욕 리버티 섬에는 자유의 여신상이 대서양에서 들어오는 배들을 바라보며 서 있다. 오랜 세월, 전 세계에서 온 "곤하고 가난하고 힘없는 이들이" 고향을 떠나 설렘과 막막함 속에 배를 타고 "폭풍우에 시달리다 이 생동하는 해변으로 들어오는" 것을 묵묵히 지켜보고 있다. 더 나은 삶의 희망을 안고 미국으로 향했던 이들이 처음 만난 자유의 여신상은 희망의 횃불을 들고 반기는, 아메리칸 드림의 상징이었으리라. 실용성과 합리성을 가진 나라, 노력한 만큼 얻을 수 있고 이룰 수 있는 나라, 더 나은 삶을 꿈꿀 수 있는 나라, 미국! 이곳에 도착한 이들은 새로운 땅 미국에서 인종과 문화의 샐러드를 만들어 냈다.

그런데 최근 이민자의 나라 미국에 변화 조짐이 두드러지고 있다. 일자리가 줄어들고 실업률이 높아지면서 불법 이민자들에 대한 곱지 않은 시선이 트럼프 정부의 출범을 가능하게 했다.

트럼프 정부의 강력한 이민 정책을 두고 찬반이 극명하게 갈리고 있다. 대대적인 불법 이민자 색출과 추방, 멕시코와의 국경에 장벽 설치, 무슬림 7개국 출신 외국인과 이민자에 대한 입국 제한, 불법 입국자 자녀를 부모와 생이별하게 만드는 '무관용 정책', 미국에서 태어난 자에게 미국 시민권을 부여하는 속지주의 폐지 논란에 이르기까지 '반이민 정책'이라고까지 일컬어지는 정책들이 줄을 잇고 있다.

최초의 민주 공화국. 당시 혁명적이고 진보적인 사상가들이 머릿속에서나 그려보던 나라를 현실에 만들어 낸 곳이 바로 미국이다. 주권이 국민에게 있고, 국민의 손으로 직접 국가 원수를 선출하며, 삼권분립, 견제와 균형, 다수결의 원칙 등 민주주의의 기본 원칙과 이를 실현시키기 위한 제도적 장치들을 만들어 낸 나라. 그것도 토론과 양보, 타협, 합의 과정을 거쳐 민주적인 방식으로 이룩한 그들의 역사를 우린 목격했다.

이민자가 세운 나라 미국이 새로운 이민자들을 만나 어떤 선택을 하고 어떤 결말을 내릴 것인지 세계인들이 지켜보고 있다. 다양한 인종과 문화의 어울림을 어떻게 만들 것인가, 그것은 미국인이 풀어야할 숙제이자 국내 체류 외국인 수 200만 명, 총인구 대비 4퍼센트를 넘어서고 있는 우리가 관심을 기울여야 할 대목이기도 하다.

미국사	세계사	한국사
기원전 3만~1만 3000년 최초의 아메리카인들 아메리카 땅에 도착	**기원전 8000년경** 신석기 시대 시작	**기원전 8000년경** 신석기 시대 시작
기원전 1만 3000 전 클로비스 석기 사용		**기원전 2333** 고조선 건국
기원전 7000~1세기 코치스 유물 사용		
기원전 1200~200년 질그릇, 바구니 문화(모고욘 문화)	**기원전 3000년경** 고대 문명 시작(청동기 시대)	**기원전 2000~1500년경** 청동기 시대 시작
500~1100년경 동굴 마을 건설		**936** 고려의 후삼국 통일
700~1400년경 카호키아 마운드 건설	**960** 송 건국	**1019** 귀주대첩
1000년경 노르웨이인, 북부 해안 지대 도착	**1096~1270** 십자군 전쟁	**1135** 묘청의 서경 천도 운동
		1170 무신정변
	1206 칭기즈칸, 몽골 통일	
	1215 영국, 대헌장 제정	
	1279 남송 멸망	**1234** 금속활자로 〈고금상정예문〉 간행
1300년경 푸에블로 건설	**1368** 명 건국	
		1392 조선 건국
1492 콜럼버스, 아메리카 땅 도착	**1453** 비잔틴 제국 멸망	**1443** 훈민정음 창제
	1517 루터의 종교개혁	
	1519 마젤란, 세계 일주	
	1536 칼뱅의 종교개혁	
1587 영국, 로어노크 섬에 식민지 건설		
1607 최초의 영국인 마을, 제임스타운 건설		**1592** 임진왜란
1620 메이플라워호의 필그림 파더스, 플리머스 도착	**1618~1648** 30년 전쟁	
1630 청교도, 매사추세츠 식민지 건설		
	1642 영국, 청교도 혁명	**1636** 병자호란
	1644 명 멸망, 청이 중국 지배	
1675 필립 왕 전쟁		
1676 베이컨의 반란		
1681 펜실베이니아 식민지 건설	**1688** 영국의 명예혁명	
1754 프랑스-인디언 동맹과 영국의 전쟁		**1750** 균역법 실시

BC

AD

연도	미국	연도	세계	연도	한국
1869	대륙 횡단 철도 완성, 와이오밍 주에서 여성 참정권 인정	1868	일본 메이지 유신		
1870	록펠러, 스탠더드 석유 회사 설립	1871	독일의 통일	1871	신미양요
1873	카네기, 철강 회사 설립				
1876	리틀빅혼 전투			1876	강화도 조약
1879	에디슨, 전구 발명				
		1882	삼국동맹 성립	1882	임오군란
		1884	청·프랑스 전쟁	1884	갑신정변
1886	헤이마켓 사건				
1890	운디드 니의 비극	1894	청일 전쟁	1894	동학농민운동
				1895	을미사변
				1897	대한제국 성립
1898	미국-에스파냐 전쟁, 하와이 필리핀 점령	1898	의화단 운동		
1901	시어도어 루스벨트 대통령 취임	1902	영일 동맹		
		1904	러일 전쟁 발발	1905	을사조약 체결
1905	가쓰라-테프트 밀약	1907	영·프·러 삼국협상 성립	1910	국권 빼앗김
		1911	청, 신해혁명		
1912	윌슨 대통령 당선	1912	중화민국 성립		
1914	파나마 운하 개통	1914	제1차 세계대전 발발		
1917	제1차 세계대전 참전	1917	러시아 혁명		
1918	제1차 세계대전 종식	1919	베르사유 조약, 중국의 5·4 운동	1919	3·1 운동, 대한민국 임시정부 수립
1920	여성 참정권 보장	1920	국제연맹 창설	1920	청산리 대첩
		1922	소련, 스탈린 집권	1926	6·10 만세 운동
1929	증권 시장 붕괴, 대공황 시작			1929	광주학생 항일 운동
1932	프랭클린 루스벨트, 대통령 당선	1931	일본, 만주사변 일으킴	1932	윤봉길 의사 의거
1933	뉴딜 정책 시작	1933	독일, 히틀러 집권		
		1937	중일 전쟁 발발		
1941	일본의 진주만 공격, 제2차 세계대전 참전	1939	제2차 세계대전 시작	1942	조선어학회 사건
1944	노르망디 상륙 작전				
1945	일본에 원자탄 투하, 일본의 항복과 전쟁 종결, 국제연합 창설			1945	8·15 광복
1947	트루먼 독트린	1948	베를린 봉쇄, 세계 인권 선언	1948	대한민국 정부 수립
		1949	나토 창설		

1950	한국 전쟁 발발, 매카시 의회 연설				1950	한국 전쟁 발발
1955	몽고메리 버스 승차 거부 운동	1959	쿠바 혁명		1953	휴전 협정 조인
1962	쿠바 미사일 위기	1961	베를린 장벽 설치, 소련 인공위성 발사		1960	4·19 혁명
1963	워싱턴 행진, 케네디 대통령 암살				1961	5·16 군사정변
1965	베트남 파병	1967	제3차 중동 전쟁		1965	한일 국교 정상화
1969	닐 암스트롱 달 착륙, 최대 규모의 반전 시위					
1972	닉슨, 중국 방문	1979	소련, 아프가니스탄 침공		1972	7·4 남북 공동성명, 10월 유신
1973	베트남에서 철수. OPEC의 석유 수출 금지 조치					
1976	카터 대통령 당선				1980	5·18 광주민주화운동
1980	레이건 대통령 당선				1987	6·10 민주항쟁
		1989	베를린 장벽 붕괴, 냉전 종식			
		1989~1990	동유럽 공산 체제 붕괴			
1991	걸프 전쟁 발발	1990	독일 통일		1990	소련과 국교 수립
1992	클린턴 대통령 당선	1992	소련 해체			
		1997	홍콩, 중국에 반환		1994	북한, 김일성 사망
2000	부시 대통령 당선	1998	유럽, 단일 통화 유로화 채택		2000	남북 정상 회담, 6·15 선언
2001	9·11 테러, '테러와의 전쟁' 선포					
2003	이라크 침공					
2008	금융 위기 시작, 오바마 대통령 당선				2007	남북 정상 회담, 10·4 선언
		2011	일본, 후쿠시마 원전 참사			
2016	트럼프 대통령 당선				2018	남북 정상 회담, 판문점 선언, 평양 선언

● 미국의 역대 대통령 연보

1대	조지 워싱턴	1789 ~ 1797	초대 대통령
2대	존 애덤스	1797 ~ 1801	
3대	토머스 제퍼슨	1801 ~ 1809	독립 선언서의 기초 마련, 루이지애나 매수
4대	제임스 매디슨	1809 ~ 1817	헌법 초안 마련
5대	제임스 먼로	1817 ~ 1825	미주리 협정, 먼로 독트린
6대	존 퀸시 애덤스	1825 ~ 1829	
7대	앤드류 잭슨	1829 ~ 1837	잭슨 민주주의 주창
8대	마틴 밴 뷰런	1837 ~ 1841	
9대	윌리엄 헨리 해리슨	1841 ~ 1841	
10대	존 타일러	1841 ~ 1845	캐나다와의 국경선 확정
11대	제임스 포크	1845 ~ 1849	
12대	재커리 테일러	1849 ~ 1850	
13대	밀러드 필모어	1850 ~ 1853	
14대	프랭클린 피어스	1853 ~ 1857	
15대	제임스 뷰캐넌	1857 ~ 1861	
16대	에이브러햄 링컨	1861 ~ 1865	노예 해방 선언
17대	앤드류 존슨	1865 ~ 1869	러시아로부터 알래스카 매수
18대	율리시스 그랜트	1869 ~ 1877	
19대	러더퍼드 헤이스	1877 ~ 1881	
20대	제임스 가필드	1881 ~ 1881	
21대	체스터 아서	1881 ~ 1885	
22,24대	그로버 클리블랜드	1885 ~ 1889, 1893 ~ 1897	최초의 민주당 출신 대통령
23대	벤저민 해리슨	1889 ~ 1893	제1차 범아메리카 회의 소집
25대	윌리엄 매킨리	1897 ~ 1901	
26대	시어도어 루스벨트	1901 ~ 1909	트러스트 금지법 제정
27대	윌리엄 태프트	1909 ~ 1913	
28대	토마스 윌슨	1913 ~ 1921	'14개조 평화 원칙' 발표
30대	캘빈 쿨리지	1923 ~ 1929	
31대	허버트 후버	1929 ~ 1933	
32대	프랭클린 루스벨트	1933 ~ 1945	뉴딜 정책 추진, 대서양 헌장 발표
33대	해리 트루먼	1945 ~ 1953	트루먼 독트린
34대	아이젠하워	1953 ~ 1961	
35대	존 F. 케네디	1961 ~ 1963	쿠바 사태 해결
36대	린든 존슨	1963 ~ 1969	
37대	리처드 닉슨	1969 ~ 1974	닉슨 독트린, 중국과 대화 재개, 워터게이트 사건으로 사임
38대	제럴드 포드	1974 ~ 1977	
39대	지미 카터	1977 ~ 1981	중국과의 국교 정상화, 소련과의 '제2차 전략 무기 제한 협정(SALT)' 체결
40대	로널드 레이건	1981 ~ 1989	레이건노믹스로 재정 및 무역 적자 초래
41대	조지 허버트 워커 부시	1989 ~ 1993	
42대	빌 클린턴	1993 ~ 2001	
43대	조지 워커 부시	2001 ~ 2009	이라크 전
44대	버락 오바마	2009 ~ 2017	
45대	도널드 트럼프	2017 ~	

처음 읽는 미국사

1판 1쇄 발행일 2010년 11월 5일
개정판 1쇄 발행일 2018년 12월 17일
개정판 6쇄 발행일 2023년 6월 5일

지은이 전국역사교사모임

발행인 김학원
발행처 (주)휴머니스트출판그룹
출판등록 제313-2007-000007호(2007년 1월 5일)
주소 (03991) 서울시 마포구 동교로23길 76(연남동)
전화 02-335-4422 **팩스** 02-334-3427
저자·독자 서비스 humanist@humanistbooks.com
홈페이지 www.humanistbooks.com
유튜브 youtube.com/user/humanistma **포스트** post.naver.com/hmcv
페이스북 facebook.com/hmcv2001 **인스타그램** @humanist_insta

편집주간 황서현 **편집** 최윤영 김은영 최양순 **디자인** 유주현 민진기디자인 **지도** 임근선
일러스트레이션 구연산 **사진제공** 게티이미지 셔터스톡 연합뉴스
용지 화인페이퍼 **인쇄** 청아디앤피 **제본** 민성사

ⓒ 전국역사교사모임, 2018

ISBN 979-11-6080-186-6 03900